重庆文化遗产保护系列丛书

重庆市开县馆藏青铜文物
保护与研究

重庆市文化遗产研究院
重庆文化遗产保护中心　**编著**
开　州　博　物　馆

科学出版社
北　京

内 容 简 介

《重庆市开县馆藏青铜文物保护与研究》是重庆市文化遗产研究院近年来开展的馆藏可移动文物保护修复项目的研究报告,主要介绍了重庆市开州博物馆馆藏青铜文物的保护修复与相关研究工作。本书融合了重庆市文化遗产研究院文物保护修复人员多年来开展青铜器保护修复的实践工作积累和科学研究成果,是关于重庆地区青铜器保护修复及相关问题研究的实例汇编,可为同行今后开展同类工作提供借鉴。

本书适合文物科技工作者、馆藏文物保护修复工作者阅读、借鉴。

图书在版编目(CIP)数据

重庆市开县馆藏青铜文物保护与研究 / 重庆市文化遗产研究院,重庆文化遗产保护中心,开州博物馆编著. —北京:科学出版社,2016.11
(重庆文化遗产保护系列丛书)
ISBN 978-7-03-050356-5

I.重… II.①重… ②重… ③开… III.青铜器(考古)-文物保护-研究-重庆 IV.K876.414

中国版本图书馆CIP数据核字(2016)第251015号

责任编辑:王光明 卜 新 / 责任校对:张凤琴
责任印制:肖 兴 / 封面设计:美光设计 / 设计制作:金舵手世纪

科 学 出 版 社 出版
北京东黄城根北街16号
邮政编码:100717
http://www.sciencep.com
北京利丰雅高长城印刷有限公司 印刷
科学出版社发行 各地新华书店经销

*

2016年11月第 一 版 开本:889×1194 1/16
2016年11月第一次印刷 印张:19 3/4
字数:570 000
定价:368.00 元
(如有印装质量问题,我社负责调换)

《重庆文化遗产保护系列丛书》
编 委 会

《重庆市开县馆藏青铜文物保护与研究》
编 委 会

主　　编　邹后曦　王永威

执行主编　杨小刚

编　　委　叶 琳　黄 悦

序

《重庆市开县馆藏青铜文物保护与研究》是由重庆市文化遗产研究院承担的可移动文物保护修复项目。该书的出版，标志着重庆市开县文物管理所馆藏青铜文物保护修复项目的圆满完成，在此特向该项目组织者和实施者致贺。

人类对保护文物方法的探索，并非始于近代。数千年前的文化遗物能保存下来的事实，说明保护文物的技艺是由来已久的。传统文物修复保养工艺源远流长，为保护中华古代文明立下了不可磨灭的历史功绩。

较长时期，有一种习惯的概念：将传统文物修复工艺称为修复，将用现代科学技术对已损文物进行技术处理、运用化学和物理的方法消除病患、控制劣化变质、维护文物原状的工作称为保护或科技保护。其实，不论采用的是传统工艺，还是现代科学技术，凡对已损文物进行技术处理者，都是文物修复工艺。

从时间的角度看，过去的就是历史。传统修复工艺是随时光岁月逐渐发展成熟的，每个时期都会将当时的材料和技术用于文物修复。目前文物修复中使用的仪器、设备、工具、试剂、材料和工艺，已是各取所长，相互渗透，融为一体。传统修复工艺与现代科技结合的实质是传统修复工艺的发展。

文物修复工艺是保护物质文化遗产的非物质文化遗产，在科学技术高速发展的 21 世纪，更要重视继承弘扬传统的文物修复工艺。在系统地发掘、整理、继承传统修复工艺的同时，需深入开展用现代科技手段对古代工艺进行剖析的科学研究，揭示其科学原理，奠定传统修复工艺的理论基础，明确传统文物修复工艺在文物保护科学技术中的重要地位和作用，增强弘扬传统修复工艺的信念。当然，受时代的局限，传统修复工艺所采用的方法或使用的材料亦有不当之处，对此要客观分析，取其精华。继承发扬传统文物修复工艺，是尊重历史、珍视历史的文明行为。

在文物修复领域应用现代科技的观念，不应理解为均可将现代科技手段直接作用于文物；否则，会给文物造成难以挽回的损失。在移植应用新技术时，要因物制宜地研究试验不同质地、不同损坏程度文物的修复方法，绝非照搬新技术、新工艺、新材料，而要结合文物的特性，通过试验研究，取得可行性成果后，方可用于文物，不可为"创新"而将成熟可靠的传统文物修复工艺放弃。传统文物修复工艺，承担着抢救保护文化遗产的重任，大量实践证明，它是行之有效的优秀工艺。高科技再发达，修复文物也离不开文物修复师的亲手操作，这是不容置疑的。

随着材料科学的开拓，为文物修复提供了广泛的材料源。曾使用的材料，往往因其优点而被采用，也因发现其缺陷和不利之处，而不能推广或被淘汰。要慎重使用新材料，避免出现短暂的加固所带来的对文物的永久性毁损。

该项目的实施过程，体现了传统修复工艺与现代科技的紧密结合。在对残损破碎青铜器进行整形、固接、补配、修饰等工序的同时，将其腐蚀劣化产物的检测分析、预防性保护措施等融入修复流程，结合文物的特性，因物制宜地针对不同损坏程度的青铜器进行技术处理。文物保护科学技术的实质是研究文物在内外因素影响下的质量变化规律，应用科学技术手段，维护文物质量，对抗一切形式的质变，阻止、延缓质变过程，控制、降低质变速度，达到对文物的劣化进行综合防治的目的。重庆市文化遗产研究院长期以来的文物保护科技工作，进一步阐明了文物保护的基础理念与原则。

该书还对青铜器铸造工艺、青铜保护材料的改进等方面做了专题论述。重庆市文化遗产研究院有着这样一个勤奋、好学、聪慧、团结的团队，其所取得的优异成绩，是该院朝气蓬勃的文物保护技术工作者刻苦钻研、积极进取、默默无闻、埋头实干的结果，他们必将为重庆乃至我国的文物保护科技事业做出更大的贡献。

遵嘱作序，对勤奋工作在保护抢救人类文化遗产岗位上的文物保护修复科技工作者深表敬意。

周宝中

2016 年 5 月 18 日于北京

前　言

　　《重庆市开县馆藏青铜文物保护与研究》是重庆市文化遗产研究院近年来开展的馆藏可移动文物保护修复项目的研究报告，主要介绍了重庆市开州博物馆馆藏青铜文物的保护修复与相关研究工作。重庆市文化遗产研究院开展金属文物保护修复工作始于20世纪70年代，师从传统京派青铜器修复技术传人，自重庆博物馆时期开始逐步修缮破损馆藏文物。特别是针对糟朽破碎的青铜文物，借鉴使用玻璃钢材料解决了这一难题，并在三峡水利枢纽库区抢救性考古发掘中，挽救了大量出土青铜文物。21世纪以来，由于文物保护研究的深入，大量的文物保护工作者加入文物修复，使得糟朽青铜器得到更有针对性的保护与复原。同时，随着国家对文物保护工作的重视日益加强，重庆市文化遗产研究院科研硬件实力获得了稳步提升，文物保护修复与科研工作结合越发紧密。在前期调研、取样分析、保护实施、修复操作以及项目验收等方面，依照国家文物局颁布实施的文物保护行业标准的要求，科研工作发挥着越来越大的作用，有力保障了保护修复的安全性、稳定性和可靠性。

　　全书共5章。第1章是导论，介绍重庆市开州博物馆的地理、历史概况，馆藏青铜文物保护修复项目的立项、实施和验收情况。第2章是文物保护修复实施，着重介绍开展保护修复的实施流程，并以食器、酒器、乐器、兵器、其他类别这五类文物的具体修复方法、步骤进行案例说明。第3章是样品金相及合金配比分析，研究金相学，着重分析青铜器样品的金相特征、合金配比。第4章是铸造工艺研究，通过对青铜器范铸痕迹的观察，研究其相关的铸造工艺。第5章是鎏金青铜器凝胶除锈方法研究，研究凝胶除锈法，通过对青铜器中鎏金文物的除锈处理研发凝胶材料，开展除锈效果研究。

　　本书融合了重庆市文化遗产研究院文物保护修复人员多年来开展青铜器保护修复的实践工作积累和科学研究成果，是关于重庆地区青铜器保护修复及相关问题研究的实例汇编，对今后开展同类工作具有参考价值。

编　者

2016年5月11日于重庆

目　录

第1章 导　　论

1.1　地理、历史概况

开县位于重庆市东北部（图1-1）、长江三峡工程库区小江支流末端，地处长江之北、大巴山南坡（占全境四分之一）与川东平行岭谷（占全境四分之三）的结合地带（北纬30°49′30″～31°41′30″，东经107°55′48″～108°54′）。西邻四川省开江县，北接城口县和四川省宣汉县，东毗云阳县和巫溪县，南邻万州区。北依大巴山，千峰竞秀；南临长江，百水汇流；沿河零星块状平坝，地势开阔，土层深厚，开阔向阳。

重庆市地图
（行政区划）

0 32 64 96 km

图　例
◎　直辖市行政中心
●　区、县（自治县）行政中心
—·—·　直辖市、省界
　　　区、县（自治县）界
　　　河流

审图号：渝S（2015）022 号　重庆市规划局（市测绘地理信息局）主办
重庆市勘测院（重庆市地图编制中心）承办　二〇一六年一月

图 1-1　开县的位置

开县历史悠久，根据多处考古发掘资料显示，早在 4000 多年前的新石器时期，已有人类在这片土地上繁衍生息，过着刀耕火种、渔猎采集的生活，多处商周遗址再现了古巴人生活的繁荣与兴衰。

东汉以前开县地区尚无独立建制。古属梁州之域；周，为庸国之地；春秋，为楚国之地；秦、汉属巴郡朐忍县地。根据《水经注》、《夔州府志》和《咸丰·开县志》记载，开县在东汉以前尽管没有独立建制，却在境内设有朐忍尉署。朐忍尉署，在渠口。《水经注》载："……北水出新浦县北高梁山分溪。南流径其县西。又南百里，至朐忍县，南入于江，谓之北集渠口，别名班口，又曰分水口，朐忍尉治此。"《咸丰·开县志》亦有相关记载。

东汉建安二十一年（公元 216 年）蜀先主划朐忍西部地置汉丰县，以汉土丰盛为名。南北朝刘宋（公元 420~479 年）又于汉丰境内增置巴渠、新浦，共三县，皆属巴东郡；西魏（公元 535 年）平蜀后改汉丰为永宁；北周天和元年（公元 566 年）分巴东郡置万安郡，领永宁（郡治）、万世（巴渠改名）二县；又理置周安郡，领西流（郡治）、新浦二县。天和四年（公元 569 年）移开州于新浦，后又移于永宁，辖永宁、万世、新浦、西流（新置）四县。隋开皇十八年（公元 599 年）改永宁为盛山县，改开州为万州。唐武德元年（公元 618 年）改万州为开州；贞观元年（公元 627 年）省西流县并入盛山县；广德元年（公元 763 年）改盛山县为开江县，开州辖开江、新浦、万岁（万世改名）三县。宋庆历四年（1044 年）省新浦入开江，万岁改名清水，时开州辖二县。元（1271~1368 年）省县入州。明洪武六年（1373 年）降州为县，开县之名自此始。因南河古称开江，州、县由此得名。清代、中华民国、中华人民共和国（1997 年前），开县均属四川省辖。1997 年 3 月重庆市划归为中央直辖后，开县始属重庆市所辖。2016 年 6 月，国务院正式批准，撤销重庆市开县，设立重庆市开州区[①]。

1.2　文物资源概况

开县境内留存有大量文物古迹。全县共有不可移动文物点 420 余处。主要文物资源分布见图 1-2。其中，国家级重点文物保护单位 1 处。市（省）级文物保护单位 2 处，县级文物保护单位 37 处。开县境内国有馆藏文物总量 6567 件（套），包括国家珍贵文物 519 件（套）。其中，一级文物 6 件（套），二级文物 42 件（套）。

开县古属《禹贡》所划九州之一的梁州。目前已知史前文物有涵盖中更新世早期至晚更新世晚期的各类动植物化石，以及少量新石器时代晚期的陶器，包括铁桥镇采集的恐龙化石、温泉镇采集的野牛化石，大桥遗址、姚家遗址出土的石器和陶器。

开县境内的商周文化带有浓厚的巴人土著色彩。从白鹤街道大桥遗址到赵家街道的姚家遗址都可以印证这一点。其中，姚家遗址是目前开县境内最大的一处商周遗址，台地遗址分布约 80000 m²，先后由山东大学和重庆市文化遗产研究院完成了 2400 m² 考古发掘工作。遗址中保存有灰坑、柱洞、灶、窑等遗址，其中，陶窑结构保存完整，由火膛、火道、窑室组成，底部有大量的草木灰，是目前开县发现最早的制陶遗存。出土的器物包括红陶和灰陶釜、罐、尖底杯、尖底盏、钵、壶、器盖、网坠、纺轮等。其中，出土大量商周石器，以及灰陶圜底罐、尖底罐等典型的商代陶器。所有这些遗迹、遗物对商周时期古文化研究有重要价值，为我们了解开县境内的商周文化提供了丰富的实物资料。

春秋战国时期，巴文化在开县境内呈现辉煌的局面，据统计，开县境内已经进行考古发掘的有巴文化特征的墓葬遗址 10 余处、200 余座墓葬。渠口镇余家坝战国遗址是最具特点的，遗址以墓葬

---

① 因本书内容都发生于撤县设区之前，故仍用开县等地名。

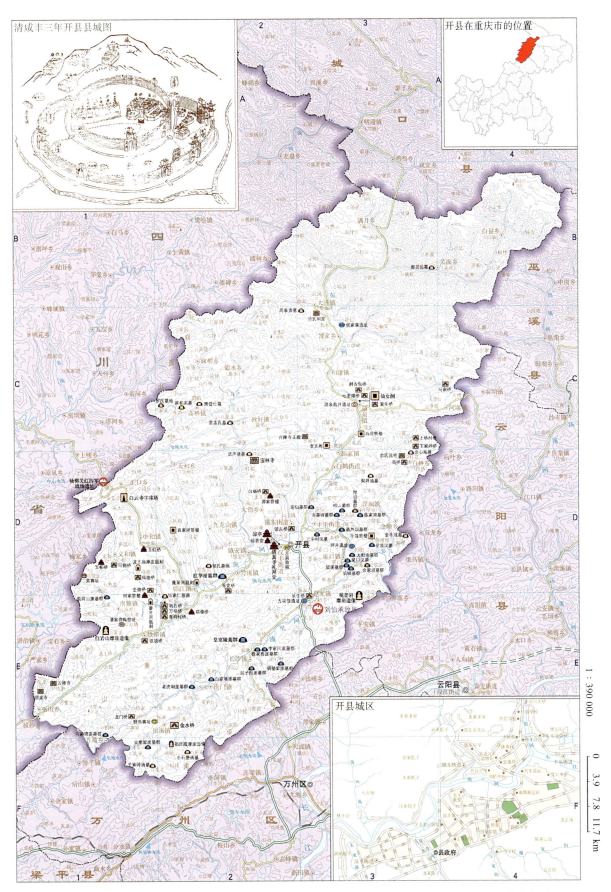

图 1-2　开县文物资源分布图。国家文物局主编. 中国文物地图集：重庆分册（上）. 北京：文物出版社，2012

为主，10000 m² 范围内就分布有近 200 座墓葬，是境内最大的巴文化墓葬遗址，并且有埋葬规格很高的墓葬，不排除系巴国贵族墓或军事首领墓葬。墓葬遗址整体保存完好，面积较大，墓葬多用木质葬具，还有部分漆制葬具。遗址出土器物众多，包括鎏金铜器、铜器、铁器、玉器、漆木器、琉璃器、陶器等。其中以青铜器和陶器为主。铜器以青铜兵器和生产、生活用具为主，陶器以日常生活用品鬲、罐、钵、豆为主，也有少量的生产、生活用具和印章。遗址内最具特色的是，几乎所有墓葬都有随葬的成套青铜兵器，包括戈、剑、钺、矛、箭镞等，纹饰精美，巴文化特征明显。所有这些巴文化的遗址、遗物都展示了开县境内灿烂的巴文化。充分体现了巴人勇敢尚武的传统。出土器物中，除了巴文化特征明显的器物外，还有少量明显带有楚文化元素的器物，说明春秋战国时期的开县是以巴文化为主的多元文化相互交融的地方。

秦汉时期，开县属胸忍县。此段时期开县境内的古文化已经纳入中国文化大一统的范围，也是开县经济发展的一个鼎盛时期。短暂的秦国没有在开县境内留下可以考证的痕迹，在史书上也无法找到记载开县的只言片语。开县境内汉墓的考古发掘始于 1992 年，大规模发掘是在三峡工程建设时期。目前发掘了 30 余处汉代至六朝时期墓葬。出土了大量器物。最具代表性的墓葬包括竹溪镇红华崖墓、丰乐街道迎县汉墓群、汉丰街道王爷庙墓群、渠口长塝墓群、姚家汉墓群。这些墓葬出土大量精美的文物，如青铜器、陶器、玉器、青瓷器、琉璃器等。其中青铜器有青铜马、青铜牵马俑、青铜洗、青铜甑、青铜案、青铜灯等；陶器包括摇钱树座、组合灰陶俑、陶盒、陶鼎、陶砖等；玉器有玉璧、玉扳指等。开县汉代藏品数量大，种类多，且各具特色，价值重大。这一时期最具价值的墓葬当属竹溪镇的红华崖墓，出土了大量的青铜器和陶器，几乎都属于国家珍贵文物，尤其是青铜马和青铜牵马俑组合、灰陶俑组合在重庆地区乃至三峡地区都少见。

东汉建安二十一年（公元 216 年）始置汉丰县，从此开启了有独立建制的新篇章。在境内发现的三国两晋南北朝时期墓葬包括渠口镇长塝墓群、古墓岭墓群、平井二组墓群、水东坝墓群、官山墓群等。出土大量的鎏金铜器、青铜、陶器、青瓷器等。这些出土器物，对研究有建制初期开县社会发展有重要的价值。

隋唐时期，开县名为开州。这是开州政治、文化发展的巅峰时期。唐代先后有窦智纯、崔泰之、杜易简、柳公绰、唐次、窦群、穆质、韦处厚、宋申锡等一大批名臣显宦自京师贬谪于此，或为刺史，或为司马。使得这个时期的开州与唐代一大批著名的政治、文化人物发生"交集"，结下"良缘"，并对开州文化地位的提升有重要的促进作用①。尽管唐代是开县文化发展的巅峰时期，留下大量的诗文。但调查发掘的隋唐时期的文化遗存并不多，出土的器物也不多。已发掘的唐代遗存仅有故城遗址、农试墓群、马肚坝遗址、姚家遗址。出土器物主要有青铜俑、青铜镜、钱币和石质佛像。

宋元时期，开县仍然称开州。尽管目前发现的遗迹遗物不是很多，但留存下来的遗迹遗物具有极大的科学、历史和艺术价值。这个时期的遗址包括温泉镇窖藏遗址、渠口镇太阳沟遗址、汉丰街道故城遗址、汉丰街道马肚坝遗址、赵家街道姚家墓群。出土器物主要包括瓷器、青铜器和石质文物。开州故城遗址出土的南宋《守廨题名记》石碑是境内唯一的宋代石碑，具有重要的史料、文学和书法价值，是研究宋代开州政治文化的重要资料。温泉镇老街窖藏出土了 30 余件龙泉窑瓷器，其中南宋青瓷凤耳瓶、影青牡丹缠枝瓶和青瓷斗笠碗等都是异常珍贵的瓷器精品。这些瓷器为研究宋元时期的瓷器工艺技术提供了难得的第一手材料，也为研究宋元时期开州与中原地区的经济、文化交流提供了难能可贵的史料。

明清时期，开县境内留存的遗迹遗物数不胜数。择其要者，明代县城古城墙及城内诸多古寺庙、古井等均有深厚的历史文化内涵和优美的传说，境内保存完好的清代古建筑较多。此时期瓷器、玉

---

① 马强. 唐代士大夫在开州的政治、文学及意义——以唐开州刺史韦处厚、唐次、崔泰之为考察对象. 长江师范学院学报，2015，31（1）.

器、木雕、皮质器等数量众多、异彩纷呈。

开县有着光荣的革命传统，历代仁人志士层出不穷。开县境内至今留有大量的革命遗迹和遗物。刘伯承故居以及刘伯承同志纪念馆藏有不少的刘帅遗物，保存完好、展陈精美。红军曾在杨柳关一带进行革命斗争，碉堡、战壕等遗迹尚存。抗日战争时期开县抗日阵亡将士及王润波烈士纪念碑屹立城区。

上述诸多的遗迹遗物，是开县历史长河中的吉光片羽，是曾经生活在这片土地上的祖先留给开县的宝贵遗产，是开县的文化根脉。

1.3　开州博物馆概况

开州博物馆是一座中型综合性博物馆，创建于 2011 年，与开县文物管理所、开县非物质文化遗产保护中心合署办公，三块牌子一套班子。馆藏文物 6000 余件，其中国家珍贵文物 500 余件。馆藏战国青铜兵器、汉代陶器、宋代官窑瓷器、清代宫廷皮影等独具特色。

开州博物馆原址在开县云峰街道广电中心 10 楼。2011 年，开县人民政府做出了决策，划拨出市民广场外滨湖公园内这一黄金地块，建造开州博物馆和开县规划馆，博物馆和规划馆共同构建成开县地标性建筑，矗立在开县南北中轴线上，见图 1-3。其外形像一本翻开的大书，象征着开拓、开明、开创的开州人民在厚重的历史上书写未来的辉煌。整个建筑把传统文化和时代精神巧妙地融为一体，在三峡博物馆群中独树一帜。

图 1-3　开州博物馆环境

开州博物馆占地面积 18 亩，建筑总面积 4259 m^2，建筑高度 18.8 m，总投资 8000 余万元。2011 年 10 月开工建设，2014 年 1 月试运行，2014 年 5 月 18 日正式对外免费开放。

开州博物馆陈列面积共计 3000 m^2。一楼为基本陈列——锦绣开州、专题陈列——皮影神韵和展览大厅。二楼为专题陈列——故城记忆、专题陈列——弄潮开州人。三楼为临时展厅。基本陈列——锦绣开州被评为重庆市十大优秀展览,专题陈列——弄潮开州人获得重庆市 2014 年最佳创意奖。通过公众开放从政治、经济、社会、人文等多方面展现开州文化,传承开州文明,延续开州文脉,向各地游客展示开州风采。

基本陈列——锦绣开州(图 1-4):展厅面积 1200 m²,包含"开州之源"、"开州之盛"、"开州之魂"三个单元。用远古化石、史前石器、陶器,战国青铜兵器,汉代陶器,唐宋瓷器、石碑,清代瓷器、书法等 380 余件重要文物,再现了开州几千年的文明进程。

专题陈列皮影神韵(图 1-5):展厅面积 120 m²。展出的 50 余件皮影,系位列清 300 名臣的开县籍两江总督、兵部尚书李宗羲告老还乡时慈禧太后御赐的宫廷皮影,材质上乘,色泽艳丽,做工精致。

图 1-4　锦绣开州展厅

图 1-5　皮影神韵展厅

1.4　项　目　概　述

承接重庆市文物博物馆事业"十一五"发展博物馆事业稳步发展的势头，响应国务院三峡建的《三峡后续工作规划》（包括文物博物馆事业规划），推进重庆市区县博物馆建设，丰富和完善区县博物馆藏品，不断提高博物馆展览的文物上展率和更新率，开展国有馆藏珍贵文物以及部分重要出土文物的病害分析与健康性评估工作，使馆藏珍贵文物得到保护修复，满足人民群众日益增长的精神文化需求，重庆市文物考古所（2011 年 12 月更名为重庆市文化遗产研究院）于 2011 年 7 月 13 日应开县文物管理所的邀请赴开县进行实地考察，对其馆藏金属文物保存情况及文物现状做了初步的了解，就如何开展文物保护修复工作进行了探讨，达成了实施保护修复工作的初步意向。

2012 年 8 月 1 日，开县文物管理所正式与重庆市文化遗产研究院办理 266 件金属文物交接手续，并正式启动重庆市开县文物管理所馆藏青铜文物保护修复项目。

2013 年 3 月 20 日，开县文化广电新闻出版局与重庆市文化遗产研究院正式签署《三峡重庆库区开县余家坝遗址出土青铜器科技保护修复与研究》项目合同。合同约定项目承担方重庆市文化遗产研究院针对三峡重庆库区开县余家坝等遗址出土金属文物（共 266 件）开展科技修复与保护（包含有害锈转化、变形文物的整形、残损文物的修复、有害锈的封护等），保持文物的安全稳定状态；开展检测分析（包括基体与锈蚀物的主量元素分析、金相组织分析、合金配比分析、表面加工工艺分析、范铸工艺研究等工作），研究三峡重庆库区开县余家坝遗址出土铜器的制作技术特点和水平，明确该地区乃至重庆地区铜器的合金技术、加工技术、铸造技术等。

2013 年 6 月 28 日，重庆市文物局组织考古、博物馆、文物保护修复及文化遗产保护专家对重庆市开县文物管理所馆藏青铜文物保护修复项目进行了评审验收。

1.4.1　文物类型情况简介

本项目涉及文物类型众多，为了更为清楚归纳各种器型体系，参照朱凤瀚编著的《古代中国青铜器》以及马承源编著的《中国青铜器》等学术专著的分类方式，将该项目所涉及的青铜文物以用途及性质分为五大门类：食器、酒器、乐器、兵器、其他类别。其中，食器 66 件，包括鼎 2 件，簋 2 件，鍪 42 件，釜 17 件，盆 2 件，匕 1 件；酒器 19 件，包括盉 1 件，壶 4 件，锺 1 件，钫 5 件，杯 1 件，勺 7 件；乐器包括甬钟 1 件；兵器 62 件，包括铖 13 件，钺 4 件，戈 8 件，剑 21 件，矛 16 件；其他类别 118 件，包括盘 10 件，洗 7 件，耳杯 27 件，瓶 10 件，镳斗 2 件，灯 3 件，削 11 件，案 1 件，带钩 1 件，镜 7 件，人物俑 2 件，泡钉 31 件，饰件 6 件。文物基本情况表详见附录 A。

1.4.2　文物来源情况简介①

涉及的 266 件青铜文物分别出土于余家坝墓群、竹溪镇红华村崖墓群、汉丰街道双河村汉墓、厚坝镇复洪 9 组墓地、渠口镇平浪 3 组墓地、渠口镇坪井村墓地、渠口镇长塝墓群等开县考古发掘

---

① 王永威主编. 开州古韵——不可移动文物篇. 武汉：长江出版社，2011.

项目，时代以战国为主，包括部分两汉及宋代器物。其中，余家坝战国遗址为极具代表性的考古发掘项目。

1．余家坝遗址

余家坝遗址位于开县渠口镇钦云村（原云安村），西北距县城约 14 km，南距云阳县界约 1 km。1992 年，四川省文物考古研究所调查确认其为一处战国时期的遗址。遗址周围群山环绕，长江支流彭溪河从西北向东南沿遗址台地前沿穿过，遗址南北长 410 m，东西宽 170 m，分布面积约 50 000 m²，由数个小山包及平坝梯田组成。

1994 年、2000～2002 年，山东大学考古学系在余家坝遗址共计发掘面积 13840 m²，发掘墓葬135 座，其中绝大部分均为战国时期的竖穴土坑墓，见图 1-6。墓葬多有木质葬具，是继涪陵小田溪墓群之后又一处级别较高的重要巴人墓地。

遗址可细分为三个埋藏相对集中的小区，分别位于遗址的西北部、中东部和西南部。前两个区域墓葬规模一般较大，多为一棺一椁埋藏，西南部小型墓葬基本只有一棺。大中型男性墓葬多随葬一套兵器，基本组合为戈、剑、矛、钺、削，见图 1-7。女性则多为玦、珠、管等玉石质装饰品，小型墓葬则多为陶器随葬，有不少墓葬还随葬有漆木器。遗址最具特色的是以成套青铜兵器为随葬品，充分反映了巴人尚武的传统。

图 1-6　余家坝遗址墓圹发掘现场

图 1-7　余家坝遗址出土器物组合

在墓葬随葬品中，除了典型的巴人器物之外，也有少量的楚文化、秦文化因素存在，这些文化因素的共存，表明了余家坝遗址是在战国时期特定的历史背景下形成的以巴文化为主体的多种文化复合体。2009 年被确定为重庆市重点文物保护单位。

2．红华村崖墓群

红华村崖墓群位于距开县西南约 15 km 的竹溪镇红华村。墓地前临石碗溪，背靠南河，达（县）开（县）公路由村东经过。1983 年 11 月，红华村二组村民修建新房，在挖房基基槽时发现两座崖墓。四川省文物管理委员会即派员赴开县与代管文物工作的县图书馆合作，对墓地进行了抢救性发掘。出土文物有青铜器、陶器、瓷器等 100 余件，其中较为完整的有 40 余件。出土一级文物青铜甑、八系瓷罐、青铜马、青铜俑等（图 1-8、图 1-9）以及十余件二级文物陶俑。1984 年 1 月，开县人民政府公布红华村崖墓群为县级文物保护单位。

此墓地内的墓葬数量多、密度大；墓与墓间的排列整齐，方向一致，有一定的顺序和规律，为

图 1-8　红华村崖墓部分出土器物（一）

图 1-9　红华村崖墓部分出土器物（二）

当地较典型的族葬墓地，也是川东地区的一处较为重要的崖墓群。通过出土陶俑和陶制模型器的器物形态、制作技术，以及时代鲜明的新莽货泉和剪轮五铢、龟蛇玄武灯、铜洗、甑、耳杯和陶小口圈底罐的造型、纹饰，可推定红华村崖墓墓地上限可到东汉晚期，下限可到三国蜀汉时期。

3. 双河村汉墓

双河村汉墓群，位于汉丰街道驷马社区，三峡库区淹没线下。2008年，西北大学对该墓群进行了发掘整理，发掘面积1000 m²，清理出汉代墓葬、生活遗址数处，清理出汉代以来建筑遗址和灰坑、水渠等数处。出土器物包括瓷器、陶器、铜器、漆器等23件，如图1-10所示。

图1-10　汉丰街道双河村汉墓部分出土器物图

4. 复洪9组墓地

复洪9组墓地位于长江支流彭溪河冲击的朱家院子台地上，北、东、西三面为彭溪河所环绕，南部紧靠山体和万开公路。彭溪河原来曾在墓地西部绕复洪14组流经，即原来的9组和14组共处一个平坝台地上，所属墓地也应当是一处古代遗存。墓地所在9组总体地貌呈河边凸形台地状，台地上和台地东、西、中部为大面积菜蔬田和暖棚。北部凸向河湾处现为沙石场，自北向南有两条运沙石道路，南部靠近山体，山体上有大量居民房屋，山麓下有道路。1982年发大洪水前墓地上有大量村民居住，洪水后村民都搬迁到山坡上，现墓地成为平坝地貌。三峡工程文物保护抢救规划所定的墓地时代为汉代—晋代。2003年11月重庆博物馆、复旦大学文物与博物馆学系在开县文物管理所的协助下，对该遗址进行了考古发掘。根据地势和初步钻探情况分两个象限区域进行了田野发掘。第I象限区布10 m×10 m探方2个，5 m×5 m探方1个，扩方一处6 m×2 m。第II象限区布10 m×10 m探方2个，5 m×5 m探方1个，面积约460 m²。清理东汉墓葬2座（M1、M2），六朝墓葬1座（M3）。东汉和六朝墓葬均为砖室结构，均为刀把形，但有铺地砖者仅为M2，见图1-11。砖壁一侧多为菱格纹，有不少榫卯砖的榫头和卯窝上有搬运时留下的手印。可能是由于洪水冲刷的缘故，各墓的券顶均已经被破坏殆尽，这反映出当年的地面高于现地表的状况。同时汉代墓的四壁尚存，而六朝墓因埋藏较浅而遭受人为破坏严重，仅剩部分墓室壁面残砖。大部分人骨腐朽严重，仅剩个别牙齿和残头骨及肢骨。出土陶、瓷、铜、铁、银器等器物及人骨。其中，铜器有釜、洗、镜、五铢钱及个别四铢钱、货泉、鎏金铜泡钉及双耳杯器耳包边套等，银器有手镯、指环等；陶器有各式灰、红陶罐、盆、甑、碗、钵、灯盏以及带盖施青绿釉和黄白釉红陶盘口壶等，随葬器物多明器，也有实用器。其中，灰陶器基本是实用器，火候较高，破损率低。红陶器大多为明器，火候低，碎裂难复。M2 出土的铁釜上套有陶甑，构成一套实用炊器组合。瓷器以青瓷为主，有四系盘口壶、小碗等。铁器主要是釜，锈蚀严重。可复原器约 100 件（约 160 枚五铢钱币除外）。

图 1-11　复洪 9 组墓地墓葬出土情况

5．平浪 3 组墓地

平浪 3 组墓地位于开县和云阳县的交界处，隔彭溪河与余家坝斜相对应。由于小江电站水库的多年淤积，现在这一带整体上较为平整，海拔高度为 156～158 m。墓地处在两河交汇处，地势相对比较开阔和平坦。最主要的收获是发现了一座保存相对较好的墓葬。编号为 M1。M1 位于平坝的偏西北部，距离彭溪河较近。墓葬平面呈刀形，由墓道和墓室构成。墓室略呈方形，券顶塌落落于墓室之中，四壁尚保存较高，采用花纹砖错缝垒砌而成，随葬品的数量较多，保存也相对较好。随葬品主要陈放于墓室，以西部最多，其中西壁和南壁下各放满一排，中部则散落若干件，见图 1-12。墓道内仅在封墙下发现 1 件。随葬品的种类以陶器为主，也有少量铜器、银环等。

6．坪井村墓地

坪井村墓地，位于开县渠口镇向阳村（建制调整之后原坪井村合并至向阳村）澎溪河北岸，位于三峡库区淹没区以下。2004 年，青海省文物考古研究所对该墓地进行了发掘，发掘时墓葬已经被破坏殆尽，共清理了汉代及六朝砖石墓 7 座，出土瓷碗、瓷罐、铁刀、银钗、银环、灰陶罐、灰陶钵、红陶簋、铜杯、铜耳环、铜泡钉、琉璃耳珰等 70 余件，见图 1-13。

图 1-12　平浪 3 组墓地出土情况

图 1-13　坪井村墓地出土情况

7．长塝墓群

长塝墓群位于重庆市开县渠口镇原铺溪村 3 组，墓群坐落在一南北走向的土岗之上。1994 年，山东大学考古系发掘了两座六朝时期的墓葬，出土了数量较多且极为精美的青瓷器。2004 年主要发掘墓地的北半部，在 3000 m² 范围之内，发现墓葬 13 座。2005 年发掘墓葬 6 座，除了 1 座砖室因没有发现遗物而不能确定年代外，余者均为东汉时期。出土各种质料的器物 208 件（组）。其中，铜器 28 件，铁器 2 件，陶器 175 件，石器 3 件（组），如图 1-14 所示。

图 1-14　长塝墓群部分出土器物图

1.5　文物保存环境调查和评估

1.5.1　地域大环境

　　开县处于四川盆地东部温和高温区内。三里河谷浅丘平坝属中亚热带湿润季风气候区；北部大巴山支脉 1000 m 以上山地属暖温带季风气候区。年平均气温 18.5℃（丰乐海拔 165.7 m）至 10.8℃（马云海拔 1490 m），相差 7.7℃。开县幅员辽阔（总面积 3969 km²），地形复杂，随海拔高度引起的气温立体差异十分明显。盛夏季节，县城平坝地区酷热难耐，气温高达 40℃左右；而北部高山则凉爽如秋，需身穿夹衣，晚盖薄棉被。开县年降水 1200 mm 左右，特点是雨季长、雨日多、降水丰富。开县气候特点是：四季分明，夏季最长；气候温热，无霜期长；尽管降水丰富，由于立体地形差异，导致多水旱风雹灾害。

　　常年高湿和高温环境是导致各类文物腐蚀加速的重要因素，因此，采用有害锈转化、缓蚀和封护等青铜文物保护技术是必要和紧迫的，而青铜文物后续保护环境调控也是值得重视的。

1.5.2　保存小环境

　　这批青铜文物全部临时存放于库房内，见图 1-15，总体存在以下不足：

图 1-15　临时库房存放

（1）面积小，需要单独分区保存的文物无法分区保存。

（2）文物裸放，缺乏必要的文物保存柜和包装。

（3）保存环境较差，缺乏必要的环境调控设备，温度、湿度达不到文物保存的基本要求。

1.6 文物现状调查与评估

保护修复前，根据工作需要，我们对文物的来源、材质、存放环境、病害状况做了详细的调查。利用显微分析、X 射线投射检测、扫描电镜能谱分析、X 射线衍射分析、X 射线荧光光谱分析等科技检测手段，发现这批文物的病害主要包括表面硬结物（图 1-16）、有害锈（图 1-17）、断裂（图 1-18）、残缺、变形（图 1-19）等类型，统计情况见表 1-1，多数文物存在多种病害共同危害的情况。

图 1-16　表面硬结物

图 1-17　有害锈

图 1-18　断裂

图 1-19　残缺、变形

表 1-1　重庆市开县文物管理所馆藏青铜文物现状调查病害统计表（单位：件）

主要病害 数量	表面硬结物	有害锈	变形	断裂	残缺	备注
涉及器物数量	254	100	25	91	186	

1.7　保护修复原则和目标

1.7.1　保护修复原则

（1）不改变原状原则。
（2）最少干预性原则。
（3）再处理性和协调性原则。

1.7.2　保护修复目标

（1）调查文物现状，评估病害。
（2）去除或转化有害锈、缓蚀、封护，维持文物稳定状态。
（3）矫形、黏结、补配、作色，恢复文物基本形态。
（4）整理保护修复资料，完善技术档案，编写工作报告。

1.8　实　施　流　程

在前期调研、检测分析的基础之上，依据文物保护修复的基本原则，我们有针对性地制定了详细的保护修复技术路线。

1.8.1　技术流程图

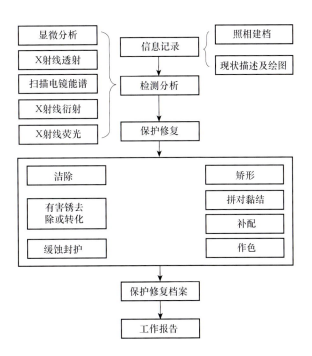

1.8.2 进度安排

根据保护修复实施主要技术流程，制定工作进度计划，如表 1-2 所示，并逐步落实完善每一项实施项目的完成。

表 1-2 文物保护修复工作进度安排表

实施时间 项目	2012 年					2013 年						备注
	8 月	9 月	10 月	11 月	12 月	1 月	2 月	3 月	4 月	5 月	6 月	
照相建档												
测试采样												
制样检测												
绘制病害图												
保护修复												
档案整理												

注：表中阴影区域为实际实施。

1.9 保存环境控制建议

出土文物受保存环境的影响，不断发生化学反应，引发劣化损害。文物保存环境，是指收藏与展示各类可移动文物的相对独立空间的总体，包括文物库房、展厅、展柜、储藏柜（箱、盒）等空间中的各种物理、化学、生物条件。影响文物的环境空间，大致可分为微环境（以展柜、储藏柜、包装盒内空间为代表）、小环境（以库房、展厅等室内空间为代表）、大环境（覆盖整个文物保管与展示建筑的空间）和室外环境（文物保管与展示建筑之外的空间）。国内外的大量研究表明，环境因素是引发文物劣化损害的主要原因，主要包括温度、湿度，光辐射，污染气体（包括颗粒物），有害生物四类。其中，尤其是环境湿度的波动和各种污染气体的影响，对博物馆珍贵文物的损害作用最为显著。根据《博物馆藏品保存环境试行规范》，青铜文物保存环境应达到相应要求。

1.9.1 微环境

包装囊盒具有良好的抗外界温度和湿度剧烈变化的缓冲作用、阻隔有害污染物影响作用以及避光作用，是一种改善文物保存微环境的经济实用的保护方法，但必须注意选用无污染材料制作的包装囊盒。而在文物储藏柜内放置活性炭等吸附材料，能有效降低甲醛等污染物的浓度。鉴于文物储藏柜和囊盒对屏蔽外界温度、湿度变化有一定作用，应当将文物尽量放入文物储藏柜和囊盒保管。

1.9.2 小环境

文物保存环境中的污染物浓度均较低，是文物得到较好保存的保障。但是，由于新、老装修材料与橱柜材料挥发污染物的影响，库房改造配备的恒温、恒湿设备无过滤功能，陈列展柜又处于长期密闭状态，各环境中甲酸、乙酸、甲醛、挥发性有机化合物（VOC）等污染物浓度偏高。因此建议：应在室外空气质量良好的季节，加强对库房、展厅、橱柜内空气的换气处理，提高室内空气质量；条件许可则应在进风口安装净化过滤设施；加强对进风口位置和通风管道密封性的检查，尽量避免外界各种装修、检修时的污染气体对库房环境的影响。同时，建议使用 24 h 连续运行的恒温、恒湿设备，避免因阴雨天气的湿度偏高、展柜内温湿度随柜内灯光的开关而发生幅度较大的周期性变化，将温度、湿度控制在以下标准，方能达到文物保护要求：

（1）环境温度应控制在 20℃左右，日波动范围应小于 5℃；
（2）环境相对湿度应控制在 45% 以下，日波动范围应小于 5%。

1.9.3　大环境

未用控制措施的库房窗户，展厅内自然光带不利于对文物保存环境的光照水平进行有效控制；直接设于展柜内的照明灯具对温度、湿度控制，光照水平控制和文物消防安全也是不利的。因此建议：展厅自然光带玻璃应作防紫外线处理并做好跟踪监测工作；展柜内的照明灯具应设计用毛玻璃分隔布置于柜外，并全部使用防紫外线照明灯具。

同时，装饰装修材料、橱柜制作材料所散发的污染物，对文物保存环境的影响作用突出。因此建议：对各种装修材料应进行筛选，尽可能使用无污染物挥发或少污染物挥发的装饰材料，加强装修阶段的通风措施，防止产生新的污染源；新添置的木质橱柜，应在室外通风处充分散发其挥发污染物后，再放入库房使用。

1.10　风险评估和防范措施

1.10.1　风险评估

本项目采用修复材料及方法是成熟可靠的，各工作环节按照文物保护修复基本原则实施，现场由经验丰富的技术人员把关，工作分阶段聘请专家进行验收，项目实施基本无风险。

1.10.2　防范措施

（1）依照国家及单位相关规章制度，加强项目管理；
（2）全面开展检测分析，保障技术线路的科学性、可操作性；
（3）严格执行项目保护修复流程，科学严谨，保障文物的安全；
（4）聘请专家，实施项目验收。

1.11　项　目　验　收

2013 年 6 月 28 日上午，重庆市文物局组织邀请了重庆中国三峡博物馆刘豫川研究员，西北大学文化遗产学院赵丛苍教授、王蕙贞教授，中国科技大学龚德才教授，广东省博物馆莫鹏研究员，吉林省博物院文保中心刘文兵副研究员，陕西师范大学金普军副教授等考古、博物馆、文物保护修复、文化遗产保护专家，以及重庆市开县文化广电新闻出版局黄晓勇副局长、开县文物管理所王永威所长组成验收评审组，对重庆市开县文物管理所馆藏青铜文物保护修复项目进行了评审验收，如图 1-20 所示。

图 1-20　专家验收现场

专家组考察了此次保护修复的文物，审阅了验收材料，听取了工作汇报，并对项目组进行了咨询。专家组认为该保护修复工作项目按照双方签订的合同，甲方在规定的时间内按照乙方的要求完成了既定工作量，保证了该项任务的圆满完成；项目在实施过程中将传统工艺和现代科技方法相结合，检测手段先进，分析检测全面，数据可靠；保护修复技术路线科学合理，效果显著；建议对保护修复过程中发现的特殊工艺现象开展进一步的课题研究。专家一致认为本项工作达到了预期效果，验收结果评定为优秀。专家意见书见图 1-21、图 1-22。

文物修复保护项目验收意见书

项目名称	重庆市开县文管所馆藏金属文物修复保护
实施单位	重庆市文化遗产研究院
实施依据	重庆市开县文管所馆藏金属文物修复保护方案
验收组织	重庆市文化遗产研究院
验收组 成员	刘豫川　重庆中国三峡博物馆研究员 赵丛苍　西北大学文化遗产学院教授、博士生导师 王蕙贞　西北大学文化遗产学院教授、博士生导师 龚德才　中国科技大学教授、博士生导师 莫　鹏　广东省博物馆、研究员 刘文兵　吉林省博物院文保中心主任、副研究员 金普军　陕西师范大学副教授 黄晓勇　开县文化广电新闻出版局副局长
项目实施 简述	本项目按照国家文物局相关标准和规范制定了修复保护方案，工作组制定了详细的工作计划及工作目标：组织了专业照像及病害图绘制的队伍，对器物的基本信息作了收集和准确记录，并针对器物病害分布的情况，通过取样检测制定实施方案，文物保护采取有害锈去除或转化、缓蚀封护措施达到祛除病害；文物修复利用传统与现代技术相结合，采取矫形、拼对粘接、补配和作色等技术措施，以达到恢复文物原貌为目的；修复后的文物建议采用控制保存环境的技术手段，使保护修复后的文物得到长期安全保存；结合现代科技分析检测手段，研究该地区的青铜铸造工艺技术特点，达到修复保护与课题研究相结合的目的。

图 1-21　专家意见书正面（影印件）

验收意见	2013 年 6 月 28 日上午，重庆市文物局在重庆市文化遗产研究院现场组织专家对"开县文管所馆藏金属文物修复保护项目"进行了验收。专家组听取了汇报，考察了保护修复文物、审阅了验收材料，并对项目组进行了质询，经讨论形成如下意见：
	
	    一. 研究院遵循国家文物局的批复方案，经过精心组织，实施了"开县文管所馆藏金属文物修复保护项目"，保证了该项任务的圆满完成。
	
	    二. 该项目在实施过程中将传统工艺和现代科技方法相结合，检测手段先进，分析检测全面，数据可靠。
	
	    三. 修复保护技术路线科学合理，效果显著。
	
	    四. 建议对修复保护过程中发现的特殊工艺现象开展进一步的课题研究。
	
	    专家一致认为本项工作达到了预期效果，同意通过验收。

综合评定	评价： 优 （分优、良、合格、不合格四个等级）
签字	专家组组长：王蕙贞 专家组成员： *[手写签名]* 2013 年 6 月 28 日

图 1-22　专家意见书背面（影印件）

第 2 章　文物保护修复实施

依照当代修复理念，"保护"意味着保持事物的现状，而不以任何方式去改变其形态、状态等安全属性；"修复"则是逐步被定义为："任何将文化资产的现存材料和机构恢复到一个一致的较早的时间之状态的行为。"保护常依赖于对象某些方面的修复，而且保护与修复往往具有很多的重叠之处，相伴而生、互为因果、无法分离。这种内在互相依赖的关系使保护与修复被视为同一措施的两个方面[1]。而抢救修复已损坏的文物是文物保护科学技术的核心。对已损文物进行修复技术处理，使其病害予以消除，劣化受到控制，毁损得以恢复[2]。

同时，当代保护理论更强调艺术的价值、风格、色彩、形状和材料等特征意义的承载[3]，这也是传统修复技术的精华所在。特别是青铜器修复在技术上是融修补复原、复制、仿制为一体的传统工艺。早在《吕氏春秋》卷九中就有修复技术仿制青铜器最早的文献记载。文物保护修复技术发展到今天，经过前辈们的实践和理论研究，各类文物的保护修复都有一定的步骤和方法。金属文物的修复作为最早的金石学的内容之一，具有很多的实施技巧与手法。虽然每件文物的类型较多、且每件器物的病害情况也各有不同，导致修复程度差别较大，但都遵循一个基本相同的实施流程。

一般来说，文物的保护修复流程分为文物的拍照建档、记录现状，文物性能的检测工作，文物修复方案的制定，文物保护修复实施过程，填写修复档案并验收，等等。其中，针对器物具体状况中的表面硬结物覆盖、有害锈侵蚀、断裂、残缺、变形等情况，在文物保护修复实施过程中采取洁除、有害锈去除或转化、拼对黏结、补配、矫形、作色等技术手段进行诊治，恢复文物基本性状。

2.1　建　档　工　作

修复和保护文物是为了更好地保存及提高文物的价值，因此保证文物的安全是必不可少的基础工作。而文物建档正是安全保证工作的第一环。

对于保护修复人员来说，文物建档工作是了解文物的第一步，我们要求参与保护修复的工作人员必须全程参与文物建档工作。这个过程需要做的工作有如下几项：

（1）直观了解文物的完残情况，并进行拍照记录。

文物完残情况一方面是对文物现存状态的直观认识，另一方面也涉及文物的搬运及修复实施中

① 萨尔瓦多·穆尼奥斯·比尼亚斯. 当代保护理论. 张鹏，张怡欣，吴霄婧译. 上海：同济大学出版社，2012：14-18.
② 中国文化遗产研究院. 中国文物保护与修复技术. 北京：科学出版社，2009：254.
③ 萨尔瓦多·穆尼奥斯·比尼亚斯. 当代保护理论. 张鹏，张怡欣，吴霄婧译. 上海：同济大学出版社，2012：177.

保护措施安排。拍照时需要对文物的全貌及局部病变处都进行拍照，照片记录要尽量全面，因为在之后的保护修复过程中很有可能需要查看原始的拍照记录。

　　针对本项目所涉及的这批器型各异、状况不一的金属文物，我们特组织了专业工作组，应用院摄影室现代摄影设备，以考古绘图原理要求，将器物的主要形貌以正投影图示显示，拍摄数码照片及反转片，准确记录每件器物的直观信息，如图2-1所示。文物拍照时，依靠室内灯光，用光应注意避免背景色光反射到器物表面，以免造成器物色彩失真彩色，如图2-2所示。

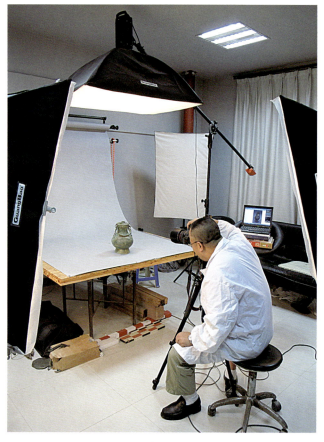

图2-1　专业文物照相

图2-2　铜俑正立面照

　　（2）绘制病害图示，明确文物的病害种类和分布。

　　金属文物保护修复前应绘制病害图示，明确文物的病害种类和分布。病害图绘制依照国家颁

图2-3　电脑绘制器物病害图

布的《馆藏青铜器病害与图示》（WW/T 0004—2007）要求，真实记录每件器物的宏观病害情况。

　　根据考古绘图方式，采用计算机绘制病害图示，常用的有AutoCAD、Photoshop等应用软件，AutoCAD对尺寸的准确性加工处理较Photoshop要好，而Photoshop对图像处理加工强于AutoCAD，我们结合两种软件，根据文物拍摄的正投影图片，绘制器物的病害图，如图2-3所示。图示中器物体一般采用黑色，病害区域采用红色、绿色等鲜明颜色进行标示。若多种病害存在叠加，则采用其他易于区分的色彩进行标示，

如图 2-4 所示。标示符号，依照国家颁布行业标准《馆藏青铜器病害与图示》（WW/T 0004—2007）对应的图示符号，根据文物照片反映的现状图像，将本项目涉及金属文物逐一标注病害图示、修复痕迹图示和铸造信息图示。

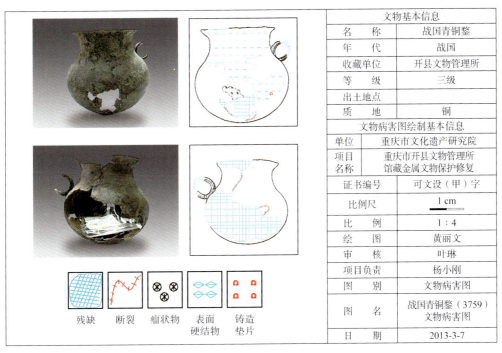

文物基本信息	
名　　称	战国青铜鍪
年　　代	战国
收藏单位	开县文物管理所
等　　级	三级
出土地点	
质　　地	铜
文物病害图绘制基本信息	
单位	重庆市文化遗产研究院
项目名称	重庆市开县文物管理所馆藏金属文物保护修复
证书编号	可文设（甲）字
比例尺	1 cm
比　　例	1:4
绘　　图	黄丽文
审　　核	叶琳
项目负责	杨小刚
图　　别	文物病害图
图　　名	战国青铜鍪（3759）文物病害图
日　　期	2013-3-7

残缺　　断裂　　瘤状物　　表面硬结物　　铸造垫片

图 2-4　单件器物标准病害图

（3）建立针对文物的修复档案。

汇集以上照相记录和病害图资料，对文物状况进行详细的记录。记录内容通常包括：纹饰、重量、各特征部位的尺寸，如长、宽、高等，文物的完残情况、残损部位等，建立一套文物病害档案。

2.2　检　测　分　析

为了深入了解文物、精准把握病害，在文物修复前，根据金属文物主要病害类型调查结果，对文物现状和病害进行现代科学方法检测分析，为指导保护修复的实施提供了科学依据。通常有以下几种检测方法：

（1）X 射线照射法。即利用强度均匀的高能射线束透照射物体所显现出来的衰减差异来判断物体内部的缺陷和物质分布等。主要用于清楚显示青铜器、铁器的内部结构、锈蚀的分布和厚度、有无锈蚀孔洞、有无镶嵌物等。

（2）X 射线荧光光谱分析（X-ray fluorescence，XRF）。即利用初级 X 射线光子或其他微观离子激发待测物质中的原子，使之产生荧光（次级 X 射线）而进行物质成分分析和化学态研究的方法。主要用于检测金属文物的成分，测定锈层化学元素组成，测定基体金属的组成元素及其含量。

（3）X 射线衍射分析（X-ray diffraction，XRD）。利用 X 射线在晶体物质中的衍射效应进行物质结构分析的技术，作为一种物相鉴定的有效手段，用于测定锈层腐蚀产物组成的物相结构。

（4）扫描电子显微镜分析（scanning electron microscopy，SEM）。利用二次电子信号成像来观察样品的表面形态，是介于透射电镜和光学显微镜之间的一种微观性貌观察手段，可直接利用样品表面材料的物质性能进行微观成像，主要用于测定金属及合金的微观结构及其形貌、组成元素及其含量，并可以测定锈层或病害的微观形貌。

对金属文物的仪器分析大都需要进行取样检测。采样应进行影像资料记录和文物描述病害状况。采集时不宜对文物造成巨大损害，所取样品具有一定代表性，采样量满足所用分析测试仪器的检出限量的要求，样品采用硫酸纸或干净的样品袋包装备用。

2.2.1 实验仪器与条件

选取44件器物50个样品，检测锈蚀产物。Quanta 200环境扫描电子显微镜（配备EDS公司能谱仪）对锈蚀样品进行二次电子像形貌观察，以及区域锈蚀元素组成含量分析。测试条件：高真空模式 5×10^{-3} Pa以下，加速电压20 kV，工作距离10 mm。Spotsize：4.0～5.0。X射线衍射分析采用了浩元 DX-2700衍射仪，电压40 kV，电流35 mA，扫描角度10°～70°，步进0.02°，每点扫描时间0.15 s。

对腐蚀严重的青铜器残片，特别是铜鍪样品进行了光学显微镜观察和元素线扫描分析。采用 HIROXHK-7700数字三维显微镜观察残片断面锈蚀结构层次，同时利用Quanta 200环境扫描电子显微镜（配备EDS公司能谱仪）对金相样品进行断面元素线分布研究。测试条件：高真空模式 5×10^{-3} Pa以下，加速电压20 kV，工作距离10 mm。Spotsize：4.0～5.0。

以上实验均为陕西师范大学的材料科学与工程学院实验中心及化学实验教学中心实验设备。

2.2.2 分析结果

1．锈蚀产物检测结果

44件器物50个样品锈蚀产物检测结果见表2-1，详细检测见附录B。

2．残片断面线扫描分析结果

1）铜鍪（5473）

铜鍪（5473）残片断面元素线扫描分析见图2-5（a）。Cu元素由内到外含量下降很大；Pb元素变化不大，局部有升高情况，与C元素升高位置一致，系其中碳酸铅颗粒；Sn元素外层含量有所增加，C、O和Si元素由内到外也存在升高的趋势，见图2-5（b）。从图2-5（c）（d）可以发现，在200点距离后，存在Cu和Sn元素显著降低及C、O和Si元素升高的情况，这说明基体中（α+δ）共析体发生腐蚀，土壤元素渗透进外层锈蚀中。

2）铜鍪（5448）

铜鍪（5448）残片断面元素线扫描分析见图2-6（a）。Cu元素由外到内含量升高，见图2-6（d）；Pb元素局部有升高情况，源于其中铅颗粒；Sn元素含量呈抛物线性分布，见图2-6（b）；C、O、P和Si元素也出现了呈抛物线性形态，见图2-6（c）。其中，Pb和C元素分布几乎一致，说明存在碳酸铅颗粒。

3）铜鍪（5379）

铜鍪（5379）残片断面元素线扫描分析见图2-7（a）。Cu元素由内到外含量升高很大；Pb元素变化不大；Sn元素含量有所下降增加，C、O和Si元素由内到外变化较小，见图2-7（c）。从图2-7（d）上可以发现在250点距离后，存在Sn元素显著降低情况，这说明基体中（α+δ）共析体发

表 2-1 锈蚀样品能谱元素组成及腐蚀产物表（单位：%）

(a) 分析结果（一）

序号	编号	名称	元素质量分数																		腐蚀产物	备注
			C	O	Mg	Al	Si	S	P	As	Os	Cl	W	Pb	Sn	K	Ag	Ca	Fe	Cu		
1	84	盘	7.27	21.92		0.47	1.61							8.03	45.31				4.29	11.11	孔雀石、石英	
2	90	盘	5.96	13.60					0.37											75.25	孔雀石、白铅矿	
3	186	釜	11.62	31.33	2.63	3.51	8.95									1.11		6.00	2.37	31.10	蓝铜矿、石英	
4	580	釜	15.15	41.70		3.55	5.48	1.38												34.12	孔雀石、石英	
5	401	洗	14.04	37.66	4.93	4.15	10.35							1.62		1.27		9.15	2.93	13.90	孔雀石、石英	
6	4191	洗	6.81	36.63	0.95	7.56	21.22									2.16			1.87	3.08	孔雀石、石英	
7	5583	洗	14.89	18.43		0.48	2.85			0.90				11.18	11.66		0.59		0.88	38.15	孔雀石、石英、白铅矿	
8	4000	勺	4.00	21.50		0.61	1.67		0.95					2.76	45.48				2.15	20.86	二氧化锡	
9	1527	勺	6.85	25.08		1.11	2.64		0.66					5.85	32.62				6.02	19.19	孔雀石	
10	1367	勺	6.00	23.31	0.72	1.09	3.03							12.09	21.05					32.71	孔雀石、石英	
11	1194	勺	3.42	14.08		0.32	2.03		0.91	0.30				15.42	29.76					33.76	孔雀石、石英	
12	94	勺	15.36	23.26		1.57	5.71			0.31	1.97			45.15					1.16	11.22	白铅矿	
13	549	盆	12.71	22.86		2.91								2.52		0.85			2.11	50.33	孔雀石、石英、白铅矿	
14	126	耳杯	6.79	18.62		0.31	0.70		0.68					10.60	5.49				1.20	53.10	蓝铜矿、石英	
15	4018	钫	6.94	22.86		0.35	1.66		0.89	0.24				7.54	43.12				3.21	17.43	二氧化锡	
16	3853	镜	13.46	13.09								8.79	0.56	7.09		2.16			0.55	34.70	二氧化锡	
17	6584	带钩	5.78	16.89		0.41	1.37		3.08	0.56				32.84	16.72				3.07	19.28	白铅矿	

续表

(b) 分析结果（二）

序号	编号	名称	元素质量分数																腐蚀产物	备注
			C	O	Mg	Al	Si	P	As	Cl	Pb	Sn	K	Ca	Fe	Cu		
18	79	簋	25.99	21.34		0.47	0.92	7.30		1.83	10.16	3.01		3.12		25.27	孔雀石、石英、白铅矿	
19	3989-1	鉴	20.53	22.04		1.10	2.40				2.51	1.79		0.75	1.15	47.73	孔雀石、石英	
20	3989-2	鉴	5.33	19.53		0.38	2.80				5.11	51.3				15.72	孔雀石、石英	
21	3989-3	鉴	14.37	21.72		1.31	3.14				5.79	17.55			1.31	34.41	孔雀石、石英	
22	5473	鉴	11.41	24.87		0.81	1.80				2.10			0.93		58.07	孔雀石、石英、白铅矿	
23	3764	鉴	7.04	21.52		0.78	4.20				9.41	37.17			4.45	15.43	孔雀石、石英	
24	4014	鉴	17.90	20.86		1.04	3.07	0.31			4.30	18.85			1.29	32.39	孔雀石、石英	
25	4101	鉴	20.47	30.54	0.48	4.76	6.10						1.01		2.50	34.15	孔雀石、石英	
26	4001	鉴	11.20	20.78		1.42	3.30	0.86			10.83	27.55			4.06	20.01	孔雀石、石英、二氧化锡	
27	5448	鉴	10.57	25.17		0.55	0.87				1.82					61.02	孔雀石、石英	
28	5364	鉴	5.90	16.62		0.27	1.39	0.50	0.46		2.51	41.75			2.83	27.72	孔雀石、石英	
29	3622	鉴	7.49	25.70		2.08	3.43	1.32			13.50	4.18		0.80	1.17	40.34	孔雀石、石英	
30	5286	鉴	23.48	22.41		1.29	2.89				1.50	4.13			1.13	43.16	孔雀石、石英	
31	3769	鉴	5.38	16.79		0.29	2.00	0.56	0.74		12.97	47.06			1.65	12.44	二氧化锡	
32	1479	鉴	7.89	28.29	0.06	4.81	7.92						0.96	0.39	2.53	46.59	孔雀石、石英	
33	5765	鉴	10.40	33.52		1.08	1.94				3.21	1.56		0.56		47.70	孔雀石、石英	
34	3759	鉴	14.76	19.86		3.11	6.26		0.30		17.20	5.52			2.27	30.72	孔雀石、石英、白铅矿	

续表

(c) 分析结果（三）

元素质量分数

序号	编号	名称	C	O	Mg	Al	Si	P	Ti	Cl	Pb	Sn	Ca	Fe	Cu	腐蚀产物	备注
35	5384	鉴	15.78	21.24		1.17	3.01			4.35	9.36		0.45	1.56	43.07	孔雀石、石英、白铅矿	
36	1509	鉴	15.36	28.80	0.68	5.90	12.38		0.75		2.00	1.07	0.27	3.10	29.70	孔雀石、石英、白铅矿	
37	3596-1	鉴	15.48	25.46		4.63	8.91				3.83	8.71		3.81	29.18	孔雀石、石英、蓝铜矿	
38	3596-2	鉴	8.63	19.71		0.91	2.15	0.54			5.97	25.28	1.09	3.54	32.19	二氧化锡	
39	3685	鉴	3.05	11.16			0.60			9.29	7.81	10.50			57.60	氯铜矿	
40	5405	鉴	24.22	19.73		1.36	2.86	0.40			12.48	6.43		2.21	30.50	孔雀石、石英、白铅矿	
41	1525-1	鉴	19.62	22.96	0.24	1.76	4.40	0.34			7.61	33.30		3.65	6.12	二氧化锡	
42	1525-2	鉴	5.36	20.49		0.48	2.94				9.16	47.54		3.56	10.48	二氧化锡	
43	1569	鉴	18.24	19.43	0.10	0.57	2.25				4.01	25.40		0.99	28.83	孔雀石、石英	
44	3934	鉴	27.89	19.56	0.13	0.50	1.79				6.95	21.89		1.04	20.25	二氧化锡	
45	1395	鉴	20.94	18.56			1.94				8.68	34.00		1.52	14.36	二氧化锡	
46	5354-1	鉴	44.66	20.21		0.82	1.49				1.28	1.09	0.38	0.82	29.25	水胆矾	
47	5354-2	鉴	28.30	19.72		0.56	2.25				7.03	27.46		0.74	13.94	孔雀石、石英	
48	3957	鉴	17.58	20.72		1.75	3.23	0.27			2.33	5.73		1.45	46.95	孔雀石、石英	
49	5379-1	鉴	31.35	20.66		1.62	2.90				1.95	3.89		1.30	36.34	孔雀石、石英	
50	5379-2	鉴	18.75	18.80		0.82	3.08				7.99	32.35		0.84	17.36	二氧化锡	

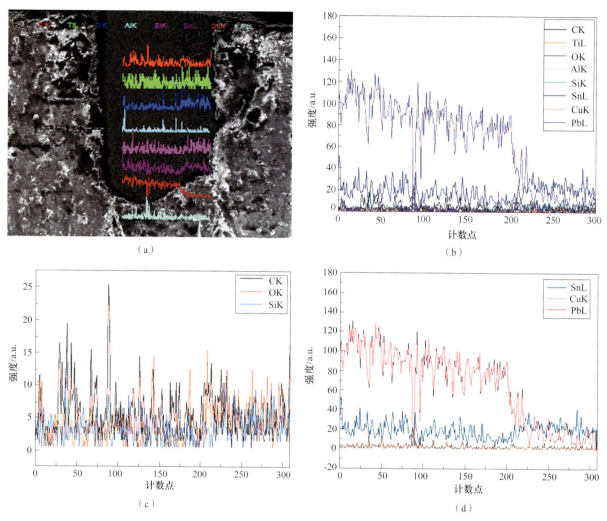

图 2-5　铜鉴（5473）样品的 EDS 线扫描图。（a）不同元素含量分布；（b）元素强度变化趋势；（c）C、O、Si 外界引入元素分布；（d）Cu、Sn、Pb 元素由内向外含量变化

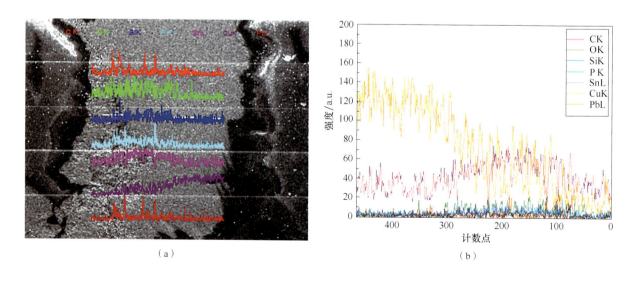

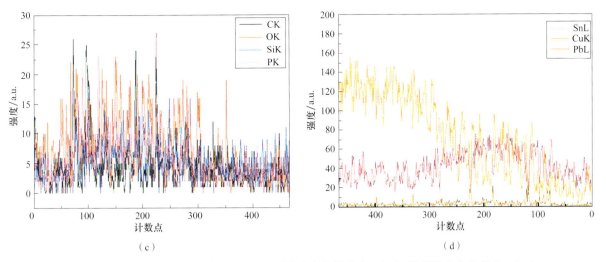

图 2-6　铜鎣（5448）样品的 EDS 线扫描图。（a）不同元素含量分布；（b）元素强度变化趋势；（c）C、O、Si、P 外界引入元素分布；（d）Cu、Sn、Pb 元素由内向外含量变化

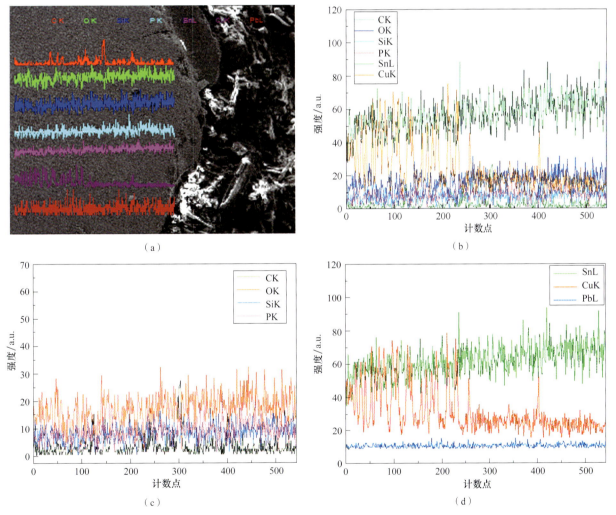

图 2-7　铜鎣（5379）样品的 EDS 线扫描图。（a）不同元素含量分布；（b）元素强度变化趋势；（c）C、O、Si、P 外界引入元素分布；（d）Cu、Sn、Pb 元素由内向外含量变化

生腐蚀，大量 Sn 元素向土壤中发生了迁移。

4）铜鍪（3622）

铜鍪（3622）残片断面元素线扫描分析见图 2-8（a）。Cu 元素由外到内含量呈抛物线性分布，见图 2-8（b）；其他元素 Sn、C、O、P、Mg、Al 和 Si 元素则成倒抛物线，Pb 元素分布比较均匀，见图 2-8（c）和（d）。这种分布说明器物本体由双侧同时向内腐蚀，中间还保留一定的铜基本体。

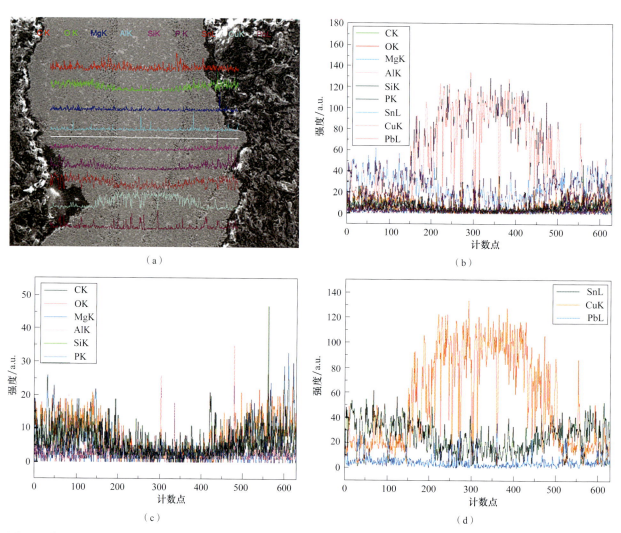

图 2-8　铜鍪（3622）样品的 EDS 线扫描图。（a）不同元素含量分布；（b）元素强度变化趋势；（c）C、O、Mg、Al、Si、P 外界引入元素分布；（d）Cu、Sn、Pb 元素由内向外含量变化

5）耳杯样品断面线扫描分析

耳杯（108）残片断面元素线扫描分析见图 2-9（a）。Cu 与 Sn 元素变化不大，C 元素由内向外降低，而 O 元素则出现了抛物线形态分布，见图 2-9（b）。

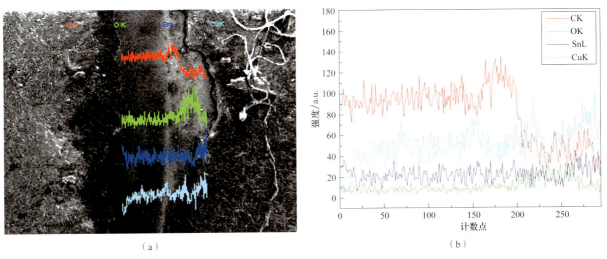

（a）　　　　　　　　　　　　　　　　　　（b）

图 2-9　耳杯（108）样品的 EDS 线扫描图。（a）不同元素含量分布；（b）元素强度变化趋势

2.2.3　讨论

这批青铜器的锈蚀产物检测出来铜器锈蚀产物主要有蓝铜矿、孔雀石、水胆矾和白铅矿，以及"粉状锈"成分。青铜器在埋藏环境中会发生不同程度的腐蚀，生成各种铜的腐蚀产物，Cu_2O 就是其中较为常见的一种。事实上，氧化亚铜锈蚀层因为其形成条件的不同，也具有不同的形态，如常见于北方地区的致密结构氧化亚铜保护膜——"枣皮红"[1]，以粉状氧化亚铜锈蚀为代表的南方青铜器[2]。一般情况认为 Cu_2O 会出现在文物表面形成一层保护膜，阻挡外界有害离子的侵入，延缓青铜基体的腐蚀，其主要电化学化学反应如下：

$$阴极：O_2+2H_2O+4e \longrightarrow 4OH^-$$
$$阳极：Cu+H_2O \longrightarrow Cu_2O+2H^++2e$$

在埋藏或者大气保存环境中继续发生腐蚀，形成铜的碳酸盐

$$2Cu_2O+O_2+CO_2+H_2O \longrightarrow CuCO_3 \cdot Cu(OH)_2 或 2CuCO_3 \cdot Cu(OH)_2$$

或硫酸盐

$$SO_2+OH^- \longrightarrow SO_3^-$$
$$HSO_3^- + \frac{1}{2}O_2 \longrightarrow SO_4^{2-}+H^+$$
$$4CuO+SO_4^{2-}+2H_2O+2H^+ \longrightarrow Cu_4(OH)_6SO_4$$

水胆矾（$Cu_4(OH)_6SO_4$）常见于露天的青铜器上，常常作为含硫化物大气腐蚀的一种指标性产物。

不容忽视，对这批器物已经检测出 Cl 离子和氯铜矿，表明存在粉状锈。众所周知，粉状锈严重威胁着青铜器的存在，其机理主要是青铜器中氯化亚铜与潮湿空气中的水、氧相互作用，立即和新的铜体表面发生反应，生成白色粉状锈（$CuCl_2 \cdot 3Cu(OH)_2$），反应式为

$$4CuCl(s)+4H_2O+O_2(g) \longrightarrow CuCl_2 \cdot 3Cu(OH)_2(s)+2HCl(aq)$$

粉状锈在形成初期，其颗粒度极为微小，略近于球形的锈体粒径为 0.8～1.2 nm，均匀一致。此微小的粒子基本可摆脱重力场的影响而随空气的流动迁移，在适当的条件下，落在其他铜器上，可进行下述反应：

① 孙晓强. 青铜器的腐蚀与保护探讨. 文物世界，2002，（6）：56-60.
② 金普军，秦颖，胡雅丽，等. 九连墩墓地 1、2 号墓出土青铜器上锈蚀产物分析. 江汉考古，2009，（1）：112-119，153.

$$2Cu_2(OH)_3Cl+Cu+6H^+\longrightarrow 2CuCl+3Cu^++6H_2O（酸性环境）$$
$$4CuCl+O_2+4H_2O\longrightarrow 2Cu_2(OH)_3Cl+2H^++2Cl^-（碱性或中性环境）$$

氯离子循环参与反应，这就是称"青铜病"像瘟疫一样传染和蔓延的原因。由检测可知，造成腐蚀产生的根源氯离子，存在器物锈蚀当中，并且文物所在地的年平均相对湿度正好在青铜文物的临界相对湿度之内，非常有利于病害的发作与发展，进而不断诱发腐蚀破坏持续破坏，因此需应先转化根除有害因素——含氯盐。

$PbCO_3$ 是重要的碳酸盐，它出现在金属本体揭示出了青铜器中铅元素的腐蚀特点。$PbCO_3$ 通常是 Pb 基金属的主要腐蚀产物[1]，环境的 pH 值对 Pb 及 Pb 合金锈蚀的产生有着明显的影响。一般说来，土壤的 pH 值为 6.5～7.5 时，将有利于 $PbCO_3$ 的形成和存在[2]，在大气环境下稳定的 $PbCO_3$ 锈蚀层存在粉化的趋势[3]。腐蚀机理研究显示，铅的腐蚀是一个复杂的过程，在不同的环境条件下有所不同。一般认为，发生 $Pb\longrightarrow PbO\longrightarrow PbCO_3\longrightarrow PbCO_3\cdot 2H_2O$ 的过程反应式如下：

$$2Pb+O_2\longrightarrow 2PbO$$
$$PbO+CO_2\longrightarrow PbCO_3$$
$$PbCO_3+2H_2O\longrightarrow PbCO_3\cdot 2H_2O^{[4]}$$

青铜器土壤腐蚀产物为其大气腐蚀提供了基本物质，而大气中腐蚀因素则能加速这个腐蚀过程。水胆矾在此次文物样品中的发现就说明这个过程，它反映出重庆地区硫化物活跃的特征。因此，基于文物腐蚀机理和变化趋势特征，采取科学的除锈手段，包括去除氯离子，以及后续环境控制措施将是本次保护修复工作的一个重点。

2.3　文物保护修复方案的制定

按照《馆藏金属文物保护修复方案编写规范》（WW/T 0009—2007）制定方案，依据对文物的仔细观察和分析检测数据来决定保护方法，确定并实现文物保护修复的目的：最小干预原则下，根据文物自身状态来决定文物修复程度，恢复其形、色、纹、样，并尽可能最大限度地保证文物观赏性和保存环境方面的要求。

2.4　文物保护修复实施

文物修复学是指有一套完整相关文物修复的目的和功能的，通过对文物各种价值再认识的过程，并对破损文物通过技术手段，将其恢复到原来的形制和面貌的，多学科交叉综合作用的应用

① 鲁永奎. 固态铅、锡及其铅锡焊料表面腐蚀动力学. 北京科技大学学报，1991，13（5）：493-497；姚维义，彭可，唐谟堂，等. 铅锭白锈形成机理. 中南大学学报（自然科学版），2004，35（1）：54-58.

② R. Herrera-Urbina, D. W. Fuerstenau.The effect of Pb（Ⅱ）species, pH and dissolved carbonate on the zeta potential at the quartz aqueous solution interface. Colloids and SurfacesA: Physicochem. Eng. Aspects, 1995,（98）：25-33.

③ 金普军，秦颍，龚明，等. 九连墩楚墓青铜器铅锡焊料的耐腐蚀机理. 中国腐蚀与防护学报，2007，27（3）：162-166.

④ M.Quaranta, E. Catelli, S.Prati, et al. Chinese archaeological artefacts: Microstructure and corrosion behaviour of high-leaded bronzes. Journal of Cultural Heritage, 2014,15（3）：283-291.

科学[①]。根据国际文物保护与修复研究中心（International Centre for the Study of the Preservation and Restoration of Cultural Property，ICCROM）2002 年大会推荐，将历史文化遗产受损分为两种情况：剧烈性损害和渐变性损害。由于青铜文物材质自身的先天缺陷导致了随时间沉淀而不断加剧的渐变性损害由表及里蔓延开来，直至粉化；同时青铜文物还受埋藏或保存环境的直接影响，剧烈和突发的力学冲击直接造成了集体的支离破碎和机械形变，而我们时常见到的青铜文物表征属于上述两种损害协同作用的结果，使每件文物处于完全不同的"病患"状态。

因此，所需的修复步骤并不完全一样，但总体都会遵循一个程序，主要环节包括：洁除、有害锈转化、矫形、拼对黏结、补配、缓蚀与封护、做旧等。其中，洁除是指使用物理或化学方法去除文物上妨碍展示、研究或保存的附着物，如土垢、结晶体、有机无机污染物及之前保护与修复残留附着物，保持文物表面干净整洁；有害锈转化则是将金属文物表面爆发的有害锈蚀产物清除并进行安全转化；矫形就是利用金属的柔韧性将受迫变形的部位进行复原；拼对黏结则是利用连接材料将破碎断裂的碎片重新组配在一起；补配就是使用补配材料将残缺文物部位进行艺术复原，恢复文物原状；缓蚀与封护则是采用化学药品在青铜文物表面形成缓蚀层，延缓文物的腐蚀，阻止腐蚀性环境侵蚀文物，增加文物机体对环境影响的抵抗力，增强体质，延长寿命；做旧则是通过物理或化学方法处理成与未修补过的表面保持一致，使整件文物颜色和风格协调，完成艺术性和观赏性上的美术补充。

2.4.1　洁除

由于文物经过长时间的埋藏作用或环境影响，加之自身机体的先天不足，容易与环境中的有害因子联合作用对机体产生由表及内的侵害，而形成各种腐蚀产物包裹形态，以及无机盐的沉积和生物代谢残留物附着。而这些妨碍展示、研究或保存的表面附着物，一般情况下应首先予以去除。

需要特别注意的是，洁除操作是一个不可逆过程，在对经过时间沉积的附着物去除前，需要了解其是否具有考古或保护研究的价值。如果有价值的残留物，在考虑清洗方法时应该考虑不能伤害到这些残留物。例如，对青铜剑的剑鞘残留物、器物包裹的材料等应完整保留；对于一些可以反映埋藏环境和腐蚀化学过程的附着物做去除处理时，应将去除的附着物进行收集保留，以便开展相关研究和保护工作[②]。

而对于青铜文物而言，不用将所有的锈层一概去除，而仅仅是需要对易于吸纳积攒水汽的疏松锈层去除，但致密且无碍纹饰信息的锈层应予以保留。这样既可以将附着物的影响降至最低，也可以保留一定的历史沉淀的色彩和质感。

常用洁除方法有清洗和除锈两大类。其中，清洗主要是采用溶剂对附着在文物表面的污染物以溶解的方式进行清除，除锈是对遮挡纹饰、有碍展示研究的不含氯疏松锈层进行清除。一般来说，因为清洗和除锈很难完全分开，清洗和除锈大多结合进行，随着清洗时浮锈层会随污物一起剥落，除锈时也会将硬结的污垢与锈蚀物去除。

在对青铜文物进行洁除之前，了解文物的现状与保存历史是非常重要的。在实施之前，必须了解文物所经历的人工干预方式和过程、表面附着物性质和文物整体结构状态等信息，以便采用适当的方式进行洁除操作。

洁除作为金属文物保护修复的第一步，在金属文物保护过程中显得非常重要，因此这方面的研

---

① 王武钰，贾文熙，刘树林，等. 文物养护工作手册. 北京：文物出版社，2008：3.
② 马立治. 金属文物的清洗. 清洗世界，2014，(4)：24.

究也比较深入，导致文物洁除的方法也非常多。主要有以下两种。

1. 水洗法

水洗法是指用水对文物表面附着的可溶性污染物进行溶解。因其获取简便、环境友好，常作为最简易有效的清洁手段广泛使用，浸泡软化对去除浮土、疏松浮锈和其他附着物效果较好，见图2-10。但因不能在洗涤中引入新的离子元素，原则上仅有去离子水、纯净水和蒸馏水适用于金属洗涤。而在洗涤时增加蒸馏水的温度或冷热水交替洗涤，增加污染物的溶解性，多与其他方式相结合使用，有时也能起到初步脱盐的效果。应注意的是，对于铅器或含铅量高的青铜器，在清洗时需要调节水的pH，使之不小于7，不能采用冷热交替深洗法，因为水洗容易沉积出白色的碱式碳酸铅，影响文物外观①。

2. 机械法

机械法是指利用物理接触摩擦原理，使文物表面疏松锈层和污垢脱离文物本体，采用手工或电动工具等，清除金属文物表面的附着物及疏松锈蚀物。机械法除锈的优点是比较方便、灵活，需要的设备少，对文物本体没有任何干扰，不会存在保护修复工作隐患。但使用机械清除一定要严格控制力度，避免摩擦过大，伤及文物本体，见图2-11～图2-13。

图2-10　浸泡软化清除

图2-11　微型手钻打磨

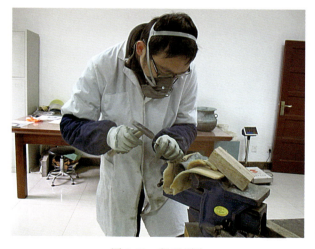

图2-12　錾子剔除

图2-13　电磨切片刮除

---

① 马立治. 金属文物的清洗. 清洗世界，2014，(4)：26.

目前除了手工工具之外，大量电动工具也越来越普遍使用在文物洁除之中。常见的有超声波震荡[1]、医用洁牙机清洗[2]、激光清洗[3]等方式，快速、有效地完成表面洁除。

但对于表面有复杂纹饰或鎏金错银等信息的较为珍贵的金属文物，应由有经验的人员在放大灯或显微镜下操作。

2.4.2　有害锈转化

青铜文物在外界条件及内在因素的影响下，随着时间的推移，出现不同程度的腐蚀现象，一种发生在器物表面，如黑色的氧化铜（CuO）、靛蓝的硫化铜（CuS）、蓝色的五水硫酸铜（$CuSO_4 \cdot 5H_2O$）、绿色的碱式碳酸铜（$CuSO_4 \cdot 3Cu(OH)_2$）等腐蚀产物。另一种则是在表面以下，如由内向外为氯化亚铜（CuCl）、氧化亚铜（Cu_2O）、碱式碳酸铜（$CuCO_3 \cdot Cu(OH)_2$）、碱式氯化铜（$CuCl_2 \cdot 3Cu(OH)_2$）。氧化亚铜的转化产物——碱式氯化铜（$CuCl_2 \cdot 3Cu(OH)_2$）属于疏松膨胀，呈粉状，通常称为"粉状锈"，亦称"青铜病"[4]。

通常解决青铜病的方案有两种：要么将产生青铜病的根源——氯化亚铜完全清除掉；要么将氯化亚铜用物理或化学的方法封闭起来，隔绝大气中氧和水的影响[5]。去除氯离子的方法很多，常用的有超声波深洗[6]、倍半碳酸钠溶液浸泡[7]、锌粉贴敷置换[8]、氧化银填充[9]、AMT/ACN1 清洗法[10]、电化学还原法[11]等。

我们采用的主要是过氧化氢法。过氧化氢溶液（H_2O_2）具有极弱的酸性，在水溶液中分两部分电离，该试剂既可作为氧化剂被还原为 −2 价（H_2O），也可作为还原剂被氧化为 0 价（O_2）。在有害锈的去锈中，过氧化氢溶液不会给反应溶液中带来杂质离子，利用其氧化还原特性来清洁有害锈病灶。

从电化学原理看，在酸性溶液中，铜元素的电势图 $\varphi^{\ominus}$（V）为

$$Cu^{2+} \xrightarrow{+0.158V} Cu^+ \xrightarrow{+0.522V} Cu$$

铜的电势图所对应的半反应为

$$Cu^{2+}(aq) + e^- \Longrightarrow Cu^+(aq), \quad \varphi^{\ominus} = 0.159V \tag{1}$$

$$Cu^+(aq) + e^- \Longrightarrow Cu(s), \quad \varphi^{\ominus} = 0.515V \tag{2}$$

式（2）−式（1），得

$$2Cu^+(aq) \Longrightarrow Cu^{2+}(aq) + Cu(s) \tag{3}$$

---

① 杨毅. 超声波清洗青铜文物 // 中国文物保护技术协会. 中国文物保护技术协会第二届学术年会论文集. 2002：15-17.

② 吴天才. FL-801 超声波洁牙机在文物保护修复中的应用. 第八届全国考古与文物保护（化学）学术会议，2004，（8）：421-425.

③ 齐扬. 激光清洗技术在文物保护中的应用. 中国第八届科技考古学术讨论会暨全国第九届考古与文物保护化学学术研讨会，2006：534-536.

④ 周宝中. 文物修复和辨伪. 郑州：大象出版社，2009：84.

⑤ 中国文化遗产研究院编. 中国文物保护与修复技术. 北京：科学出版社，2009：372.

⑥ 杨毅. 超声波清洗青铜文物 // 中国文物保护技术协会. 中国文物保护技术协会第二届学术年会论文集. 2002.

⑦ 梁宏刚. 试谈青铜器的去锈防腐. 文物季刊，1995，（4）；吴茂江，马建军. 青铜器物的锈蚀机理与化学除锈. 南阳师范学院学报（自然科学版），2002，（2）；钟家让. 出土青铜器的锈蚀因素及其防护研究. 山西大学学报（自然科学版），2004，（1）.

⑧ V.C.Sharma，Uma Shankar Lal，M.V.Nair，等. 锌粉处理——控制文物青铜病的一种有效方法. 中国博物馆，1996，（2）：89-94；刘恩迪. 金属文物保护处理的两种方法 // 中国文物保护技术协会. 中国文物保护技术协会第二届学术年会论文集. 2002.

⑨ 梁宏刚. 试谈青铜器的去锈防腐. 文物季刊,1995，（4）；钟家让. 出土青铜器的锈蚀因素及其防护研究. 山西大学学报（自然科学版），2004，（01）：44-47.

⑩ 傅海涛，李瑛，魏无际，等. 古代青铜文物保护研究现状及 AMT 的应用. 腐蚀科学与防护技术，2002，14（1）：35-37.

⑪ 徐群杰，潘红涛，邓先钦，等. 青铜器文物的腐蚀与防护研究进展. 上海电力学院学报. 2010，（06）：567-571.

铜的电动势

$$E^\ominus = \varphi^\ominus(Cu^+/Cu) - \varphi^\ominus(Cu^{2+}/Cu^+) = 0.515 - 0.159 = 0.356 \, V$$

$E^\ominus > 0$，反应式（3）可以从左向右进行，说明 Cu^+ 在酸性溶液中不稳定，能发生歧化反应。因为氧化还原反应是争夺电子的反应，反应总是在得电子能力强的氧化剂与失电子能力强的还原剂之间发生。查出以下电对的标准电极电势：

$$\varphi^\ominus(H_2O_2/H_2O) = +1.77V, \quad \varphi^\ominus(Cl_2/Cl^-) = +1.33V, \quad \varphi^\ominus(Cu^{2+}/Cu^+) = +0.159 \, V$$

所以 H_2O_2 可以将有害锈中的 Cl^- 氧化成 Cl_2 放出，反应式为

$$H_2O_2(aq) + 2H^+(aq) + 2Cl^-(aq) \Longrightarrow Cl_2(g) + 2H_2O$$

H_2O_2 也可将 Cu^+ 氧化成 Cu^{2+}：

$$H_2O_2(aq) + 2H^+(aq) + 2Cu^+(aq) \Longrightarrow 2Cu^{2+}(aq) + 2H_2O \text{[1]}$$

操作时，采用脱脂棉，敷在器物病灶部位，将5%～10%过氧化氢药液缓慢注射到病灶药棉内，见图2-14。当药棉吸附较多的析出氯化物时，及时更换药棉，直到完全制止氯离子置换为止。此法可将大面积氯化物除去，但处理时间比倍半法更短，方法较简便。对于少量的点蚀氯化物则采用直接点涂 H_2O_2 处理，见图2-15。

图2-14　贴敷处理

图2-15　点涂处理

2.4.3　矫形

青铜器在埋藏时，由于墓穴塌陷，地层变化，有些被挤压，有些被撞击，而出土的和传世的青铜器也有可能在辗转运输中发生损坏，因而需要对这些变形的青铜器进行矫形处理。矫形就是基于金属材质自身的柔韧性，根据变形程度和铜质的脆性、强度、厚度以及腐蚀程度，采用力学干预的方式逐步改变已有的形变，恢复到器物原始的状态之下。

金属的变形有三种情况：一种是弹性形变，即金属在外力作用下产生变形，去掉外力，变形部位可立即恢复原位；第二种是塑性形变，即金属在外力作用下产生形变，去掉外力，变形部位不能恢复到原位，仍保持变形形态；第三种是弹性加塑性形变，即金属在外力作用下产生形变，去掉外力，变形部位一部分恢复原状，另一部分却没有恢复原状[2]。

---

① 廖原. 青铜文物锈蚀机理及有害锈转化剂研究. 文物保护与考古科学. 2003（04）：20-23.

② 高英. 中国古代青铜器传统修复技术（一）. 铜器焊接. 中国历史博物馆馆刊，1980：168-193.

　　而作为已经发展了上千年的中国传统青铜器修复技术，到 20 世纪 30 年代基本形成了一套完整的矫形修复的技术。常采用捶打（图 2-16）、夹合（图 2-17）、钳扳（图 2-18）、顶砧（图 2-19）等方式进行矫形操作。对于严重矿化、脆弱的文物尽可能能保持其原始状态下复原，除迫不得已可以避开纹饰部位，采取锯解的方式重新堆塑成型，但一般不提倡实施。

图 2-16　捶打矫形

图 2-17　夹合矫形

图 2-18　钳扳矫形

图 2-19　顶砧矫形

2.4.4　拼对黏结

　　金属文物受到挤压或撞击的压迫，一旦超过了自身形变承受力就会发生破裂，因此出土时的器物或多或少都处于破损、断裂的状况。对于破碎文物必须采用逐一对照拼对，并满足碴口对齐、色彩对应、纹饰连续的要求，将散落的碎片以碴口为根据，以热熔胶或胶带纸为媒介，建立起碎片与碎片之间的正确联系，便于开展复原性接合操作。由于碎片形状的无规律性和逸散的不确定性，在拼对时必须耐心逐一尝试，直至印证正确相互关系，并以彩色粉笔进行标记，切不可急于粘连造成错缝。

　　青铜器的接合也是属于传统修复技术中的一个重要环节，是修复破碎青铜器、复原器型的关键。对于断裂及裂隙的接合，自古就有采用铆钉、扒钉的方式进行锚固。近现代多采用焊接或黏结的方式进行锚固。

焊接方式在现代工业上有40多种，作为传统文物修复中使用的焊接主要是"锡焊"，焊接学上成为"镴接"，是比较原始的焊接方法。但因其熔点低，对文物本身的影响较小，且使用简便故而广泛使用。而使用锡焊接合的方式必须是铜质较好的器物，体型巨大或过于沉重的器物还需要安置销钉、锚杆进行增强，但对于矿化严重的文物则无法采用焊接方式进行接合。

同时，传统锡焊中锉焊口操作会暴露文物基体于空气中促使腐蚀发生，而且使用的助焊剂——镴水会将青铜文物有害因子氯离子直接引入文物基体，对青铜文物的长期保存带来不利的影响。因此，有不少专家开始尝试使用无氯助焊剂的方式进行改进[1]，也有专家采用高频激光束[2]、冷焊、氩弧焊[3]等技术具有针对性地完成了一大批文物接合修复，但锡焊因其操作简便，仍是文物焊接操作的首选。

对于严重残破、矿化严重，甚至表面附有彩绘的则不能使用焊接接合，采用现代黏合剂进行胶粘接合。胶粘剂（adhesive）是通过界面的黏附和内聚等作用使两种材料连接在一起的一类物质，又叫黏合剂，习惯上简称胶。简而言之，胶粘剂就是通过黏合作用，能使被粘物结合在一起。因其具有应力分布连续、重量轻等特点，广泛适用于不同材质、不同厚度、超薄规格和复杂构件的连接。文物行业中应用最为普遍的有α-氰基丙烯酸乙酯（俗称502）、EVA树脂（热熔胶）、聚醋酸乙烯乳液（白乳胶）、聚丙烯酸树脂（Paraloid B 72）、硝基纤维素、环氧树脂、聚氨酯树脂等。对于破碎严重的文物，不仅需要通常的拼对黏结（图2-20），有时可能需要多种胶粘剂配合使用，如胶带（图2-21）或热熔胶临时固定（图2-22）方能达到预期效果。特别是对于破碎的大型器物，还需要通过泥塑成型（图2-23），并在内部施胶，铺设玻璃纤维布，以增加内衬的支撑强度。但依照目前文物保护可逆性操作原则，多在施胶前，对黏结界面涂刷Paraloid B 72丙酮溶液，进行隔离处理。

图2-20　拼对黏结

图2-21　胶带固定

① 张光敏，张佩琛，张茗，等. 古代青铜器修复钎焊用钎剂与钎料的改性研究. 文物保护与考古科学，2004，（02）：27-35.
② 叶心适，刘林西，甄刚，等. 高能光束熔覆焊接技术修复青铜器工艺研究. 中国文物保护技术协会第二届学术年会论文集. 2002；叶心适，张津生，陈静，等. 可控激光束焊接薄壁青铜器工艺实验. 文物保护与考古科学，2003，（02）：10-13.
③ 河南省文物考古研究所. 古代青铜器修复与保护技术. 郑州：大象出版社，2014：40.

图 2-22　热熔胶固定　　　　　　　　　图 2-23　泥胎拼对

2.4.5　补配

对于存在局部缺失的金属文物，在修复中利用文物的对称性进行补配复原，使文物恢复完整的状态。而在传统修复技术中，残缺文物补配也是重要组成部分。由于铜器种类繁多、造型各异、残缺情况也多种多样，进而补配方式也有不同。

传统的补配分为打制和铸造两种。其中，打制法是我国传统锤揲工艺中的锻打制胚技术，即对照残缺部位的描绘图样，采用同样厚度的铜板进行退火捶打，直至与残缺形状相似为止，再进行接合成型。技法要求高，费时费工，远没有铸造补配精确。而铸造采用翻模制型，采用铸铜或锡铅合金铸造成型，再进行组配接合。特别适用于复杂纹饰、精细配件的补配制作。而在严重矿化的破碎文物修复中，大量使用堆塑成型、铺设玻璃钢的方式进行接合补配。也有在此基础上，采用玻璃钢内衬、青铜碎片贴皮的"两层皮"补配工艺。

原则上，补配最好应采用与文物本体相同的材料，但由于文物的现状已经是矿化状态，介入崭新的金属材料，在不良环境影响下存在电化学腐蚀隐患；而玻璃钢材料因其质轻而硬、不导电、性能稳定、机械强度高、耐腐蚀等优势颇为适用于矿化严重的破碎青铜文物的修复。采用方式则是通过泥胎塑形（图 2-24）或硅橡胶翻模（图 2-25）确定补配块大小与模样，再铺设玻璃纤维（图 2-26）和灌胶填补（图 2-27）后，抛磨修边完成补配。

图 2-24　泥胎塑形　　　　　　　　　图 2-25　硅橡胶翻模

<table>
<tr><td>图 2-26　玻璃纤维布贴敷</td><td>图 2-27　灌胶填补</td></tr>
</table>

2.4.6　缓蚀

　　传统的金属文物保护方法中，缓蚀剂一般是应用在对金属文物进行封护处理过程中，将缓蚀剂封护在器物与封护剂之间，隔离外界大气中各种有害离子的入侵。缓蚀剂是能抑制金属锈蚀的无机、有机物质的总称，它是一种在溶液介质中以相应的浓度存在，起到防止和减缓腐蚀的化学物质或复合化合物，其特点是用量很少而对腐蚀的抑制作用很大，由于缓蚀剂在使用过程中无需专门设备，无需改变金属构件的性质，因而具有经济、实用性强等优点。

　　目前最为常用的缓蚀材料为苯并三氮唑（BTA），它能与铜原子形成共价键和配位键，相互交替成链状聚合物，在铜表面组成多层保护膜，使铜的表面不起氧化还原反应，不产生氢气，起防蚀作用。Madsonyu 1976 年将 BTA 首次用于青铜器的保护，取得了良好的效果，成为目前最受欢迎的方法之一，也是国内外用来保护铜合金常用的有效缓蚀剂之一[1]。

　　文物行业中研究使用的缓蚀剂包括 BTA 及其衍生物[2]、2- 氨基 -5- 巯基 -1,3,4- 噻二唑（AMT）[3]、2- 巯基苯并噁唑（MBO）[4]、2- 巯基苯并噻唑（MBT）、2- 巯基苯并咪唑（MBI）[5] 以及与苯并三氮唑的协同缓蚀的咪唑（IM）[6] 和 8- 羟基喹啉（HQ）[7] 等。

———————

① 路甬祥，周宝中. 中国传统工艺全集：文物修复和辨伪. 郑州：大象出版社，2009：87.

② 徐群杰，周国定，陆柱，等. 苯并三氮唑与 4- 羧基苯并三氮唑在氯化钠溶液中对铜的腐蚀作用. 中国有色金属学报，2001，11（1）：135-139；王冰，周国定，张万友，等. BTA 衍生物对铜缓蚀作用的光电化学研究. 太阳能学报，2000，21（1）：50-56；吴永，刘鸣江，何国强，等. BTA 酰基衍生物的合成及对 Cu 在 3%NaCl 水溶液中缓蚀性能的研究. 腐蚀科学与防护技术，1997，9（3）：201-204；张万友，王冰，廖强强、等. BTA 系列 Cu 缓蚀剂的电化学行为. 腐蚀科学与防护技术，2001，13（5）：263-266；徐群杰，周国定，陆柱，等. 苯并三氮唑及其衍生物在硫酸溶液中对铜的缓蚀作用. 中国腐蚀与防护学报，2001，21（3）：172-176.

③ 傅海涛，李瑛，魏无际，等. 古代青铜文物保护研究现状及 AMT 的应用. 腐蚀科学与防护技术，2002，14（1）：35-37；朱一帆，李大刚，施兵兵，等. AMT 保护青铜的研究. 材料保护，1998，31（5）：3-5；傅海涛，李瑛，魏无际，等. AMT 在青铜 - 柠檬酸体系中的缓蚀行为及其机理. 物理化学学报.，2001，17（7）：604-608.

④ 严川伟，何毓番，林海潮，等. MBO 在铜表面缓蚀膜研究. 中国腐蚀与防护学报，1999，19（6）：367-371；严川伟，林海潮，曹楚南，等. 2- 巯基苯并噁唑对铜缓蚀作用的电化学研究. 中国腐蚀与防护学报，1999，19（6）：363-366；严川伟，程明，赵珲，等. 铜在 Na₂SO₄ 溶液中的腐蚀及 MBO 的缓蚀作用. 中国腐蚀与防护学报，2000，20（4）：253-256；严川伟，林海潮，曹楚南. MBO 缓蚀膜中铜的价态及成膜机制. 腐蚀科学与防护技术，2001，12（1）：12-15.

⑤ Robert B.Faltermeier，贾文忠，刘恩迪. 用于铜器保护的缓蚀剂的检验标准. 文物保护与考古科学，2000，12（2）：58-64.

⑥ 旷富贵，张传飞，姚禄安，等. Cu 电极上咪唑与苯并三唑共吸附的 SERS 研究. 腐蚀科学与防护技术，1997，9（2）：126-128；张大全，高立新. 3%NaCl 溶液中咪唑和苯并三氮唑对 Cu 缓蚀协同作用的研究. 腐蚀科学与防护技术，2001，13（3）：136-138.

⑦ 张大全，高立新，周国定，等. 苯并三氮唑和 8- 羟基喹啉对铜的缓蚀协同作用. 物理化学学报，2002，18（1）：74-78.

BTA 衍生物在文物保护中的应用尚待开发；AMT 可完全祛除粉状锈，但经 AMT 处理过的青铜器表面轻微变色；MBT 和 MBI 对铜的缓蚀效率不高，而且对青铜器外观影响严重，因此不适宜在青铜器保护中应用。MBO 对 Cu 的腐蚀具有显著的缓蚀作用，且基本上不影响青铜器外观，但具体应用还未能普及；而 IM 和 HQ 皆与 BTA 发生协同作用，加强铜表面的吸附力，提高铜电极的电阻[1]。

BTA 是将青铜器浸入 BTA 溶液中，进行自然浸渗或减压渗透处理，使 BTA 与铜器表面充分接触反应，形成保护膜。尽管 BTA 在青铜器上形成的缓蚀膜并不完整，存在较大孔隙[2]，不能完全阻止水和氧的渗透。但 BTA 法是目前青铜器保护中使用最广泛、最普遍的方法。

2.4.7　封护

金属作为晶体材料，具有较强的活泼性。即使对于耐蚀的金银器，也因为其中含有杂质而容易发生腐蚀，使金属表面生锈而失去光泽，所以一般金属都需要进行封护。目前国内外应用广泛的封护材料有无机材料和有机材料。无机材料保护有使用无机缓蚀剂、磷酸盐保护法，鞣酸盐保护法等。有机材料主要指适用于涂料的聚合物。而作为青铜文物保护过程中的最后步骤，常用的封护材料有如石蜡[3]、丙烯酸树脂[4]、聚乙烯醇缩丁醛[5]、有机硅类涂料[6]、硝基清漆、聚氨酯乳液[7] 等。

石蜡耐温性差，表面状态极不稳定，且表面会有油腻感容易吸附灰尘；有机硅树脂对金属基体的附着力较差；硝基清漆耐酸碱性较差，易脱落；聚氨酯乳液耐老化性能有限，并且膜层较厚，工艺复杂，仍需要进一步开发。

丙烯酸树脂漆膜耐化学腐蚀、耐老化、防湿热、防霉菌、防盐雾性能都很好，因而广泛应用于重防腐的场合。例如，Paraloid B 72 已被广泛应用于文物保护。但这类封护层耐紫外线性能欠佳，并且光泽度也较高，相关改性研究也在不断推陈出新[8]，复合型材料在不断探究中，目前铜器封护首选仍旧是丙烯酸树脂类的 Paraloid B 72 溶液的喷洒操作，见图 2-28。

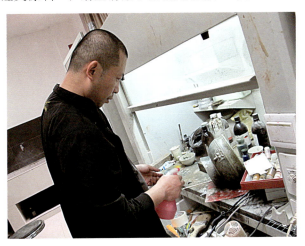

图 2-28　喷洒封护

2.4.8　做旧

金属文物修复后不但要恢复文物的形状、保护文物不受进一步侵蚀，还要恢复文物的神态。这就需要对新修复处进行做旧随色，使文物看上去美观大方。做旧，即青铜文物的修复技术的表面装

① 于淼、许淳淳、王菊琳. 青铜文物的清洗及封护. 文物保护与修复纪实——第八届全国考古与文物保护（化学）学术会议论文集. 2004.
② 王媛媛. 含氮杂环有机青铜缓蚀剂的缓蚀性能及其机理研究. 成都理工大学. 2009.
③ 赵振茂，等. 中国青铜器的修复技术 // 中国文物保护技术协会. 亚洲地区文物技术讨论会论文集. 北京：文物出版社，1989：68-74.
④ 于淼、许淳淳、王菊琳. 青铜文物的清洗及封护. 文物保护与修复纪实——第八届全国考古与文物保护（化学）学术会议论文集. 2004.
⑤ 陆寿麟、李化元. 中国青铜器的腐蚀与防护 // 中国文物保护技术协会. 亚洲地区文物技术讨论会论文集. 北京：文物出版社，1989：5-18.
⑥ 李兴福、樊北平、张世文. 腐蚀青铜器的保护——有机硅树脂表面封护研究. 考古，1990，（10）：952-955.
⑦ 田金英. 室外金属文物表面保护材料的探讨. 文物保护与考古科学，2000，12（2）：26-30.
⑧ 杨璐、王丽琴、王璞，等. 文物保护用丙烯酸树酯 Paraloid B72 的光稳定性能研究. 文物保护与考古科学，2007，（3）：54-58；王丽琴、杨璐、党高潮，等. 改性 B72 文物保护材料耐光老化性能研究. 西北大学学报（自然科学版），2006，（5）：761-764.

饰工艺，是对接合、补配等区域进行锈蚀色泽的统一协调。传统修复技术中的做旧工艺，区别于工业品以及金属工艺品的着色工艺，它是一种独特的着色方法，完全依照具体某件青铜文物自身的表面装饰工艺、材质和自然氧化腐蚀所形成的特有色彩质感，采用天然染料以及化学试剂进行浸渍上色，操作自成系统，各家自有秘方[①]。

　　鉴于对文物清洁的要求、文物最小干预，尽量避免使用强酸灼烧、涂抹泥糊的方式，更多地采用美术颜料进行艺术点缀的方式完成色调统一，如涂刷（图 2-29）或弹拨（图 2-30）等方式，达到展览陈列的一般需求。

图 2-29　涂刷作色　　　　　　　　　　　　　图 2-30　弹拨做旧

2.5　完善修复档案及验收

　　文物修复实施完成，并不是整个文物修复过程完毕，修复人员还要填写文物修复档案并交付验收。作为文物修复历史的重要依据，文物修复档案的内容应该力求详尽。应详细记录所修复文物的名称、年代、级别、质地、重量、文物出处（历史背景）、提取及归还文物日期、修复时间、修复人员、修复方案、方案制定人、方案审定人、文物现状（即完残情况）、修复情况、修复要求、修复所使用的材料、修复过程、修复前后的对比照片资料等内容。

　　文物修复档案就像一个患者的病历，医生通过病历可对患者身体情况更加了解，如有无对某种药品过敏、曾经患过何种疾病等，这对患者的诊断及治疗起到一定的帮助作用。同样，文物修复档案的内容越全面，对科研人员的参考价值越大，也对文物今后的保护工作有利，但应注意各项内容简明具体，避免流于形式。

　　实施案例详见附录 C，修复档案（选登）详见附录 D。

---

① 周宝中. 文物修复和辨伪. 郑州：大象出版社，2009：75.

第3章　样品金相及合金配比分析

3.1　青铜器金相学研究

3.1.1　金相研究意义

金相分析在中国古代铜器科技研究中占重要地位，是了解合金本体微观结构的一种基本实验技术，能够为了解铜基合金冶炼、铸造和加工等技术提供重要的参考数据，也是进行后续研究的基础[1]。中国古代铜合金技术是十分发达的，从认识自然红铜[2]发展到青铜[3]与黄铜技术[4]，从简单铜刀到复杂铜合金配件，充分地展示了我国先民的聪明才智。现代金属学研究证明，合金的机械性能与其合金成分、微观组织、加工方法及热处理工艺相关，其中微观组织对金属性能的影响最为直接。因此，可以通过对铜器微观组织的观察和分析（即金相分析技术）来预测和判断金属的晶体形状、结构，以及合金性能[5]与机械加工[6]情况，从而认识基于合金性能的器物用途[7]；还可以通过铜器金相组织判别铜器腐蚀状态，如通过研究合金本体的锈蚀层发展程度，夹杂物的大小、数量、分布情况了解青铜器的腐蚀程度及腐蚀机理[8]。

为了了解这批青铜器的制作技术特征与腐蚀状态，我们利用光学显微镜和电子显微镜技术对其中29件青铜器样品进行金相学显微研究，本书列出了其中12件数据及研究结果。

---

① F. JavierSarabia-Herrero, Jesús Martín-Gil, Francisco J. Martín-Gil. Metallography of ancient bronzes: Study of pre-roman metal technology in the Iberian peninsula. Materials Characterization，1996，36（4-5）：335-347.

② 安志敏. 中国早期铜器的几个问题. 考古学报，1981，（3）：269-285.

③ 白云翔. 中国的早期铜器与青铜器的起源. 东南文化，2002，（7）：25-37.

④ 韩汝玢、孙淑云、李秀辉，等. 中国古代铜器的显微组织. 北京科技大学学报，2002，（2）：219-230.

⑤ 孙淑云、N. F. Kennon. 中国古代铜镜显微组织的研究. 自然科学史研究，1992，（01）：54-67，97-98.

⑥ 何堂坤. 几件琉璃河西周早期青铜器的科学分析. 文物，1988，（03）：77-82.

⑦ 贾腊江、赵丛苍、金普军，等. 一批秦早期青铜兵器的初步分析. 西北大学学报（自然科学版），2011，（1）：67-72；郑利平. 中国古代青铜剑的技术分析. 金属世界，2008，（2）：60-63；杨小刚、邹后曦、金普军，等. 开县余家坝遗址出土青铜兵器与工具金相学研究. 文博，2013，（2）：80-83，87.

⑧ Marta Quaranta, Emilio Catelli, Silvia Prati, etc. Chinese archaeological artefacts: Microstructure and corrosion behaviour of high-leaded bronzes. Journal of Cultural Heritage, 2014, 15（3）：283-291；Ling He, Junyan Liang, Xiang Zhao, Baolian Jiang. Corrosion behavior and morphological features of archeological bronze coins from ancient China. Microchemical Journal, 2011, 99（2）：203-212；Maria Francesca Alberghina, Rosita Barraco, Maria Brai, etc. Integrated analytical methodologies for the study of corrosion processes in archaeological bronzes. Spectrochimica Acta Part B: Atomic Spectroscopy, 2011, 66（2）：129-137. M. Wadsak, T. Aastrup, I. Odnevall Wallinder, et al. Multianalytical in situ investigation of the initial atmospheric corrosion of bronze. Corrosion Science, 2002, 44（4）：791-802.

3.1.2 实验样品及研究方法

1. 样品信息

本次实验从 12 件青铜器采集了样品，样品涉及容器和乐器等，如鋬、耳杯、釜、盘和钟等，见表 3-1。

表 3-1 重庆市开县文物管理所馆藏青铜器金相取样统计表

序号	馆藏编号	时代	器物名称	出土地点（时间）	取样部位
1	4101	战国	鋬	余家坝遗址（2004 年）	口沿
2	5473	战国	鋬	余家坝遗址（2005 年）	口沿
3	4014	战国	鋬	余家坝遗址（2004 年）	索编耳
4	5448	战国	鋬	余家坝遗址（2005 年）	口沿
5	5379	战国	鋬	余家坝遗址（2005 年）	口沿
6	3622	战国	鋬	余家坝遗址（2003 年）	口沿
7	1584	战国	鋬	余家坝遗址（2001 年）	口沿
8	109	东汉	耳杯	红华村崖墓（1983 年）	口沿
9	453	汉代	釜	王爷庙汉墓（1987 年）	口沿
10	26	东汉	釜	温泉区和谦乡采集（1979 年）	口沿
11	560	战国	钟	温泉区白桥乡桂花村 2 组发现（1988 年）	钲
12	82	东汉	盘	红华村崖墓（1983 年）	口沿

2. 样品制备过程

（1）取样。取样过程中遵循最小干预原则，选择缺口处或铸造披缝处采集样品，取样工作要做到确保文物安全及不影响文物原貌，尽可能做到取样量小，并以样品切割面作为金相分析面。

（2）镶嵌。青铜器取样形状多不规则，样品尺寸较小且量较小。由于不便握持，操作不方便，易发生意外，因此我们采用镶嵌的方法，得到尺寸适当，外形规则易于操作的试样，本实验采用环氧树脂冷镶嵌法。

（3）磨光与抛光。为了获得一个平整检测平面，减少因机械加工引起金相组织微观变形，对样品进行了打磨和抛光处理。打磨分为粗磨、细磨、抛光等步骤，不管是粗磨、细磨还是抛光，每一道程序结束进行清洗，并与上一道程序成 90° 方向继续操作，直到样品的锈蚀物、沉淀物以及磨痕等逐渐消除，得到符合要求无划痕的"镜面"。

（4）侵蚀。采用化学侵蚀法，用三氯化铁盐酸乙醇溶液（三氯化铁 3～5 g，盐酸 20 mL，无水乙醇 80 mL）作为化学试剂的溶液，用棉签浸蘸轻轻擦拭样品表面，经过一段时间腐蚀，再用纯净水清洗样品表面，然后用滤纸吸干表面水分。

3.1.3 实验仪器及条件

实验在陕西师范大学的材料科学与工程学院实验中心及化学实验教学中心进行，采用了 HIROXHK-7700 数字三维显微镜观察了金相显微结构，同时利用 Quanta 200 环境扫描电子显微镜（配备 EDS 公司能谱仪）对金相样品进行背散射电子像及元素分析。测试条件：高真空模式 5×10^{-3} Pa 以下，加速电压 20 kV，工作距离 10 mm，Spotsize：4.0～5.0。

3.1.4 分析结果

12 个样品的金相组织显微照片见图 3-1～图 3-12，背散射电子像及微区分析数据见表 3-2，详细内容见附录 E。

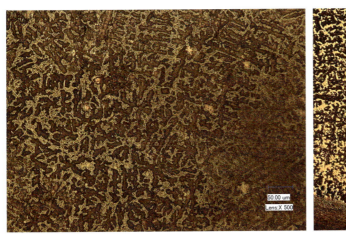

图 3-1 鋬（4101）金相组织显微照片

图 3-2 鋬（5374）金相组织显微照片

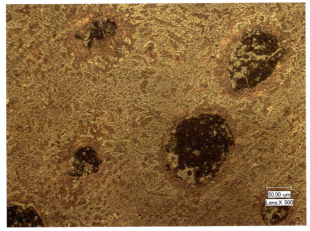

图 3-3 鋬（4014）金相组织显微照片

图 3-4 鋬（5448）金相组织显微照片

图 3-5 鋬（5379）金相组织显微照片

图 3-6 鋬（3622）金相组织显微照片

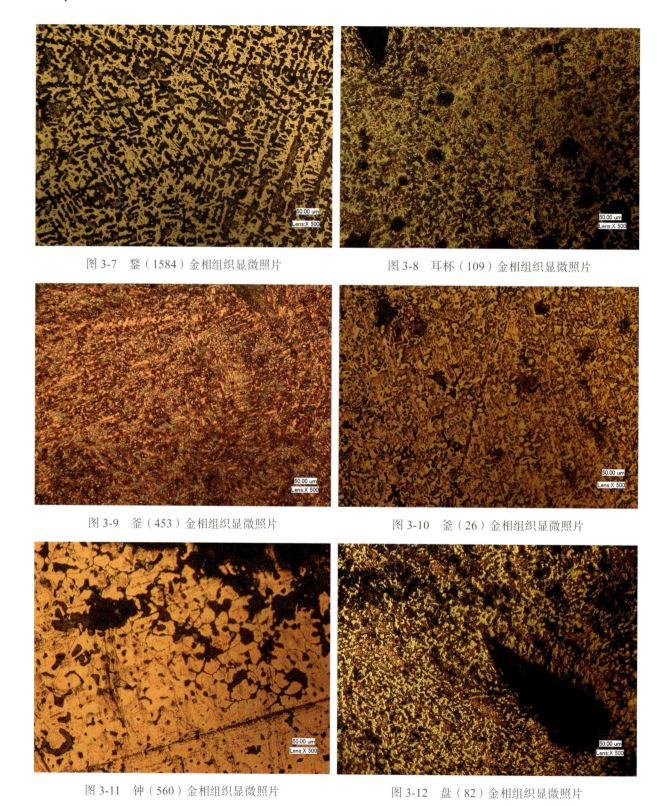

图 3-7　鉴（1584）金相组织显微照片　　　　　　　图 3-8　耳杯（109）金相组织显微照片

图 3-9　釜（453）金相组织显微照片　　　　　　　图 3-10　釜（26）金相组织显微照片

图 3-11　钟（560）金相组织显微照片　　　　　　　图 3-12　盘（82）金相组织显微照片

3.1.5　讨论

1. 锡含量与金相组织的关系

　　金相显微照片及扫描电镜显示，样品的金相组织呈现多样化，大体可分为 α 单相、α＋（α＋δ）

组织、α 固溶体大晶粒状、α 固溶体再结晶晶粒与孪晶组织等，根据（α+δ）共析体的大小、多少还可以继续细分。

实验证明，当含锡量在 6% 以下时，青铜组织为 α 单相组成，当含锡量大于 6% 时，青铜组织中便有 δ 相生成，形成 α+（α+δ）组织[①]。通常情况下，在含锡量高的样品铸造组织中，（α+δ）共析体的数量多；在含锡量低的样品铸造组织中，（α+δ）共析体的数量少。

2. 热处理与金相组织的关系

热处理是利用固态金属相变规律，采用加热、保温、冷却的方法，改变产品的内部组织结构，以获得所要求的使用性能和工艺性能。有色金属的热处理分为退火、淬火和时效，青铜热处理主要为退火（再结晶退火）工艺。退火的目的是消除合金组织、成分的不均匀，消除铸造应力，降低硬度，提高强度、塑性，增加抗腐蚀能力，增加器物抗击打能力，延长器物使用寿命[②]。

一般情况下，锡青铜组织中会出现 α 相、β 相、γ 相、δ 相、ε 相等。由于 β 相、γ 相只有在高温的情况下存在，ε 相很难生成，青铜铸造过程中容易产生偏析现象，所以锡青铜的铸造组织形态多为 α+（α+δ）组织，α 相为塑性较好的组织，δ 相在常温下极其硬、脆，δ 相的多少由青铜中锡的含量高低来决定，它的出现标志着铜锡合金的塑性下降[③]。

实验证明，青铜铸后热处理对不同含锡量的青铜器的微观组织会产生一定的影响。当含锡量为 5%~15% 时，青铜器铸造组织形态含有不稳定的（α+δ）共析体，如给予 550~650℃ 长期退火，δ 相明显减弱，趋于消失；当含锡量为 15%~20% 时，青铜器铸造组织呈心形偏析的 α+（α+δ）组织，如给予 550~650℃ 加热，会使其转变为（α+β）两相组织或（α+γ）两相组织。δ 相减少，青铜的抗拉强度、屈服强度、伸长率提高，硬度变小，综合性能提高[④]。

金相分析结果显示，经过铸后热处理的样品，其金相组织为 α 相与（α+δ）共析体。其中，δ 相并未能确定明显减少，甚至不存在。这个现象可能说明该器物并未热处理并未能达到改变青铜性能的目的，与一般兵器加工有所区别，还需进一步分析。

① 田长浒. 中国金属技术史. 成都：四川科学技术出版社，1983：78-79；第一机械工业部机械制造与工艺学研究院材料研究所. 金相图谱（下册）. 北京：机械工业出版社，1959：212.
② 田长浒. 中国金属技术史. 成都：四川科学技术出版社，1983：78-79；白素琴. 金属学及热处理. 北京：冶金工业出版社，2009：116-117.
③ 张宝昌. 有色金属及其热处理. 西安：西北工业大学出版社，1993：134-139.
④ 田长浒. 从现代实验剖析中国古代青铜铸造的科学成就. 机械，1981（3）：42-52；林国标，王自动，张伟，等. 热处理对锡青铜合金组织和性能的影响. 铸造，2011，（3）：287-293.

表 3-2　样品背射电子微区分析结果表（单位：%）

（a）分析结果（一）

序号	编号	名称	区域	元素质量分数										材料	制作工艺	金相组织
				C	O	Al	Si	P	Pb	Sn	Fe	Cu			
1	5384	鍪	Area-1	21.93	1.60				3.54	3.54		64.86	锡铅青铜	铸造	α 相。α 固溶体树枝晶偏析明显
2			Area-2	28.35	2.61				2.00	8.49		58.54			（α＋δ）相。（α＋δ）共析体呈岛屿状分布，紧密连成网
3	5473	鍪	Area-1	2.19	22.12				3.54	23.53		49.99	锡铅青铜	铸造	α 相。α 固溶体树枝晶偏析明显
4			Area-2		5.75					34.79		59.46			（α＋δ）相。（α＋δ）共析区紧密，呈岛屿状分布
5	4014	鍪	Area-1	3.18	0.57	0.63	1.16		16.82	15.69		61.76	锡铅青铜	铸造	α 相。α 固溶体树枝晶偏析明显
6			Area-2	3.83	1.88				94.29						Pb 颗粒
7			Area-3	1.04	0.35				5.68	19.24		73.68			α 相。α 固溶体树枝晶偏析明显
8			Area-4	1.59	0.56					11.37		86.48			（α＋δ）相。共析体呈岛屿状分布。
9	5448	鍪	Area-1	1.54	0.73				4.71	15.02		78.00	锡铅青铜	铸造	α 固溶体树枝晶偏析明显。（α＋δ）共析体细密连成网
10			Area-2	2.07	4.91		1.36	1.95	24.88	43.57		21.26			α 相。α 固溶体树枝晶偏析明显
11			Area-3	0.75	0.98		0.91	0.27	5.74	33.42		58.65			（α＋δ）相。（α＋δ）共析体呈岛屿状分布
12	5379	鍪	Area-1	1.47	4.92		0.77	0.90	5.68	43.56		43.70	锡铅青铜	铸造	α 固溶体树枝晶偏析明显。（α＋δ）共析体细密连成网
13			Area-2	0.89	1.60	0.35	0.29	0.24	0.95	34.29		61.74			（α＋δ）相。（α＋δ）共析体呈岛屿状分布
14			Area-3	0.82	7.92		1.39	1.76	7.26	53.82	0.37	26.67			α 相。α 固溶体树枝晶偏析明显
15	3622	鍪	Area-1	1.52	0.44				14.62	8.64		74.77	锡铅青铜	铸造	α 固溶体树枝晶偏析明显。（α＋δ）共析体细密连成网
16			Area-2	1.51	1.02	0.75			91.07	1.22		4.43			Pb 颗粒
17			Area-3	1.36						4.44		94.20			α 相。α 固溶体树枝晶偏析明显
18			Area-4						1.78	15.40		82.82			（α＋δ）相。（α＋δ）共析体呈岛屿状分布
19	1584	鍪	Area-1	3.73	0.57	0.35			9.72	13.00		72.64	锡铅青铜	铸造	α 固溶体树枝晶偏析明显。（α＋δ）共析体细密连成网
20			Area-2	2.31	0.65				93.69			3.35			Pb 颗粒
21			Area-3	4.32	0.24					9.24		86.19			α 相。α 固溶体树枝晶偏析明显
22			Area-4	0.99	0.44	0.32			5.60	23.08		69.57			（α＋δ）相。（α＋δ）共析体呈岛屿状分布

续表

(b) 分析结果（二）

序号	编号	名称	区域	元素质量分数											材料	制作工艺	金相组织
				C	O	Mg	Al	Si	Cl	As	Pb	Sn	Fe	Cu			
23	108	耳杯	Area-1	56.34	3.90							5.21		34.54	锡铅青铜	铸造	α固溶体树枝晶偏析明显，(α+δ)共析体细密连成网
24			Area-2	40.74	10.71						5.52	22.74		20.29			(α+δ)相，(α+δ)共析体呈岛屿状偏析分布
25	453	釜	Area-1	17.42							1.79	6.98		73.82	锡铅青铜	铸造	α相。α固溶体枝晶偏析明显
26			Area-2	8.62							5.24	25.30		60.83			(α+δ)相。(α+δ)共析体呈岛屿状偏析分布
27			Area-3	38.41			0.24	2.12			14.93	9.75	0.44	34.10			夹杂颗粒腐蚀相
28	26	釜	Area-1	9.84	1.56							6.07		82.52	锡青铜	铸造	α相。α固溶体枝晶偏析明显
29			Area-2									13.51		86.49			(α+δ)相。(α+δ)共析体呈岛屿状分布
30	560	钟	Area-1	3.05	0.94		0.41		1.29		10.13	3.54		80.64	锡铅青铜	铸后热处理	等轴晶形态
31			Area-2	1.24	0.39							3.70		94.68			α相。α固溶体枝晶偏析明显
32			Area-3	4.50	1.74	0.13	0.75	0.24			10.43	6.25		75.96			(α+δ)相。(α+δ)共析体呈岛屿状偏析分布
33			Area-4	1.90	2.18		1.18			3.44	84.72	1.19		5.40			Pb颗粒
34	82	盘	Area-1	2.19	0.72		0.26				14.03	9.45		73.35	锡铅青铜	铸造	α相。α固溶体枝晶偏析明显
35			Area-2				1.12				7.43	21.20		71.37			(α+δ)相。(α+δ)共析体呈岛屿状偏析分布
36			Area-3	3.21	1.74						86.29			7.64			Pb颗粒
37			Area-4	0.51							1.59	6.09		91.86			α相。α固溶体树枝晶偏析明显

3.2 青铜器样品合金配比研究

3.2.1 研究目的

铜锡铅是中国古代青铜一般合金组成，也称为铅锡青铜。中国古代许多锡青铜中常常含有少量的铅，这是商周青铜冶铸的一个特点。1997～2008 年，三峡工程出土各类珍贵文物 8000 余件，一般文物 15 万余件。其中，出土青铜器 9000 余件，占出土文物数量的 6% 左右，对于研究中国青铜文化具有重要意义。合金配比是决定金属材料性能的基本因素，"六齐"是迄今世界上最早记载青铜器成分与性能、用途之间关系的科学文献，指出了青铜合金性能随其配比不同而发生变化的规律，为制造不同用途青铜器提供了理论指导。

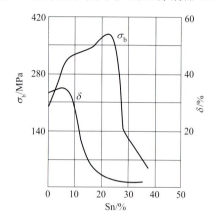

图 3-13 锡青铜的机械性能与含锡量的关系

青铜是铸造收缩率最小的有色金属合金，可用来生产形状复杂、轮廓清晰铸件。锡元素对铜合金性能影响巨大，能够降低合金熔点，提高强度，减少金属线收缩量、提高金属光洁度和抗蚀性能等作用。图 3-13 是锡青铜的机械性能与含锡量的关系，可以看出青铜器强度和硬度随着锡含量增加而增加，延展性约在含锡量大于 5% 时开始下降，当锡含量大于 15.8% 时，铜器变得硬而脆。

铜锡合金中加入铅可以提高熔液的流动性和充型性，提高铸件满型率比，在铸造一些精细纹饰器物时具有重要的科学意义。此外，加入铅，可以降低合金熔点，降低铸件收缩率，减少铸件破裂现象。

杨小刚等对重庆地区多处遗址出土青铜器合金配比进行了研究，结果发现重庆地区不同遗址出土青铜兵器、工具中锡、铅含量基本一致，体现了该区域青铜制造技术的趋同性。重庆地区李家坝遗址、余家坝遗址、小田溪墓群出土兵器、工具，锡含量大多为 10%～15%，铅含量多数为 2%～5%。这是因为兵器、工具对硬度、强度要求较高，因此含锡量较高。青铜中铅的加入会降低青铜的硬度，因此铅的含量一般较低，甚至不含铅，为纯的锡青铜。容器、乐器以铅锡青铜为主，并且铅的平均含量高于兵器和工具铅的含量。

3.2.2 样品选择

本次实验铜 EDS 元素含量数据的筛选，选择了 8 件保存较好的青铜器样品进行了 XRF 检测分析，样品主要是容器，见表 3-3。

表 3-3 重庆市开县文物管理所馆藏青铜器金相取样统计表

样品	馆藏编号	时代	器物名称	出土地点	取样部位
No.1	5384	战国	鍪	2005 年余家坝遗址	口沿
No.2	4014	战国	鍪	2004 年余家坝遗址	索编耳
No.3	1584	战国	鍪	2001 年余家坝遗址	口沿

样品	馆藏编号	时代	器物名称	出土地点	取样部位
No.4	116	东汉	耳杯	1983 年红华村崖墓	口沿
No.5	108	东汉	耳杯	1983 年红华村崖墓	口沿
No.6	109	东汉	耳杯	1983 年红华村崖墓	口沿
No.7	453	汉代	釜	1987 年王爷庙汉墓	口沿
No.8	379	东汉	釜	1981 年双河村汉墓	口沿

3.2.3　实验仪器及条件

实验样品利用了金相分析采用的样品，依据 EDS 元素分析数据选择了尚未发生严重腐蚀的样品进行 Cu、Sn 和 Pb 等主量元素检测分析。实验在陕西师范大学化学实验教学中心进行，采用了 XRF-1800 波长色散型 X 射线荧光光谱仪，元素测试范围：$^8O \sim ^{92}U$，铑（Rh）靶，X 射线管压 30 kV，电流 95 mA。

3.2.4　实验数据

15 件测试样品基本上都属于高铅高锡青铜，见表 3-4，铅质量分数为 7.5183%～24.5688%，锡质量分数为 1.3402%～19.8063%，实验结果与前面 EDS 元素检测数据相近。

表 3-4　青铜器主量元素质量分数测试数据统计表（单位：%）

样品	铜	铅	锡	样品	铜	铅	锡
No.1	77.6207	21.0391	1.3402	No.9	78.9664	10.2622	10.7714
No.2	61.8892	18.8696	19.2412	No.10	73.9212	16.5973	9.4815
No.3	72.6754	7.5183	19.8063	No.11	79.8432	15.4100	4.7468
No.4	73.3752	18.4977	8.1271	No.12	84.4089	10.9946	4.5965
No.5	67.8522	13.4434	18.7044	No.13	80.65	12.9342	6.4158
No.6	79.7806	17.2998	2.9196	No.14	78.9541	11.5585	9.4873
No.7	70.4155	24.5688	5.0157	No.15	74.9875	16.1037	8.9088
No.8	80.9213	11.9533	7.1254				

3.2.5　讨论

图 3-14、图 3-15 是开县出土青铜器铜锡铅含量箱式图与趋势图，可以看出这些元素含量变化范围都比较大，几乎没有明显规律变化的趋势。其三元图也反映出元素含量分布较散，见图 3-16。事实上，高铅锡青铜器元素含量与其腐蚀密切相关。

杨小刚对万州大坪墓群、云阳李家坝遗址、涪陵小田溪墓群、开县余家坝遗址、奉节永安镇遗址、万州余家河墓等出土的青铜器文物进行了成分检测，发现这批青铜器中容器以锡铅青铜为主，并且铅的平均含量高于兵器和工具，高铅具有很好的流动性与填充性，可以提高大型青铜铸造的成功率[①]。开州博物馆馆藏青铜器铅含量为 7.5%～24.6%，也反映出高铅性质，表明战国秦汉时期这一地区青铜器制作时已经注意到铅的作用。

---

① 杨小刚. 三峡地区春秋战国至汉代青铜器科技研究. 北京：科学出版社，2013.

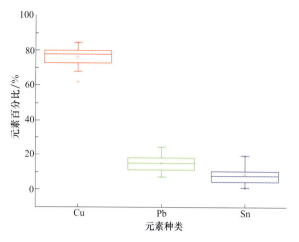

图 3-14　青铜器主量元素铜锡铅含量箱式图

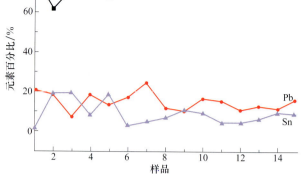

图 3-15　青铜器主量元素铜锡铅含量趋势图

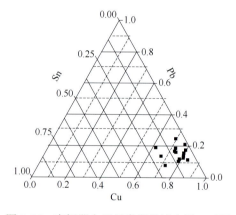

图 3-16　青铜器主量元素铜锡铅含量三元图

钟（560）成分含量数据显示含锡量为 15.41%，含铅量高达 4.74%。《考工记》："金有六齐：六分其金而锡居一，谓之钟鼎之齐；五分其金而锡居一，谓之斧斤之齐；四分其金而锡居一，谓之戈戟之齐；三分其金而锡居一，谓之大刃之齐；五分其金而锡居二，谓之削杀矢之齐；金锡半，谓之鉴燧之齐。"贾云福等研究曾侯乙编钟合计配比，发现含锡量基本在 13%～14.5% 之间波动，证明"六齐"中所指"钟鼎之齐"应为含锡七分之一[①]。开州博物馆馆藏的钟（560）的含锡量是基本符合这个配比的。其含铅量略高于曾侯乙编钟，低于涪陵出土甬钟的含铅量，具有明显的地域特征[②]。

3.3　结　　论

开县馆藏青铜器，特别是余家坝遗址出土青铜器金相检测数据显示了其组织形态主要以铸造状态为主，大部分金相组织形态为 α 固溶体上分布着树枝状的（α+δ）共析体，铅颗粒则分布在相界之间。其中，青铜钟（560）金相组织呈现为块状的退火等轴晶形态，可能经过了后续热处理。因此，这批青铜器金相组织形态可以分为两类，经过热处理的再结晶形态，以及共析体呈细密树枝状分布的铸态组织。

荧光成分分析显示出含锡量高的铸态组织中可以形成较为粗大的（α+δ）共析体，如錾（4014），含锡量低的铸态组织形成较为细密的（α+δ）共析体。这反映出铅含量接近时，铸造青铜合金中（α+δ）共析体形状与分布特点同锡含量密切相关[③]。

XRF 成分分析数据显示这批青铜器为高铅青铜，同重庆其他地区出土同时期青铜器数据基本一致，表明这一地区当时流行高铅青铜器。钟（560）成分含量显示出高铅特点，与涪陵小田溪出土甬钟（M12：34）在锡含量上差别很大，但相比曾侯乙编钟却都表现出较为高的铅含量[④]。

① 贾云福，华觉明. 曾侯乙编钟群的原钟分析. 江汉考古，1981，（S1）：67-70.

② 杨小刚，邹后曦，方刚. 涪陵小田溪墓群出土部分青铜器科技分析. 文物春秋，2013，（3）：42-47.

③ 刘煜，原思训，张晓梅. 天马—曲村周代晋国墓地出土青铜器锈蚀研究. 文物保护与考古科学，2000，（2）：9-18.

④ 杨小刚. 三峡地区春秋战国至汉代青铜器科技研究. 北京：科学出版社，2013.

第4章 铸造工艺研究

中国古代璀璨的青铜文化奠基于历史悠久的冶陶技术，形成了以泥范铸造为特色的范铸技术体系。如《荀况·强兵篇》言"刑（型）范正，金锡美，工冶巧，火齐得"，范铸乃铸器之首。一般来说，青铜器铸造工艺主要涉及四个方面：一是研究出土的陶范及与铸造有关的遗物，二是研究铜器上留下的铸痕，三是开展相关模拟实验，四是器形和纹饰变化的研究[①]。目前的研究主要是以青铜时代铸制的青铜器为主要研究对象，以模范关系为基本原理，以范铸逻辑为思维方法，以科学检测为依据，佐以模拟实验论证法，客观认识古代范铸工艺技术[②]。

范铸是中国古代铜器铸造工艺最常使用的技术，是指利用各种范组合成铸型，进行浇注，分为浑铸、分铸、焊铸及嵌铸（铸镶）等四种方式[③]。自三峡工程以来，重庆地区出土了大批青铜器，如巫山双堰塘[④]、巫山江东嘴[⑤]、万州中坝子[⑥]、万州塘坊坪[⑦]、丰都玉溪[⑧]，云阳李家坝[⑨]、开县余家坝[⑩]、涪陵小田溪[⑪] 等遗址为代表，出土大量青铜兵器、工具和容器。

依照出土文物的情况，绝大多数青铜器，都采用了传统的范铸技术铸制而成。"传统的范铸技术"是指有明显模范关系的范铸技术。而这里所谓的"模范关系"，是指分型制模与分模制范的关系。

"分型制模"是指将一个具有对称性的完整器物的母型，依照几何规律性分割为多个形状近似的子型，然后制作对应的子型模具；而"分模制范"则是指在分型制模的基础上制作对应外范，最终将所有子范合并即可组成一个完整的铸范。在铸造中，子范与子范之间会因为浇铸铜液而发生热胀冷缩等影响，形成不规则的铸造披缝，俗称"范线"。范线是确认范铸工艺的最直接证明。

我们将以余家坝遗址出土的青铜器为例，特别是从青铜錾的铸造痕迹观察入手，分析研究这一遗址出土的青铜文物所具备的铸造信息。

---

① 杨小刚. 三峡地区春秋战国至汉代青铜器科技研究. 北京：科学出版社，2013.

② 董亚巍. 范铸青铜. 北京：北京艺术与科学电子出版社，2006.

③ 张万钟. 泥型铸造发展史. 中国历史文物，1987：26-34，46；杜迺松. 古代青铜器. 北京：文物出版社，2005；杜迺松. 古代青铜器. 北京：文物出版社，2005.

④ 邹后曦. 重庆地区1997年度考古工作综述 // 重庆市文物局，重庆市移民局编. 重庆库区考古报告集（1997卷）. 北京：科学出版社，2001.

⑤ 南京大学历史系考古专业. 巫山江东嘴遗址发掘报告 // 重庆市文物局，重庆市移民局编. 重庆库区考古报告集（2000卷）. 北京：科学出版社，2007：96.

⑥ 西北大学考古队. 万州中坝子遗址发掘报告 // 重庆市文物局，重庆市移民局编. 重庆库区考古报告集（1997卷）. 北京：科学出版社，2001：347-380.

⑦ 陕西省文物考古研究所. 万州塘房坪遗址发掘简报 // 重庆市文物局，重庆市移民局编. 重庆库区考古报告集（1997卷）. 北京：科学出版社，2001：491.

⑧ 重庆市文物考古所. 丰都玉溪遗址勘探、早期遗存发掘简报 // 重庆市文物局，重庆市移民局编. 重庆库区考古报告集（1998卷）. 北京：科学出版社，2003：761.

⑨ 黄伟，白彬. 寻找巴人足迹，中国三峡，2009，（8）：66-69.

⑩ 栾丰实，陈淑卿. 重庆开县余家坝墓地2000年发掘简报. 华夏考古，2003，（4）：10-21.

⑪ 张才俊. 四川涪陵小田溪四座战国墓. 考古，1985，（1）：14-32；方刚. 涪陵小田溪墓群发掘简报 // 重庆市文物局，重庆市移民局编. 重庆库区考古报告集（2002卷）. 北京：科学出版社，2010：1340-1375.

4.1 文物范铸痕迹观察

4.1.1 鍪

鍪是古代一种铜质或者铁质的炊具，基本器型为侈口，束颈，口有唇缘，鼓腹，圜底，作用相当于釜，即锅。但根据出土物来看，鍪与釜在器形方面有一定的差异：釜多侈口，束颈，圜底；鍪多为短弧颈，折肩，并附耳。鍪是流行于战国并沿用至汉代早期的实用器物。20世纪90年代初期，已有学者陆续对鍪的用途等方面进行基础性研究[①]。

已有文章指出，铜鍪原本出自巴蜀地区，时在战国早期；随着秦灭巴蜀，铜鍪于战国中晚期进入关中；在秦灭东方六国的过程中，铜鍪逐渐向各地扩散[②]。但从形制来看，铜鍪可谓其貌不扬。从出世到消亡，形制没有多大变化，整体像陶罐，早期个高，腹深，晚期个矮，腹浅；在肩、腹交界处设置单耳或双耳，早期双耳有一大一小者。铜鍪的下腹部和底部有烟炱痕迹，说明它是实用器物。其实用性正是铜鍪大有作为的地方：作为日常炊具，可作军锅用，带把的还可以温酒，在巴蜀文化中还具有礼器的性质，并真正体现巴蜀文化的特点[③]。巴文化在战国后期形成了以釜、鍪、甑为组合的铜容器和柳叶形剑、烟荷包式（或称亚腰型）钺等兵器的特色随葬品，说明鍪在重庆地区古代历史中曾占有极其重要的地位。

重庆地区出土的鍪器壁较薄，多数器物表面有明显的冶铸痕迹——范线和垫片。

从器物范缝特征来看，器物外表存在一条中分范缝，将其一分为二。这些范铸痕迹表明，在铸造鍪时采用了两块外范合范和一整块内范[④]的铸造方法。铸造时，铜液注满外内范之间空隙，经过冷凝固化形成器物，两块合范的结合部分留下铜液铸造痕迹，我们称之为范线。

通过仔细观察，我们可以发现青铜鍪的表面存在大量的垫片痕迹。垫片是用来控制浇铸器壁厚度的有效工具，是为了固定器壁厚度而留在器物上的小铜片。当时的铸工往往会取来一些厚薄一致、但大小不均的小铜片，预先垫放在内外范的间隙处，当浇铸成型后，铜垫片便留在器壁上，有的易见，有的难找，有的还十分对称，左右相应。

青铜鍪大都为单耳鍪，通过进一步观察，我们发现，有些鍪的内壁（与耳部相对的位置）有突起的铜块，表明铸造耳时采用了活范块技术[⑤]。即为制作附耳便利，通过嵌范或分铸造组配的方式将部分青铜鍪索编耳与鍪身连为一体。鍪耳自身无范缝痕迹，推测鍪耳是通过编织材料焚烧成模加工而成，就此类问题后面单独成节着重分析。以下是这批鍪铸造工艺照片图解。

1. 鍪（1131）

图4-1(a)是鍪(1131)整体照片，器物通体素面，器物口部经过打磨微敛。器型特点直口，短颈，

---

① 孙机. 汉代物质文化资料图说. 北京：文物出版社，1991：332.
② 陈文领博. 铜鍪研究. 考古与文物，1994，（1）：66-76；刘弘. 巴蜀铜鍪与巴蜀之师. 四川文物，1994，（6）：16-19.
③ 张懋镕. 铜鍪小议. 四川文物，2009，（2）：53-54.
④ 杨小刚，黄伟，邹后曦，等. 李家坝遗址出土青铜器制作工艺初步分析. 铸造，2011，10：1001-1006.
⑤ 谭德睿. 古父己卣——活块范、分铸技术娴熟运用的青铜器——《中国古代艺术铸造系列图说》之二十八. 特种铸造及有色合金，2009，29（4）：391-392；谭德睿. 从失蜡铸造、越王勾践剑菱形纹饰技术的争论谈科技考古学术规范问题. 青铜文化研究第六辑. 合肥：黄山书社，2009：255-266；韩贤云. 浅谈青铜器分铸法及其起源. 江汉考古，1999，（3）：79-81.

鼓腹，圜底，通高 9.20 cm，口径 7.50 cm，腹径 10.10 cm，腹一侧紧挨范缝处有一单索编耳，耳颈厚 3.60 cm，径宽 4.00 cm，厚 0.80 cm。范缝贯穿器物外表面，把器物一分为二，说明该器物由两块外范合范而成。铸口位于器物底部，清晰可见，存在打磨痕迹，见图 4-1（b）。耳部贴近胎体部位存在毛刺，为范缝痕迹，见图 4-1（c）。其中上部有一浇口痕迹，见图 4-1（d），浇口为纵向，长 0.90 cm，宽 0.20 cm，在耳上未发现范缝，应为活范块单独浇铸。在与耳对应的器物内壁位置存在突出铜块，证明耳为活范块铸造。口沿部分和腹部分布着大批垫片，反映出这一地区在青铜器制作工艺上的特点，见图 4-1（e）。器物腹部存在大量的修补痕迹，见图 4-1（f）。

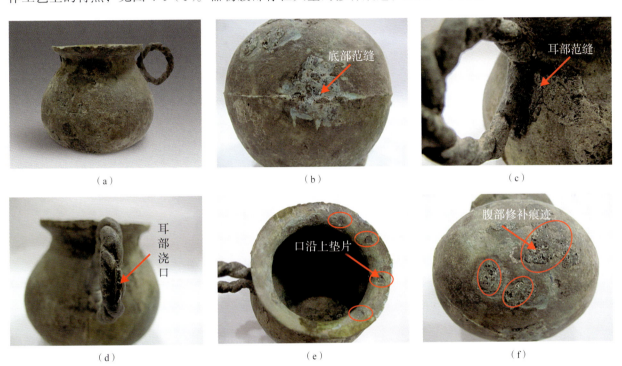

图 4-1　鍪（1131）铸造痕迹照片。（a）正视照；（b）底部范缝；（c）耳部范缝；（d）耳部浇口；（e）口沿上垫片；（f）腹部修补痕迹

2．鍪（1143）

图 4-2（a）是鍪（1143）整体照片，器身有一条弦纹装饰，侈口，鼓腹，圜底，双耳，通高 9.80 cm，口径 12.00 cm，腹径 13.20 cm。口沿部分有明显的打磨痕迹，口部分为内外两圈，内圈略低于外圈，该鍪应有盖，图 4-2（b）。器腹部有补铸痕迹，铸口进行打磨处理。范缝贯穿器物外表面，把器物一分为二，说明该器物由两块外范合范而成，见图 4-2（c）。腹部两侧有一对双并联索编耳，外

（a）　　　　　　　　　　（b）　　　　　　　　　　（c）

（d） （e） （f）

图 4-2　鍪（1143）铸造痕迹照片。（a）正视照；（b）双层口沿；（c）底部范缝；（d）耳部范缝；（e）腹部垫片；（f）腹部修补痕迹

表面精细，耳颈厚 1.70 cm，径宽 2.00 cm，厚 0.50 cm，距范缝约 0.35 cm，见图 4-2（d）。耳对应位置内壁并未发现突出铜块，证明耳与器身同时铸成。垫片规则排列在范缝两侧和弦纹上下，反映出这一地区在青铜器制作工艺上的特点，见图 4-2（e）。器物口沿下部存在大面积修补痕迹，见图 4-2（f）。

3．鍪（1361）

图 4-3（a）是鍪（1361）的整体照片，器物通体素面。该器物侈口、短颈、鼓腹、圜底，通高 12.30 cm，口径 10.34 cm，腹部直径 13.50 cm。范缝贯穿器物外表面，把器物一分为二，说明该器物由两块外范合范而成，见图 4-3（b）。腹部为单索编耳，紧贴范缝，耳略有向右倾斜，有一定残损，耳颈厚 3.06 cm，径宽 3.46 cm，厚 0.22 cm，在与耳对应位置存在突出铜块，见图 4-3（d），耳上未发现范缝，证明耳部为单独铸造，在鍪身浇铸时进行组配。底部及腹部有二次补铸的痕迹，腹部补铸部分浇口经打磨，基本与器壁平齐，底部铸口明显。垫片分布在腹部及颈部，多为矩形和菱形，见图 4-3（e）。器物上存在多处修补痕迹，见图 4-3（f）。

（a） （b） （c）

（d） （e） （f）

图 4-3　鍪（1361）铸造痕迹照片。（a）正视照；（b）底部范缝；（c）耳部；（d）耳部后面突块；（e）腹部垫片；（f）腹部修补痕迹

4．鍪（1395）

图 4-4（a）是鍪（1395）的整体照片。侈口、短颈、鼓腹、圜底，通高 10.10 cm，口径 10.20 cm，腹径 11.89 cm。器物通体素面，底部及腹部存在打磨痕迹。范缝贯穿器物外表面，把器物一分为二，说明该器物由两块外范合范而成，见图 4-4（b）。颈部有单并联索编耳，耳颈厚 3.40 cm，径宽 3.23 cm，厚 0.47 cm，耳下部存在范缝，见图 4-4(c)，在与耳对应的器物内壁位置存在突出铜块，证明耳为活范块铸造。耳部工艺精细，未发现铸口及范缝，应为活范块单独铸造。垫片大量分布于器身，见图 4-4（d）。

图 4-4　鍪（1395）铸造痕迹照片。（a）正视照；（b）底部范缝；（c）耳部范缝；（d）腹部垫片

5．鍪（1465）

图 4-5（a）是鍪（1465）整体照片，侈口、短颈、鼓腹、圜底，通高 8.50 cm，口径 7.30 cm，腹径 8.50 cm。器物通体素面，器物口部经过打磨微敛。器物上存在一条贯通范缝，把器物一分为二，说明该器物由两块外范合范而成，见图 4-5（b）。器物腹一侧紧挨范缝处有单索编耳，见图 4-5（c），耳宽 0.70 cm，厚 0.30 cm，在与耳对应的器物内壁位置存在突出铜块，证明耳为活范块铸造，见图 4-5（d）。器物上分布着大量垫片，见图 4-5（e），也存在大量的修补痕迹，如图 4-5（f）处经过打磨的修补痕迹。

  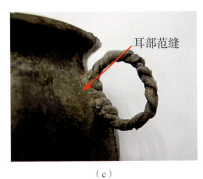

（a）　　　　　　　　　（b）　　　　　　　　　（c）

图 4-5　錾（1465）铸造痕迹照片。（a）正视照；（b）底部范缝；（c）耳部范缝；（d）耳部突块；（e）腹部垫片痕迹；（f）腹部修补痕迹

6．錾（1479）

　　图 4-6（a）是錾（1479）整体照片，直口，短颈，鼓腹，圜底，通高 10.60 cm，口径 9.30 cm，腹径 11.60 cm。口沿经过打磨微敛，壁厚约 0.16 cm。器身有条范缝痕迹，贯穿器物整体，将其一分为二，说明该器物由两块外范合范而成，见图 4-6（b）。器物腹部一侧距范缝 1.00 cm 处有一索编耳，耳径高 3.00 cm，径宽 3.00 cm，厚 0.80 cm。索编耳中部存在范缝痕迹，证明耳为合范铸造，见图 4-6（d）。器物上存在大量垫片和垫片脱落痕迹，见图 4-6（e）。底部上存在大量修补痕迹，修补痕迹大面积分布在漏孔周边，见图 4-6（f）。

图 4-6　錾（1479）铸造痕迹照片。（a）侧视照；（b）底部范缝；（c）耳部毛刺；（d）耳部范缝；（e）垫片及脱落垫片痕迹；（f）腹上修补痕迹

7．錾（1569）

　　图 4-7（a）是錾（1569）整体照片，侈口，束颈，鼓腹，圜底，通高 9.20 cm，口径 10.50 cm，腹

径 13.40 cm。范缝贯穿器物外壁，表明器物为两块外范合范铸造。底部范缝较粗，存在切割痕迹，应该是浇口位置，见图 4-7（b）。肩部两侧贴近范缝处有一对并联索编耳，见图 4-7（c），耳宽 2.20 cm，高 2.30 cm，耳厚 0.50 cm。耳上未发现范缝，在耳部上方发现范缝痕迹，表明耳为活范块嵌入外范一次铸造而成。

（a）　　　　　　　　　　　　　（b）

（c）　　　　　　　　　　　　　（d）

图 4-7　鍪（1569）铸造痕迹照片。（a）正视照；（b）底部范缝；（c）耳部特写；（d）耳上范缝

8．鍪（3622）

图 4-8（a）是鍪（3622）整体照片，侈口、短颈、鼓腹、圜底，通高 10.60 cm，口径 9.80 cm，腹径 11.30 cm。器身通体素面，器物口部经过打磨微敛。范缝贯穿器物外表面，把器物一分为二，说明该器物由两块外范合范而成，见图 4-8（b）。器物腹部一侧紧挨范缝处有一个索编耳，耳宽 3.10 cm、高 3.10 cm，厚 0.60 cm，见图 4-8（c）。在与耳对应的器物内壁位置没有观察到突出铜块，见图 4-8（e），说明该索编耳为活范块嵌范铸造。器物腹部分布着大批垫片，见图 4-8（f）。

（a）　　　　　　　　　　　（b）　　　　　　　　　　　（c）

(d)

没有突起铜块
(e)

垫片
(f)

图4-8 鍪（3622）铸造痕迹照片。（a）正视照；（b）底部范缝；（c）耳部侧视特写；（d）耳部正视特写；（e）没有突起铜块；（f）垫片

9. 鍪（3670）

图4-9（a）是鍪（3670）的整体照片，侈口，短颈，鼓腹，圜底，器物口径48.63 mm，腹径80.27 cm。范缝贯穿器物外表面，把器物一分为二，说明该器物由两块外范合范而成。紧挨范缝处有一双交联索编耳，耳径高2.11 cm，径宽2.23 cm，厚0.36 cm，见图4-9（c）。口沿和腹部分布着大批垫片，见图4-9（d）。

(a)

底部范缝
(b)

(c)

腹部垫片
(d)

图4-9 鍪（3670）铸造痕迹照片。（a）正视照；（b）底部范缝；（c）耳部特写；（d）腹部垫片

10. 鍪（3685）

图4-10（a）是鍪（3685）整体照片。器物为侈口，短颈，鼓腹，圜底。通高10.00 cm，口径8.60 cm，腹径11.00 cm。器物两侧存在贯穿范缝，见图4-10（b），底部因为修补痕迹遮掩未观察到范缝，表明器物使用了两块外范合范铸造而成。腹部一侧贴近范缝处有一单并联索编耳，高2.00 cm，

宽 2.60 cm，耳厚 0.25 cm。耳四周存在流铜毛刺，与耳对应的内壁上存在一个铜块突起，见图 4-10（c）和（d）。耳上并未发现范缝，证明为活范块铸造。器物上存在大量修补痕迹，如腹部和底部，见图 4-10（e）和（f）。

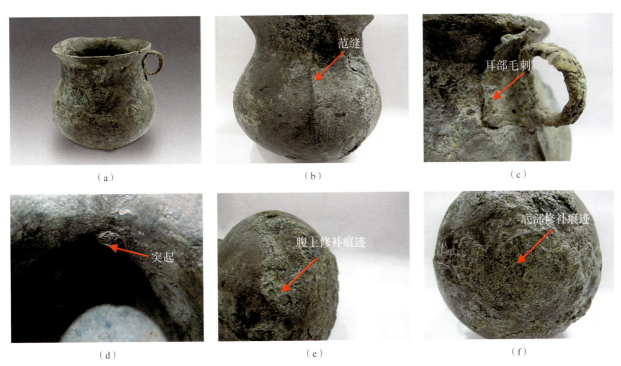

图 4-10　鍪（3685）铸造痕迹照片。（a）正视照；（b）范缝；（c）耳部毛刺；（d）内部突起；（e）腹上修补痕迹；（f）底部修补痕迹

11．鍪（3934）

图 4-11（a）是鍪（3934）整体照片。器物为侈口，短颈，鼓腹，圜底，通高 9.00 cm，口径 8.20 cm，腹径 10.70 cm。器物表面存在一条贯穿范缝，将把器物一分为二，说明该器物由两块外范合范而成，见图 4-11（b）。腹部一侧距范缝 0.50 cm 处有一单索编耳，宽 6.90 cm，高 4.00 cm，耳厚 0.30 cm。耳上未发现范缝，应为活范块铸造，见图 4-11（c）。在与耳对应的器物内壁位置存在突出铜块，证明耳为活范块铸造，见图 4-11（d）。器物上分布着大量垫片，见图 4-11（e）。器物底部及腹部存在补铸痕迹，见图 4-11（f）。

（d）　　　　　　　　　　　（e）　　　　　　　　　　　（f）

图4-11　鍪（3934）铸造痕迹照片。（a）正视照；（b）底部范缝；（c）耳部特写；（d）内部突起；（e）垫片；（f）修补痕迹

12. 鍪（3957）

　　图4-12（a）是鍪（3957）整体照片，器物为侈口，长颈，折肩，鼓腹，圜底，通高11.00 cm，口径8.10 cm，腹径11.14 cm。器物中间有条贯穿外表面的范缝，把器物一分为二，说明该器物由两块外范合范而成。图4-12（b）显示底部范缝中间较粗，为当时设置的浇口位置。腹部饰双弦纹，距范缝0.30 cm处有一索编耳，见图4-12（c）。耳下腹部存在明显的范缝痕迹，与腹部成一整体，表明耳部系活范块嵌铸而成。器物上分布着大量的垫片，见图4-12（e）。器物局部也存在经过打磨处理的补铸痕迹，见图4-12（f）。

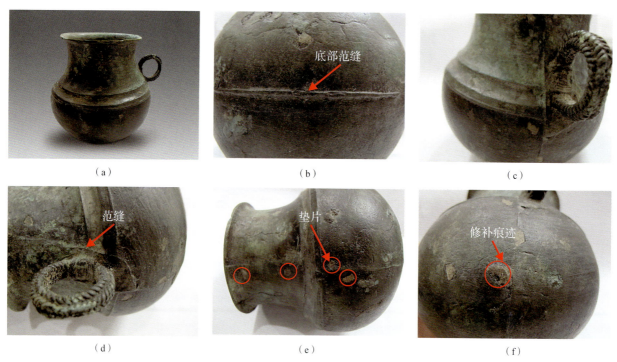

（a）　　　　　　　　　　　（b）　　　　　　　　　　　（c）

（d）　　　　　　　　　　　（e）　　　　　　　　　　　（f）

图4-12　鍪（3957）铸造痕迹照片。（a）正视照；（b）底部范缝；（c）耳部特写；（d）耳部范缝；（e）垫片；（f）修补痕迹

13. 鍪（4001）

　　图4-13（a）是鍪（4001）的整体照片，器物为侈口，短颈，鼓腹，圜底，通高10.90 cm，口

径 8.93 cm，腹径 11.90 cm。范缝贯穿器物外表面，把器物一分为二，说明该器物由两块外范合范而成，见图 4-13（b）。腹部一侧紧挨范缝处有一单索编耳，高 3.14 cm，宽 3.93 cm，耳厚 0.88 cm，在与耳对应的器物内壁位置存在突出铜块，证明耳为活范块铸造。器物腹部存在大量垫片，见图 4-13（d）。

（a）　　　　　　　　　　　　　　　（b）

（c）　　　　　　　　　　　　　　　（d）

图 4-13　鍪（4001）铸造痕迹照片。（a）正视照；（b）腹部范缝；（c）耳部后面突块；（d）垫片

14. 鍪（4014）

图 4-14（a）是鍪（4014）的整体图，器物为直口，短颈，鼓腹，圜底，通高 10.50 cm，口径 91.30 cm，腹径 10.89 cm。器物上有一条范缝贯穿外表面，把器物一分为二，说明该器物由两块外范合范而成，见图 4-14（b）。腹部一侧远离范缝处有一单索编耳，高 3.02 cm，宽 3.58 cm，耳厚 0.68 cm。在与耳对应的器物内壁位置存在突出铜块，证明耳为活范块铸造。器物腹部存在大量修补的痕迹，见图 4-14（d）。

（a）　　　　　　　　　　　　　　　（b）

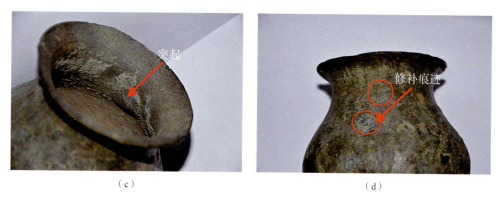

图 4-14　鍪（4014）铸造痕迹照片。（a）正视照；（b）底部范缝；（c）突起；（d）修补痕迹

15.　鍪（5268）

图 4-15（a）是鍪（5268）整体照片，器物为侈口，短颈，鼓腹，圜底，通高 12.50 cm，口径 10.61 cm，腹径 14.00 cm。器物通体素面，器物口部经过打磨微敛。器物被一贯穿范缝一分为二，说明该器物由两块外范合范而成，见图 4-15（b）。器腹一侧紧挨范缝处有单索编耳，高 2.90 cm，宽 3.42 cm，耳厚 0.54 cm，见图 4-15（c）。在与耳对应的器物内壁位置存在突出铜块，证明耳为活范块铸造，见图 4-15（d）。器物表面可见垫片和修补痕迹，见图 4-15（e）（f）。

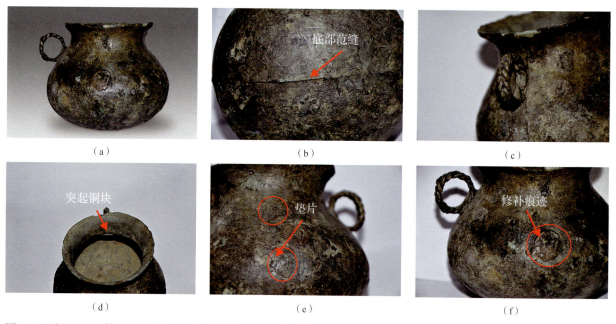

图 4-15　鍪（5268）铸造痕迹照片。（a）正视照；（b）底部范缝；（c）耳部特写；（d）突起铜块；（e）垫片；（f）修补痕迹

16.　鍪（5300）

图 4-16（a）是鍪（5300）的整体照片，器物为直口，短颈，鼓腹，圜底，通高 15.40 cm，口径 10.91 cm，腹径 8.54 cm。器物被一条范缝贯外表面，把器物一分为二，说明该器物由两块外范合范而成。腹部一侧远离范缝处有单索编耳，高 4.33 cm，宽 4.20 cm，耳厚 0.94 cm。耳上残留范缝痕迹，见图 4-16（c）。在与耳对应的器物内壁位置存在突出铜块，见图 4-16（d），证明耳为活范块铸造。器物上分布着大批垫片，腹部存在大块的垫片，见图 4-16（e）。腹部最宽处出现了一个大的修补痕迹，可以观察到浇注痕迹，表明系浇铸修补，见图 4-16（f）。

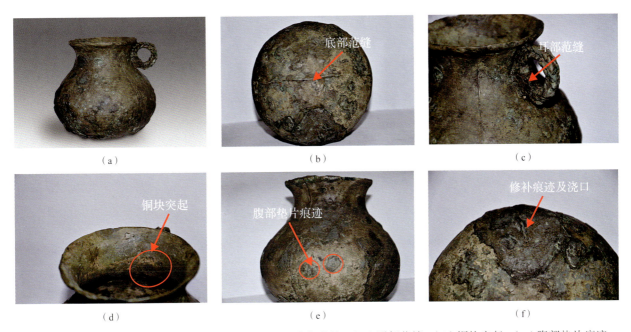

图 4-16 鉴（5300）铸造痕迹照片。（a）正视照；（b）底部范缝；（c）耳部范缝；（d）铜块突起；（e）腹部垫片痕迹；（f）修补痕迹及浇口

17. 鉴（5364）

图 4-17（a）是鉴（5364）整体照片，器物为侈口，短颈，鼓腹，圜底，通高 9.08 cm，口径 7.47 cm，颈径 6.18 cm，腹径 9.54 cm。器物被一条范缝贯外表面，把器物一分为二，说明该器物由两块外范合范而成。腹部一侧远离范缝处有单索编耳，高 2.40 cm，宽 3.73 cm，耳厚 0.80 cm，耳上残留流铜毛刺，见图 4-17（c）。耳对应的器物内壁位置有一个明显铜块突出，见图 4-17（d），证明耳为活范块铸造。器物上存在大块的垫片，图 4-17（e）显示腹部存在大量的修补痕迹，口沿部分有 1/2 为修补铸成，见图 4-17（f）。

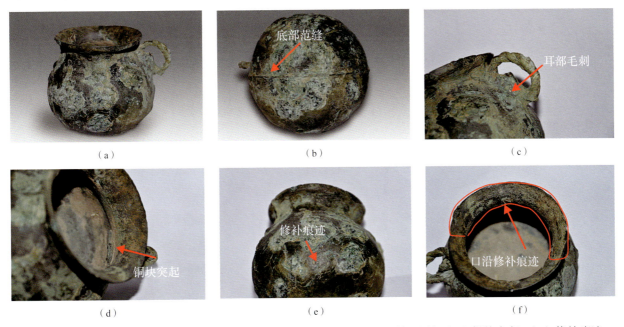

图 4-17 鉴（5364）铸造痕迹照片。（a）正视照；（b）底部范缝；（c）耳部毛刺；（d）铜块突起；（e）修补痕迹；（f）口沿修补痕迹

18．鏊（5379）

图 4-18（a）是鏊（5379）的整体照片，器物为侈口，短颈，鼓腹，圜底，通高 11.80 cm，口径 10.30 cm，腹径 14.40 cm。器物被一条范缝贯外表面，把器物一分为二，说明该器物由两块外范合范而成。器腹一侧紧挨范缝处有一索编耳，耳颈高 3.00 cm，径宽 4.00 cm，厚 0.70 cm，在与耳对应的器物内壁位置存在突起铜块，证明耳为活范块铸造，见图 4-18（c）（d）。器物上存在大块的垫片，见图 4-18（e），腹部存在大面积修补痕迹，见图 4-18（f）。

图 4-18　鏊（5379）铸造痕迹照片。（a）正视照；（b）底部范缝；（c）耳部范缝；（d）铜块突起；（e）垫片；（f）腹上修补痕迹

19．鏊（5384）

图 4-19（a）是鏊（5384）整体照片，为侈口，短颈，鼓腹，圜底，通高 9.80 cm，口径 9.10 cm，腹径 11.90 cm。器物通体素面，范缝贯穿器物外表面，将其一分为二，表明其为两块外范合范铸造，见图 4-19（b）。腹部一侧距范缝 0.20 cm 处有一索编耳，见图 4-19（c），在耳对应位置内壁有一突起铜块，见图 4-19（d），说明耳为活范块铸造。器物上分布着大量垫片，见图 4-19（e），腹部也存在明显的修补痕迹，见图 4-19（f）。

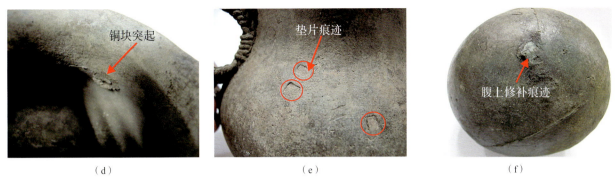

图 4-19　鍪（5384）铸造痕迹照片。（a）正视照；（b）底部范缝；（c）耳部特写；（d）铜块突起；（e）垫片痕迹；
（f）腹上修补痕迹

20. 鍪（5448）

图 4-20（a）是鍪（5448）的整体照片，为侈口，短颈，鼓腹，圜底，通高 9.00 cm，口径 7.72 cm，
腹径 9.76 cm。器物上一条贯穿范缝将其一分为二，说明该器物由两外范合范而成。腹部一侧紧挨范
缝处有一单索编耳，高 2.55 cm，宽 2.66 cm，耳厚 0.79 cm。耳部下面存在毛刺，见图 4-20（c）。与
耳对应器物内壁位置存在铜块突起，表明耳为活范块铸造，见图 4-20（d）。器物上存在垫片痕迹，
图 4-20（e），腹部存在修补痕迹，见图 4-20（f）。

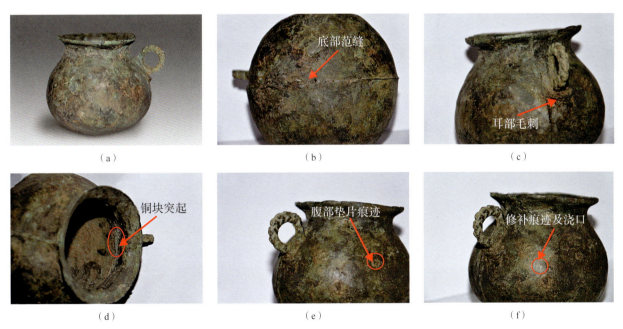

图 4-20　鍪（5448）铸造痕迹照片。（a）正视照；（b）底部范缝；（c）耳部毛刺；（d）铜块突起；（e）腹部垫片痕迹；
（f）修补痕迹及浇口

21. 鍪（5473）

图 4-21（a）是鍪（5473）整体照片，为侈口，短颈，鼓腹，圜底，通高 10.40 cm，口径 8.90 cm，
腹径 11.30 cm。器身存在一个贯穿范缝，将器物一分为二，表明该器物为外范合范铸造，见图 4-21
（b）。器物腹部远离范缝处有单索编耳，高 1.80 cm，宽 2.50 cm，耳厚 0.70 cm，见图 4-21（c）。在

置内壁有一突出铜块，表明耳为活范块铸造，见图 4-21（d）。器物腹部存在大面积的修补痕迹，见图 4-21（e）和（f）。

图 4-21　鍪（5473）铸造痕迹照片。（a）正视照；（b）底部范缝；（c）耳部；（d）铜块突起；（e）腹部修补痕迹；（f）腹部修补痕迹

22．鍪（5765）

图 4-22（a）是鍪（5765）整体照片，为侈口、短颈、鼓腹、圜底，通高 10.06 cm。口径 9.13 cm，腹径 11.34 cm。一条范缝贯穿器物外表面，把器物一分为二，说明该器物由两块外范合范而成，见图 4-22（b）。腹部一侧紧挨范缝处有一索编耳，高 3.12 cm，宽 3.96 cm，耳厚 0.45 cm。耳上有范缝痕迹，见图 4-22（c），应为合范法铸造。在与耳对应的器物内壁位置存在突起铜块（图 4-22（d）），证明耳为活范块铸造。器物表面可见大量垫片分布，见图 4-22（e）。底部也存在着修补痕迹，见图 4-22（f）。

图 4-22 鍪（5765）铸造痕迹照片。（a）正视照；（b）底部范缝；（c）耳部范缝；（d）铜块突起；（e）垫片及脱落垫片痕迹；（f）修补痕迹

23. 鍪（1087）

图 4-23（a）是鍪（1087）的照片，为侈口、短颈、鼓腹、圜底，通高 10.58 cm，口径 9.25 cm，腹径 11.52 cm。范缝贯穿器物外表面，把器物一分为二，说明该器物由两块外范范合范而成，见图 4-23（b）。腹部一侧紧挨范缝处有一双并联索编耳，高 2.98 cm，宽 2.98 cm，耳厚 0.48 cm。在与耳对应的器物内壁位置没有突起铜块，证明耳为活范块嵌范铸造，见图 4-23（d）。器物腹部分布着大批垫片，见图 4-23（e）。

图 4-23 鍪（1087）铸造痕迹照片。（a）正视照；（b）底部范缝；（c）耳部；（d）没有铜块突起；（e）垫片

4.1.2 鍪耳[①]

铜鍪的环耳，也有称呼为"捉手"。开县文物管理所馆藏铜鍪的耳部，多设置在鍪的肩、腹交界

[①] 由于鍪耳是鍪的一部分，本节内容本应属于 4.1.1 节，但鉴于对鍪耳的论述系统详细、自成一体，故将鍪耳作为一节单独列出。

处，有单耳或双耳，早期的双耳也有一大一小者，但贯穿鍪身范线并未穿越其附属的环耳。对此情况，我们单独进行归类分析。依照开县文物管理所馆藏铜鍪的环耳状况，就纹饰模样大体可分为双索对称纹、双索交叉纹、单索旋纹三类。以下将逐一进行观察描述：

1. 双索对称纹

双索对称纹，也称双并联索编纹样，即铜鍪的环耳纹饰为双索对称编织模样。有的线索均一，饱满突出，有的纹路浅薄，类似刻画，偶有错位，大都为左右对称结构，但并不交叉叠压，常在主纹外圈配合一圈较小的附纹，构成四联索编纹样，也为左右对称结构，无明显合范范线痕迹。有的还在与鍪身连接处塑造有捆绑状索模样。

1）铜鍪（1087）

如图 4-24、图 4-25 所示，铜鍪（1087）为主体分型制模、分模制范。环耳几近正圆环状，紧靠鍪体范线，与鍪身接触面积较小。其中，环耳索编纹呈镜面对称模式，饱满突出，可采用双合范方式制作独立范包，并安置于主体范对应位置上，进行嵌范组合铸造成型。同时，环耳内部未有明显范线，但内凹槽明显，因而环耳范包采用活块模内芯。并且，与耳对应内壁未有镦粗突起，说明环耳与鍪身应为嵌范一体铸造。

图 4-24　铜鍪（1087）分型制模、分模制范　　图 4-25　铜鍪（1087）对称的索编纹

2）铜鍪（1131）

如图 4-26、图 4-27 所示，铜鍪（1131）为主体分型制模、分模制范。环耳几近正圆环状，紧靠鍪体范线，与鍪身接触面积较小。其中，环耳单层索编纹呈非镜面对称模式，相互交错，饱满突出，可采用双合范方式制作独立范包，并安置于主体范对应位置上，进行嵌范组合铸造成型。同时，环耳内部未有明显范线，但内凹槽明显，因而环耳范包采用活块模内芯。并且，与耳对应内壁未有镦粗突起，说明环耳与鍪身应为嵌范一体铸造。

图 4-26　铜鍪（1131）分型制模、分模制范　　图 4-27　铜鍪（1131）对称的索编纹

3）铜鍪（1222）

　　如图 4-28、图 4-29 所示，铜鍪（1222）为主体分型制模、分模制范。环耳略扁近椭圆环状，远离鍪体范线，与鍪身接触位置已近直线模样。其中，环耳双层索编纹呈镜面对称模式，平淡类似刻画，环耳内外均有明显的合范范缝，可采用双合范方式制作独立范包，并安置于主体范对应位置上，进行嵌范组合铸造成型。同时与耳对应内壁未有镦粗突起，说明环耳与鍪身应为嵌范一体铸造。

图 4-28　铜鍪（1222）分型制模、分模制范　　　　图 4-29　铜鍪（1222）对称的索编纹

4）铜鍪（1395）

　　如图 4-30、图 4-31 所示，铜鍪（1395）为主体分型制模、分模制范。环耳几近正圆环状，紧靠鍪体范线，与鍪身接触面积较小。其中，环耳索编纹呈镜面对称模式，饱满突出，可采用双合范方式制作独立范包。同时，环耳内部未有明显范线，但内凹槽明显，因而环耳范包采用活块模内芯。因鍪耳与鍪内壁结合处存在镦粗突起，故而环耳与鍪身应为分铸组配成型。

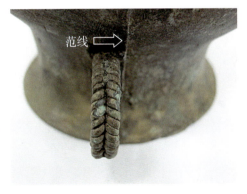

图 4-30　铜鍪（1395）分型制模、分模制范　　　　图 4-31　铜鍪（1395）对称的索编纹

5）铜鍪（1509）

　　如图 4-32、图 4-33 所示，铜鍪（1509）为主体分型制模、分模制范。环耳几近正圆环状，紧靠鍪体范线，与鍪身接触面积较小。其中，环耳索编纹呈镜面对称模式，饱满突出，可采用双合范方式制作独立范包，并安置于主体范对应位置上，进行嵌范组合铸造成型。同时，环耳内部未有明显范线，但内凹槽明显，因而环耳范包采用活块模内芯。并且，与耳对应内壁未有镦粗突起，说明环耳与鍪身应为嵌范一体铸造。

6）铜鍪（1569）

　　如图 4-34、图 4-35 所示，铜鍪（1569）为主体分型制模、分模制范。环耳几近正圆环状，紧靠鍪体范线，与鍪身接触面积较小。其中，环耳索编纹呈镜面对称模式，饱满突出，鍪身连接位置做捆扎绳纹以为装饰，可采用双合范方式制作独立范包，并安置于主体范对应位置上，进行嵌范组合铸造成型。同时，环耳内部未有明显范线，而且与耳对应内壁未有镦粗突起，说明环耳与鍪身应为嵌范一体铸造。

图 4-32　铜鍪（1509）分型制模、分模制范　　　图 4-33　铜鍪（1509）对称的索编纹

图 4-34　铜鍪（1569）分型制模、分模制范　　　图 4-35　铜鍪（1569）对称的索编纹

7）铜鍪（3596）

　　如图 4-36、图 4-37 所示，铜鍪（3596）为主体分型制模、分模制范。环耳几近正圆环状，紧靠鍪体范线，与鍪身接触面积较小。其中，环耳索编纹呈镜面对称模式，饱满突出，可采用双合范方式制作独立范包，并安置于主体范对应位置上，进行嵌范组合铸造成型。同时，环耳内部未有明显范线，但内凹槽明显，因而环耳范包采用活块模内芯。而且与耳对应内壁未有镦粗突起，说明环耳与鍪身应为嵌范一体铸造。

图 4-36　铜鍪（3596）分型制模、分模制范　　　图 4-37　铜鍪（3596）对称的索编纹

8）铜鍪（3622）

　　如图 4-38、图 4-39 所示，铜鍪（3622）为主体分型制模、分模制范。环耳几近正圆环状，紧靠鍪体范线，与鍪身接触面积较小。其中，环耳索编纹呈镜面对称模式，饱满突出，可采用双合范方

式制作独立范包，并安置于主体范对应位置上，进行嵌范组合铸造成型。同时，环耳内部未有明显范线，而且与耳对应内壁未有镦粗突起，说明环耳与鎏身应为嵌范一体铸造。

图 4-38　铜鎏（3622）分型制模、分模制范　　图 4-39　铜鎏（3622）对称的索编纹

9）铜鎏（3670）

　　如图 4-40、图 4-41 所示，铜鎏（3670）为主体分型制模、分模制范。环耳几近正圆环状，紧靠整体范线，与鎏身接触面积较小。其中，环耳索编纹呈镜面对称模式，饱满突出，环耳上残留的范线足以说明可采用双合范方式制作独立范包，并安置于主体范对应位置上，进行嵌范组合铸造成型。同时，环耳范包采用活块模内芯，故而环耳内部未有明显范线。由于范包采用双合范对应制作，故而索编纹在接缝处略有错位，并且范线突出十分明显。而且与耳对应内壁未有镦粗突起，说明环耳与鎏身应为嵌范一体铸造。

图 4-40　铜鎏（3670）分型制模、分模制范　　图 4-41　铜鎏（3670）对称的索编纹及范线

10）铜鎏（3764）

　　如图 4-42、图 4-43 所示，铜鎏（1087）为主体分型制模、分模制范。环耳略扁近椭圆环状，远离整体范线，与鎏身接触位置已近直线模样。其中，环耳索编纹呈镜面对称模式，平淡类似刻画，环耳内外残留的范线足以说明可采用双合范方式制作独立范包，并安置于主体范对应位置上，进行嵌范组合铸造成型。同时，与耳对应内壁未有镦粗突起，说明环耳与鎏身应为嵌范一体铸造。

11）铜鎏（3769）

　　如图 4-44、图 4-45 所示，铜鎏（3769）为主体分型制模、分模制范。环耳几近正圆环状，紧靠整体范线，与鎏身接触面积较小。其中，环耳双层索编纹呈镜面对称模式，饱满突出，可采用双合范方式制作独立范包，并安置于主体范对应位置上，进行嵌范组合铸造成型。同时，环耳内部未有明显范线，却以内凹遗留范土泥芯，因而环耳范包采用活块模内芯。而且与耳对应内壁未有镦粗突起，说明环耳与鎏身应为嵌范一体铸造。

图 4-42　铜鍪（3764）分型制模、分模制范　　图 4-43　铜鍪（3764）对称的索编纹

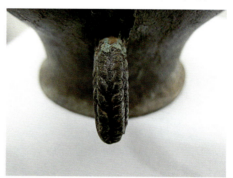

图 4-44　铜鍪（3769）分型制模、分模制范　　图 4-45　铜鍪（3769）对称的索编纹

12）铜鍪（3957）

如图 4-46、图 4-47 所示，铜鍪（4957）为主体分型制模、分模制范。环耳几近正圆环状，紧靠整体范线，与鍪身接触面积较小。其中，环耳双层索编纹呈镜面对称模式，虽有部分表面因锈蚀而损失，但纹饰依旧饱满突出，鍪身连接位置做捆扎绳纹以为装饰，可采用双合范方式制作独立范包，并安置于主体范对应位置上，进行嵌范组合铸造成型。同时，环耳内部未有明显范线，而且与耳对应内壁未有镦粗突起，说明环耳应为嵌范一体铸造。

图 4-46　铜鍪（3957）分型制模、分模制范　　图 4-47　铜鍪（3957）对称的索编纹

13）铜鍪（3989）

如图 4-48、图 4-49 所示，铜鍪（3989）为主体分型制模、分模制范。环耳几近正圆环状，紧靠整体范线，与鍪身接触面积较小。其中，环耳双层索编纹呈镜面对称模式，饱满突出，可采用双合范方式制作独立范包，并安置于主体范对应位置上，进行嵌范组合铸造成型。同时，环耳内部未有明显范线，但内凹槽明显，因而环耳范包采用活块模内芯。而且与耳对应内壁未有镦粗突起，说明环耳应为嵌范一体铸造。

图 4-48 铜鍪（3989）分型制模、分模制范 图 4-49 铜鍪（3989）对称的索编纹

14）铜鍪（4001）

如图 4-50、图 4-51 所示，铜鍪（4001）为主体分型制模、分模制范。环耳略扁近椭圆环状，远离整体范线，与鍪身接触位置已近直线模样。其中，环耳双层索编纹呈镜面对称模式，平淡类似刻画，环耳内外残留的范线足以说明可采用双合范方式制作独立范包，并安置于主体范对应位置上，进行嵌范组合铸造成型，如图 4-52 所示。同时，与耳对应内壁有突块，故而环耳应为二次铸造组配成型，如图 4-53 所示。

图 4-50 铜鍪（4001）分型制模、分模制范

图 4-51 铜鍪（4001）对称的索编纹 图 4-52 铜鍪（4001）范包边缘与 图 4-53 铜鍪（4001）耳部后面突块
耳内范线

15）铜鍪（4101）

如图 4-54、图 4-55 所示，铜鍪（4101）为主体分型制模、分模制范。环耳略扁近椭圆环状，远离整体范线，与鍪身接触位置已近直线模样。其中，环耳索编纹呈镜面对称模式，平淡类似刻画，可采用

图 4-54 铜鍪（4101）分型制模、分模制范 图 4-55 铜鍪（4101）对称的索编纹

双合范方式制作独立范包,并安置于主体范对应位置上,进行嵌范组合铸造成型。同时,环耳内部未有明显范线,环耳范包采用活块模内芯。而且与耳对应内壁未有镦粗突起,说明环耳应为嵌范一体铸造。

16)铜鍪(5268)

如图 4-56、图 4-57 所示,铜鍪(5268)为主体分型制模、分模制范。环耳几近正圆环状,远离整体范线,与鍪身接触面积较小。双层索编纹呈镜面对称模式,饱满突出,仅在与鍪身连接位置做捆扎绳纹以为装饰,可采用双合范方式制作独立范包,并安置于主体范对应位置上,进行嵌范组合铸造成型。因鍪耳上残留一明显毛刺,应为浇铸口残留,因此该鍪耳应为合范浇铸而成。同时,鍪耳与鍪内壁结合处存在一镦粗突起,故而环耳浇成型后与鍪身二次组配。

图 4-56　铜鍪(5268)环耳毛刺突起　　　图 4-57　铜鍪(5268)内部镦粗突起

17)铜鍪(5311)

如图 4-58、图 4-59 所示,铜鍪(5311)为主体分型制模、分模制范。环耳几近正圆环状,紧靠整体范线,与鍪身接触面积较小。其中,环耳双层索编纹呈镜面对称模式,饱满突出,仅在与鍪身连接位置做捆扎绳纹以为装饰,可采用双合范方式制作独立范包,并安置于主体范对应位置上,进行嵌范组合铸造成型。同时,环耳内部未有明显范线,而且与耳对应内壁未有镦粗突起,说明环耳应为嵌范一体铸造。

图 4-58　铜鍪(5311)分型制模、分模制范　　　图 4-59　铜鍪(5311)对称的索编纹

18)铜鍪(5354)

如图 4-60、图 4-61 所示,铜鍪(5354)为主体分型制模、分模制范。环耳几近正圆环状,紧靠整体范线,与鍪身接触面积较小。其中,环耳索编纹呈镜面对称模式,饱满突出,鍪身连接位置做捆扎绳纹以为装饰,可采用双合范方式制作独立范包,并安置于主体范对应位置上,进行嵌范组合铸造成型。同时,环耳内部未有明显范线,而且与耳对应内壁未有镦粗突起,说明环耳应为嵌范一体铸造。

图 4-60　铜鍪（5354）分型制模、分模制范　　图 4-61　铜鍪（5354）对称的索编纹

19）铜鍪（5370）

如图 4-62、图 4-63 所示，铜鍪（5370）为主体分型制模、分模制范。环耳几近正圆环状，紧靠鍪体范线，与鍪身接触面积较小。其中，环耳双层索编纹呈非镜面对称模式，饱满突出，鍪身连接位置做捆扎绳纹以为装饰，可采用双合范方式制作独立范包，并安置于主体范对应位置上，进行嵌范组合铸造成型。同时，环耳内部未有明显范线，而且与耳对应内壁未有镦粗突起，说明环耳应为嵌范一体铸造。

图 4-62　铜鍪（5370）分型制模、分模制范　　图 4-63　铜鍪（5370）对称的索编纹

20）铜鍪（5384）

如图 4-64、图 4-65 所示，铜鍪（5384）为主体分型制模、分模制范。环耳几近正圆环状，紧靠整体范线，与鍪身接触面积较小。其中，环耳双层索编纹呈镜面对称模式，饱满突出，仅在与鍪身连接位置做捆扎绳纹以为装饰，可采用双合范方式制作独立范包，并安置于主体范对应位置上，进行嵌范组合铸造成型。同时，环耳内部未有明显范线，鍪耳与鍪内壁结合处存在一镦粗突起，故而环耳应为二次铸造组配成型。

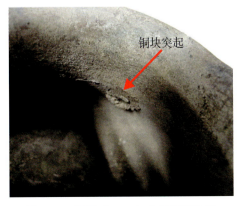

图 4-64　铜鍪（5384）分型制模、分模制范　　图 4-65　铜鍪（5384）内部镦粗突起

21）铜鍪（5484）

如图4-66、图4-67所示，铜鍪（5484）为主体分型制模、分模制范。环耳几近正圆环状，紧靠整体范线，与鍪身接触面积较小。其中，环耳双层索编纹呈镜面对称模式，虽有表层锈蚀，但纹饰仍旧饱满突出，鍪身连接位置做捆扎绳纹以为装饰，可采用双合范方式制作独立范包，并安置于主体范对应位置上，进行嵌范组合铸造成型。同时，环耳内部未有明显范线，但内凹槽明显，因而环耳范包采用活块模内芯。而且与耳对应内壁未有镦粗突起，说明环耳与鍪身应为嵌范一体铸造。

图 4-66　铜鍪（5484）分型制模、分模制范　　　图 4-67　铜鍪（5484）对称的索编纹

22）铜鍪（5765）

如图4-68、图4-69所示，铜鍪（5765）为主体分型制模、分模制范，环耳略扁近椭圆环状，远离靠近鍪体范线，与鍪身接触位置近似直线。其中，环耳双层索编纹呈镜面对称模式，平淡类似刻画，环耳外残留合范范线，因而可采用双合范方式制作独立范包，并安置于主体范对应位置上，进行嵌范组合铸造成型，并不局限主体合范位置。同时，环耳内部未有明显范线，故而环耳范包采用活块模内芯。因鍪耳与鍪内壁结合处存在一铜块突起，故而环耳应为二次铸造组配成型。

 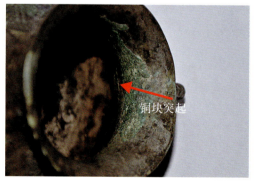

图 4-68　铜鍪（5765）分型制模、分　　　图 4-69　铜鍪（5765）内部铜块突起
　　　　　模制范

2. 双索交叉纹

双索交叉纹，即铜鍪的环耳纹饰为双索交叉编织模样。线索粗大，饱满突出，一般不带附纹。少有明显合范范线痕迹。有的还在与鍪身连接处塑造有捆绑状索模样。

1）铜鍪（1361）

如图4-70、图4-71所示，铜鍪（1361）为主体分型制模、分模制范。环耳几近正圆环状，紧靠整体范线，与鍪身接触面积较小。其中，环耳为交叉索编状，饱满突出，与鍪身接合处预制稀疏绳索捆扎模样，但已模糊不清，也应为独立范包所致，并安置于主体范对应位置上，进行嵌范组合铸造成型。因鉴耳上残留一明显毛刺，应为浇铸口残留，如图 4-72 所示，因此该鉴耳应为整范焚失成型，再浇铸而成。同时，鉴耳与鉴内壁结合处存在一突起，如图 4-73 所示，故而环耳浇铸成型后，与鉴身二次组配而成。

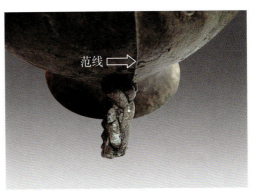

图 4-70　铜鉴（1361）分型制模、分模制范　　　图 4-71　铜鉴（1361）交叉的索编纹

图 4-72　铜鉴（1361）环耳毛刺突起　　　　图 4-73　铜鉴（1361）内部突起

2）铜鉴（1465）

如图 4-74、图 4-75 所示，铜鉴（1465）为主体分型制模、分模制范，范包边缘残留明显。环耳几近正圆环状，紧靠整体范线，与鉴身接触面积较小。其中，环耳为交叉索编状，饱满突出，与鉴身接合处预制稀疏绳索捆扎模样，清晰可见，而且与鉴身接合处为一整体范包残块，部分突出鉴身，明显为独立范包所致，并安置于主体范对应位置上。又因鉴耳上残留一明显毛刺，应为浇铸口残留，如图 4-76 所示，因此该鉴耳应为整范焚失成型再浇铸而成。同时，鉴耳与鉴内壁结合处存在一突起，如图 4-77 所示，故而环耳浇铸成型后，与鉴身二次组配而成。

图 4-74　铜鉴（1465）分型制模、分模制范　　　图 4-75　铜鉴（1465）交叉的索编纹

图 4-76　铜鍪（1465）环耳毛刺突起与
范包边缘痕迹

图 4-77　铜鍪（1465）内部突起

3）铜鍪（5300）

如图 4-78、图 4-79 所示，铜鍪（5300）为主体分型制模、分模制范，范包边缘残留明显。环耳几近正圆环状，远离鍪体范线，与鍪身接触面积较小，仅在与鍪身连接位置做捆扎绳纹以为装饰。其中，环耳双层索编纹呈镜面对称模式，饱满突出，与鍪身接合处预制稀疏绳索捆扎模样清晰可见，而且与鍪身接合处为一整体范包残块，部分突出鍪身，明显为独立范包所致，并安置于主体范对应位置上。又因鍪耳上残留一明显毛刺，如图 4-80 所示，应为浇铸口残留，因此该鍪耳应为整范焚失成型，再浇铸而成。同时，鍪耳与鍪内壁结合处存在一突起，如图 4-81 所示，故而环耳浇铸成型后，与鍪身二次组配而成。

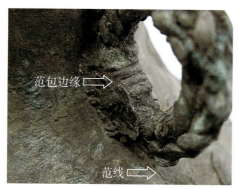

图 4-78　铜鍪（5300）分型制模、分模制范

图 4-79　铜鍪（5300）交叉的索编纹

图 4-80　铜鍪（5300）环耳毛刺突起

图 4-81　铜鍪（5300）内部突起

4）铜鍪（5473）

　　如图 4-82、图 4-83 所示，铜鍪（5473）为主体分型制模、分模制范。环耳几近正圆环状，紧靠整体范线，与鍪身接触面积较小。其中，环耳为单层交叉索编状，饱满突出，与鍪身接合处预制带状捆扎模样，应为独立范包所致，并安置于主体范对应位置上，进行嵌范组合铸造成型。鍪耳上残留一明显毛刺，见图 4-84，应为浇铸口残留，因此该鍪耳应为整范焚失成型，再浇铸而成。同时，鍪耳与鍪内壁结合处存在一铜块突起，见图 4-85，故环耳浇铸成型后，与鍪身二次组配而成。

图 4-82　铜鍪（5473）分型制模、分模制范

图 4-83　铜鍪（5473）交叉的索编纹

图 4-84　铜鍪（5473）环耳毛刺突起

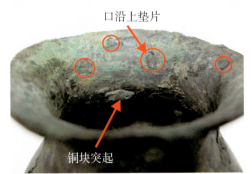

图 4-85　铜鍪（5473）内部铜块突起与口沿上垫片

3．单索旋纹

　　单索旋纹，即铜鍪的环耳纹饰为单索螺旋编织模样。线索粗大，饱满突出，一般不带附纹。少有明显合范范线痕迹。有的还在与鍪身连接处塑造有捆绑状索模样。

1）铜鍪（1143）

　　如图 4-86 所示，铜鍪（1143）为主体分型制模、分模制范，范包边缘残留明显。环耳几近正圆环状，紧靠整体范线，与鍪身接触面积较小。其中，环耳为单层索编状，整体呈单边右旋斜纹，饱满突出，与鍪身接合处预制稀疏绳索捆扎模样，但已模糊不清，而且与鍪身接合处为一整体范包残块，部分突出鍪身，明显为独立范包所致，并安置于主体范对应位置上。因鍪耳上残留一明显毛刺，见图 4-87，应为浇铸口残留，因此该鍪耳应为整范焚失成型，再浇铸而成。同时，鍪耳与鍪内壁结合处存在一镦粗突起，故而环耳浇铸成型后，与鍪身二次组配而成。

图 4-86　铜鍪（1143）分型制模、分模制范、　　图 4-87　铜鍪（1143）范线、范包和毛刺
单索旋结的纹饰

2）铜鍪（3627）

　　如图 4-88 所示，铜鍪（3627）为主体分型制模、分模制范。环耳略扁近椭圆环状，与鍪身接触位置已近直线模样。其中，环耳为双层索编状，整体呈单边左旋斜纹，见图 4-89，饱满突出，与鍪身接合处预制稀疏绳索捆扎模样，应为独立范包所致，并安置于主体范对应位置上，进行嵌范组合铸造成型。鍪耳与鍪内壁结合处未出现镦粗突起，故而环耳与鍪身采用嵌范一次而成。

图 4-88　铜鍪（3627）分型制模、分模制范　　　图 4-89　铜鍪（3627）单索旋结的纹饰

3）铜鍪（3934）

　　如图 4-90 所示，铜鍪（3934）为主体分型制模、分模制范。环耳略扁近椭圆环状，远离靠近鍪体范线，与鍪身接触位置已近直线模样，仅在与鍪身连接位置做捆扎绳纹以为装饰。其中，因环耳锈蚀严重，纹饰已不清晰，应为独立范包制作，并安置于主体范对应位置上，进行嵌范组合铸造成型。同时，鍪耳与鍪内壁结合处存在一镦粗突起，见图 4-91，故而环耳浇铸成型后，与鍪身二次组配而成。

图 4-90　铜鍪（3934）单索旋结、分型制模、　　图 4-91　铜鍪（3934）内部镦粗突起
分模制范

4）铜鍪（5364）

如图 4-92 所示，铜鍪（5473）为主体分型制模、分模制范。环耳几近正圆环状，紧靠鍪体范线，与鍪身接触面积较小。其中，环耳为单层索编状，因锈蚀纹饰模糊，仅在靠近鍪身边缘处可识别其呈单边右旋斜纹状，饱满粗犷，与鍪身接合处应为铸造自带芯痕迹，为独立范包所致，可采用双合范方式制作独立范包，铸造而成。因鍪耳与鍪内壁结合处存在一镦粗突起，见图 4-93，故而环耳应为二次铸造组配成型。

图 4-92　铜鍪（5364）分型制模、分模制范　　　图 4-93　铜鍪（5364）内部镦粗突起

5）铜鍪（5379）

如图 4-94 所示，铜鍪（5379）为主体分型制模、分模制范。环耳略扁近椭圆环状，远离靠近鍪体范线，与鍪身接触位置已近直线模样。其中，因环耳锈蚀严重，纹饰已不清晰，而且与鍪身接合处为一整体范包残块，部分突出鍪身，明显为独立范包所致，并安置于主体范对应位置上。同时，环耳内部有明显披缝痕迹，即芯内线，因此环耳范包采用双内芯，并对应双合范制作。也因锈蚀严重，外合范线并不明显。鍪耳与鍪内壁结合处存在一铜块突起，见图 4-95，故而环耳浇铸成型后，与鍪身二次组配而成。

 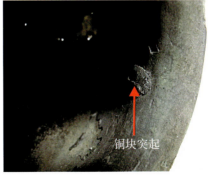

图 4-94　铜鍪（5379）分型制模、分模制范、　　图 4-95　铜鍪（5379）内部铜块突起
　　　　　范包边缘

6）铜鍪（5405）

如图 4-96 所示，铜鍪（5405）为主体分型制模、分模制范。环耳几近正圆环状，相距鍪体范线较远，与鍪身接触面积较大。其中，因环耳锈蚀严重，纹饰已不清晰，残余清晰部分显示环耳为单层索编状，整体呈单边右旋斜纹，见图 4-97，饱满突出，而且与鍪身接合处为一整体范包残块，部分突出鍪身，明显为独立范包所致，并安置于主体范对应位置上，进行嵌范组合铸造成型。

图 4-96　铜鍪（5405）分型制模、分模制范、
　　　　 范包边缘　　　　　　　　图 4-97　铜鍪（5405）单索旋结的纹饰

4．其他类型

由于锈蚀状态的影响，对其环耳的认识存在明显干扰，在此将其他情况并在一起，但类型属于以上一种。

1）铜鍪（1479）

如图 4-98、图 4-99 所示，铜鍪（1479）为主体分型制模、分模制范，独立范包边缘残留明显。环耳几近正圆环状，靠近整体范线。其中，环耳造型模糊，风格粗放，近似双索编对称纹，与鍪身接合处为一整体范包残块，部分突出鍪身，明显为独立范包所致，见图 4-100，并安置于主体范对应位置上，进行嵌范组合铸造成型。同时，环耳外部有明显合范范缝，内部有明显披缝痕迹，即芯内线，见图 4-101，因此环耳范包采用双内芯、双合范制作。

图 4-98　铜鍪（1479）分型制模、分模制范　　图 4-99　铜鍪（1479）独立范包边缘突出

图 4-100　铜鍪（1479）环耳范线与鍪身范线　图 4-101　铜鍪（1479）鍪身范线与芯内线

2）铜鋬（1525）

　　如图 4-102～图 4-104 所示，铜鋬（1525）为主体分型制模、分模制范。环耳略扁近椭圆环状，靠近整体范线，与鋬身接触位置已近直线模样。其中，环耳索编纹呈镜面对称模式，平淡类似刻画，整体细薄，可采用双合范方式制作独立范包铸造而成，因鋬耳与鋬内壁结合处存在一镦粗突起，见图 4-105，故而环耳应为二次铸造组配成型。同时，环耳上存在范线痕迹，因而环耳范包应采用双合范制作。

图 4-102　铜鋬（1525）索编纹样　　　　图 4-103　铜鋬（1525）分型制模、分模制范

图 4-104　铜鋬（1525）范铸范线　　　　图 4-105　铜鋬（1525）内部镦粗突起

3）铜鋬（1584）

　　如图 4-106 所示，铜鋬（1584）为主体分型制模、分模制范，独立范包边缘残留明显。环耳几近正圆环状，靠近整体范线。其中，环耳造型模糊，风格粗放，近似索编旋纹，与鋬身接合处为一整体范包残块，部分突出鋬身，如图 4-107 所示，明显为独立范包所致，并安置于主体范对应位置上，进行嵌范组合铸造错位成型。环耳外部有明显的合范范缝，内部有明显披缝痕迹，即芯内线，因此环耳范包采用双内芯、双合范制作。

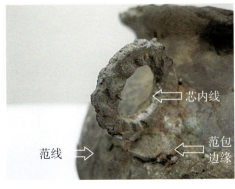

图 4-106　铜鋬（1584）分型制模、分模制范　　图 4-107　铜鋬（1584）独立范包边缘突出

4）铜鍪（3657）（环耳局部补配）

　　如图 4-108、图 4-109 所示，铜鍪（3657）为主体分型制模、分模制范。其中环耳大部为补缺所制，仅环耳与鍪身连接位置属于器物原生关系。仅以残留原生环耳来看，环耳应为圆环状，紧靠鍪体范线，与鍪身接触面积较小，仅在与鍪身连接位置做捆扎绳纹以为装饰。

图 4-108　铜鍪（3657）分型制模、分模制范　　图 4-109　铜鍪（3657）仿作环状素面纹饰

5）铜鍪（3685）

　　铜鍪（3685）为主体分型制模、分模制范，环耳范包边缘残留明显。环耳几近正圆环状，靠近鍪体范线。其中，环耳造型近似索编旋纹，风格粗放，与鍪身接合处稀疏绳索捆扎模样，鍪耳与鍪身接合处为一整体范包残块，部分突出鍪身，明显为独立范包所致，并安置于主体范对应位置上，进行嵌范组合铸造成型。同时，因鍪耳上残留一明显毛刺，见图 4-110，应为浇铸口残留，因此该鍪耳应为整范焚失成型，再浇铸而成。因鍪耳与鍪内壁结合处存在一镦粗突起，见图 4-111，故而环耳应为二次铸造组配成型。

图 4-110　铜鍪（3685）分模　　　图 4-111　铜鍪（3685）内部镦粗突起
制范、范包边缘和环耳毛刺

6）铜鍪（3759）（环耳局部补配）

　　如图 4-112、图 4-113 所示，铜鍪（3759）为主体分型制模、分模制范。其中环耳大部为补缺所制，仅环耳与鍪身连接位置属于器物原生关系。仅以残留原生环耳来看，环耳应为圆环状，紧靠鍪体范线，与鍪身接触面积较小。其中，环耳双层索编纹呈镜面对称模式，饱满突出，鍪身连接位置做捆扎绳纹以为装饰，可采用双合范方式制作独立范包，并安置于主体范对应位置上，进行嵌范组合铸造成型。同时，环耳内部未有明显范线，但内凹槽明显。

图 4-112　铜錾（3759）分型制模、分模制范　　图 4-113　铜錾（3759）仿作环状双索对称纹

7）铜錾（4014）（环耳局部补配）

如图 4-114～图 4-116 所示，铜錾（4014）为主体分型制模、分模制范。其中环耳大部为补缺所制，仅环耳与錾身连接位置属于器物原生关系。仅从残留原生环耳来看，环耳应为圆环状，远离整体范线，与錾身接触面积较小。其中，环耳造型模糊，风格粗放，近似索编旋纹，应为一整体范包所致，并安置于主体范对应位置上，进行嵌范组合铸造成型。由于錾内部有一明显铆接镦粗，见图 4-117，说明环耳与该錾铆接而成，并非一体铸造。

图 4-114　铜錾（4014）分型制模、分模制范　　图 4-115　铜錾（4014）仿作环状单索旋纹

图 4-116　铜錾（4014）仿作环状单索旋纹（侧视）　　图 4-117　铜錾（4014）内部镦粗突起

8）铜錾（5448）

如图 4-118、图 4-119 所示，铜錾（5448）为主体分型制模、分模制范。环耳几近正圆环状，靠近整体范线。其中，环耳造型模糊，风格粗放，近似索编旋纹，錾耳与錾身接合处为一整体范包残块，部分突出錾身，见图 4-120，明显为独立范包所致，并安置于主体范对应位置上，进行嵌范组合铸造成型。因錾耳与錾内壁结合处存在一铜块突起，见图 4-121，故而环耳应为二次铸造组配成型。同时，环耳上存在范线痕迹，因而环耳范包应采用双合范制作。

图 4-118　铜鍪（5448）鍪耳与鍪身的范线

图 4-119　铜鍪（5448）分型制模、分模制范

图 4-120　铜鍪（5448）独立范包边缘突出

图 4-121　铜鍪（5448）内部铜块突起

9）铜鍪（5749）

如图 4-122、图 4-123 所示，铜鍪（5749）为主体分型制模、分模制范。环耳为一圆环，紧靠鍪体范线，与鍪身接触面积较小，应为独立范包所致，并安置于主体范对应位置上，进行嵌范组合铸造成型。

图 4-122　铜鍪（5749）分型制模、分模制范

图 4-123　铜鍪（5749）环状素面纹饰

4.1.3　釜

这批器物存在双耳形式釜，系当地鍪在汉代演变器型，其制作工艺与早期鍪略有不同。器物范缝显示一条连贯范缝贯穿器物外表面，把器物一分为二，说明该器物由两块外范合范而成。胎体上

可以观察到垫片痕迹，这时期青铜铸造技术显著提高，青铜表面补铸痕迹明显减少。器耳下可以见包铜痕迹，显示出嵌铸工艺技术特点，即将先行铸造成型的器耳镶嵌在泥范中，通过铜液凝固成型，固定器耳。

1. 釜（26）

图 4-124（a）是釜（26）整体照片侈口、束颈、鼓腹、圜底，通高 25.80 cm、口径 23.50 cm、腹径 35.00 cm。范缝贯穿器物外表面，把器物一分为二，说明该器物由两块外范合范而成，见图 4-124（b）。颈部两侧距范缝 0.60 cm 处各有一索编耳，两耳上可见明显的范缝，证明应为合范法铸造，见图 4-124（c）（d）。值得注意的是，耳下部存在明显外包铜突起现象，见图 4-124（c），表明其可能采用嵌铸成耳的工艺。器物腹部有三条弦纹装饰，颈部两侧各有浅浮雕三角兽形象，系模印纹饰技术成型，见图 4-124（e）。腹部观察到挤在一起的三块垫片，系铜液流动时带走的垫片，见图 4-124（f）。

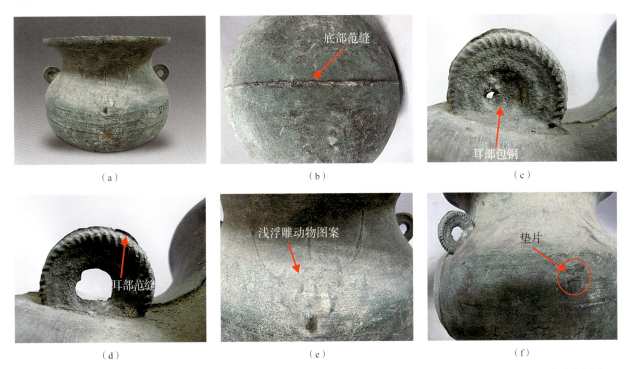

图 4-124　釜（26）铸造痕迹照片。（a）正视照；（b）底部范缝；（c）耳部包铜；（d）耳部范缝；（e）浅浮雕动物图案；（f）垫片

2. 釜（137）

图 4-125（a）是釜（137）的整体照片。器型为侈口，束颈，鼓腹，圜底，通高 26.70 cm、口径 31.50 cm、腹径 33.90 cm。器物腹部有三条弦纹装饰，口沿有打磨过的痕迹微敛。范缝贯穿器物外表面，把器物一分为二，说明该器物由两块外范合范而成，见图 4-125（b）。器物腹部存在范缝打磨变平的情况，此处范缝局部较宽，可能是浇注时采用的浇口，见图 4-125（c）。颈部两侧距范缝 0.50 cm 处有各一索编耳，耳下部存在明显外包铜突起现象，见图 4-125（d），表明其可能采用嵌铸成耳的工艺。器物腹部可见观察分散开来的垫片，见图 4-125（f）。

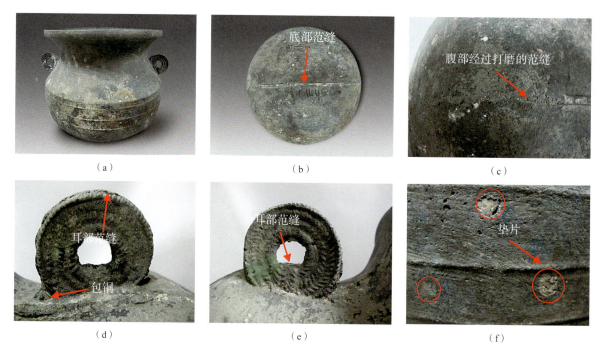

图 4-125　釜（137）铸造痕迹照片。（a）正视照；（b）底部范缝；（c）腹部经过打磨的范缝；（d）耳部范缝及包铜；（e）耳部范缝；（f）垫片

3. 釜（186）

图 4-126（a）是釜（186）整体照片，器型为侈口，折沿，束颈，鼓腹，圜底，通高 14.50 cm、口径 14.20 cm、腹径 18.50 cm。范缝贯穿器物外表面，把器物一分为二，说明该器物由两块外范合范而成，见图 4-126（b）。颈部两侧距范缝 0.30 cm 处有各环形耳，其中左耳下明显可见包铜痕迹，表明其做法为嵌铸而成，见图 4-126（c）。器物腹部可见观察分散开来的垫片，见图 4-126（e）。

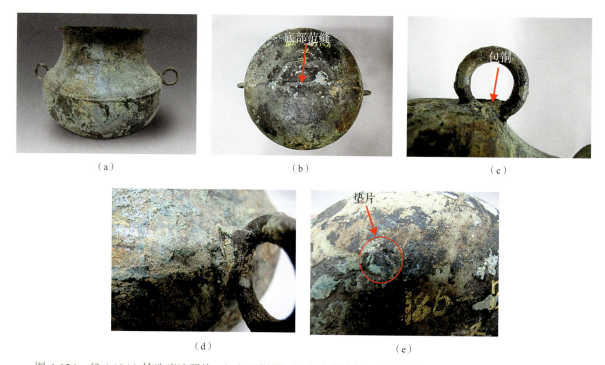

图 4-126　釜（186）铸造痕迹照片。（a）正视照；（b）底部范缝；（c）包铜；（d）耳部特写；（e）垫片

4.1.4　钫

图 4-127（a）是钫（4188）整体照片。器型特点为方口、平唇、束颈、斜肩、鼓腹、方形座。器高 31.00 cm，口沿外径 11.50 cm×11.30 cm 腹径 19.80 cm×19.60 cm。肩部左右对称各有一铺首衔环，铺首造型生动，见图 4-127（b）。衔环结合处距离较大并且平整光滑，证明衔环应为嵌铸法成型。器物表面经过了打磨处理，难以观察到范缝特征。依据器型特点，可以推断器物采用了四块外范和两块内范合范铸造而成。

 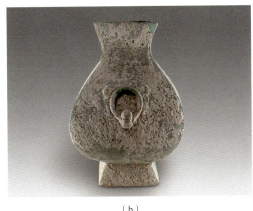

（a）　　　　　　　　　　　　　　　　　（b）

图 4-127　钫（4188）铸造痕迹照片。（a）正视照；（b）侧视照

4.1.5　鼎

图 4-128（a）是鼎（4017）整体照片，经过细致打磨处理，表面光滑，器壁很薄，具有典型汉鼎风格。底盖上有三个铜钮，具有明显的分铸法痕迹，如图 4-128（b）显示顶盖背面存在三个突起铜块痕迹，而鼎钮下部存在铜液溢出的毛刺现象，都说明顶盖为后铸而成。鼎底中间存在一个条状突出物，为铸造时浇注铜液的浇口痕迹，说明鼎为倒置浇铸。鼎足根部（靠近鼎身的部分）存在比较明显的包镶痕迹，包镶部位与鼎足间存在一定缝隙，亦说明鼎足为先铸而成，包镶入外范，然后随鼎身铸造成形。

 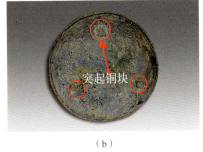 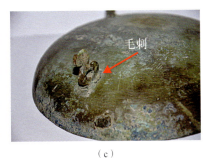

（a）　　　　　　　　　　　　（b）　　　　　　　　　　　（c）

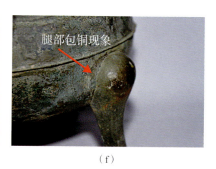

（d）　　　　　　　　　　　（e）　　　　　　　　　　　（f）

图 4-128　鼎（4017）铸造痕迹照片。（a）正视照；（b）突起铜块；（c）毛刺；（d）底部浇口；（e）垫片；（f）腿部包铜现象

4.1.6　戈

　　青铜戈是重庆地区的特色青铜兵器，其范缝分布薄面的中心，将器物一分为二。由于刃部经过打磨处理，这些范缝痕迹多见于阑部或者内部。这表明其制作时采用了两块外范合范铸造的工艺。戈表面多铸造虎形纹饰，许多为翻模成纹，也有部分采用錾刻的方式加工。虎耳（称作牙）常常做翘起状，其制作时是通过翻模在外范上形成一个凹入范体的部分，为了形成耳部空腔，采用一块范泥进行填补。

1.　戈（1180）

　　戈（1180）为一件虎纹铜戈，虎纹呈浅浮雕状，线条圆滑，系典型的模印纹饰制作而成，见图 4-129（a）（b）。虎耳做翘起状，与之对应戈体部位存在范缝痕迹，表明耳铸造时采用了增添泥范块的工艺。内部一侧清晰可见范缝痕迹，充分说明其在铸造时采用了两块外范合范浇铸的技术。

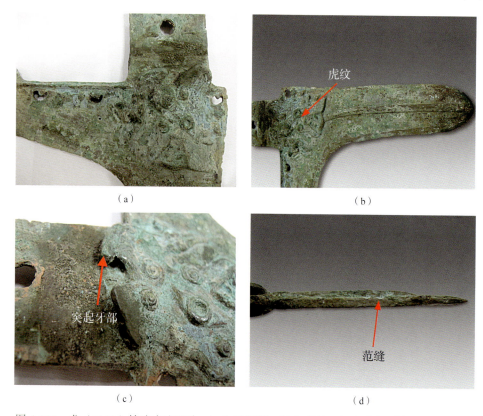

（a）　　　　　　　　　　　　　　　　　（b）

（c）　　　　　　　　　　　　　　　　　（d）

图 4-129　戈（1180）铸造痕迹照片。（a）正视照；（b）虎纹；（c）突起牙部；（d）范缝

2．戈（1186）

戈（1186）为一件虎纹铜戈。虎纹清晰可见，线条圆滑呈浅浮雕状，系典型的模印纹饰制作而成，见图 4-130（a）（b）。虎耳做翘起状，下方可见明显的范缝痕迹，见图 4-130（c），表明耳铸造时采用了增添泥范块的工艺。内部下侧清晰可见范缝痕迹，充分说明其在铸造时采用了两块外范合范浇铸的技术，见图 4-130（d）。

图 4-130　戈（1186）铸造痕迹照片。（a）正视照；（b）虎纹；（c）耳部；（d）范缝

3．戈（1234）

戈（1234）为一件虎纹铜戈。戈身中部虎纹清晰可见，线条圆滑呈浅浮雕状，系典型的模印纹饰制作而成，见图 4-131（a）和（b）。内部纹饰深峻，边棱有划刻和刻伤的痕迹，具有刻划文字的特点，见图 4-131（c）。阑部一侧可见范缝痕迹，充分说明其在铸造时采用了两块外范合范浇铸的技术，见图 4-131（d）。

（a）　　　　　　　　　　　　　　　　　（b）

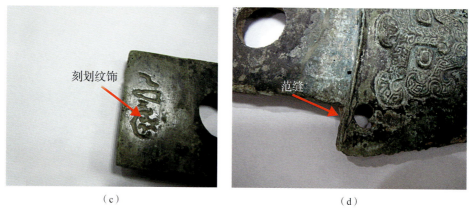

（c）   （d）

图4-131　戈（1234）铸造痕迹照片。（a）正视照；（b）虎纹；（c）刻画纹饰；（d）范缝

4．戈（1274）

戈（1274）为一件素面铜戈，见图4-132（a）。内部下侧清晰可见范缝痕迹，充分说明其在铸造时采用了两块外范合范浇铸的技术，见图4-132（b）。

（a）   （b）

图4-132　戈（1274）铸造痕迹照片。（a）正视照；（b）范缝

5．戈（4509）

戈（4509）为一件虎纹铜戈。戈身虎比较模糊，但是线条圆滑，系典型的模印纹饰制作而成，见图4-133（a）。虎耳翘起，下方可见明显的范缝痕迹，见图4-133（b）和（c），表明耳铸造时采用了增添泥范块的工艺。内部一侧可见范缝痕迹，充分说明其在铸造时采用了两块外范合范浇铸的技术，见图4-133（d）。

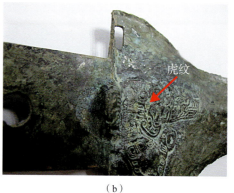

（a）   （b）

（c）　　　　　　　　　　　　　　（d）

图 4-133　戈（4509）铸造痕迹照片。（a）正视照；（b）虎纹；（c）突起牙部；（d）范缝

4.1.7　剑

　　青铜剑是重庆地区的战国时期特色青铜兵器，常被称作柳叶剑，采用了两块外范合范铸造的工艺。剑身上常常装饰有虎斑纹、虎纹、手心纹、竹节纹等各种表面修饰。

1.　剑（226）

　　剑（226）为一件柳叶剑，剑体细长，表面可见清晰的打磨痕迹，见图 4-134（c）。剑柄部可见明显的范缝痕迹，表明该器物为两块外范合范铸造而成，见图 4-134（d）。

　　剑（625）为一件柳叶剑，剑体细长。剑柄部可见明显浇口痕迹，表明该器物浇口设置在柄部，见图 4-135（b）。

（a）　　　　　　　　　　　　　　（b）

（c）　　　　　　　　　　　　　　（d）

图 4-134　剑（226）铸造痕迹照片。（a）正视照；（b）局部特写；（c）打磨痕迹；（d）范缝剑（625）

（a） （b）

图 4-135 剑（625）铸造痕迹照片。（a）正视照；（b）浇口

2. 剑（1083）

剑（1083）为一件柳叶剑，剑体细长，表面装饰有虎斑纹，见图 4-136（b）。剑身装饰有手心纹，沟槽圆滑，系模印纹饰铸造而成。剑柄部可见明显浇口痕迹，表明该器物浇口设置在柄部，见图 4-136（d）。

（a） （b）

（c） （d）

图 4-136 剑（1083）铸造痕迹照片。（a）正视照；（b）虎斑纹；（c）纹饰特写；（d）浇口

4.1.8 矛

青铜矛是重庆地区的战国时期常见青铜兵器，由于其有銎，一般采用了两块外范加一块内范的铸造方式。矛上纹饰由于壁厚影响，多采用模印纹饰铸造。

1．矛（227）

矛（227）体型细长，脊左右两边展开成带刃的矛叶，并向前聚集成锐利的尖锋，见图 4-137（a）。骹部上存在阳文纹饰，线条圆滑，系印模范铸而成，见图 4-137（b）。钮部外侧可见范缝痕迹，一直延伸到骹底，见图 4-137（c）。图 4-137（d）显示矛銎为圆形。范缝和銎部显示这件矛采用了两件外范和一件内范范铸而成。

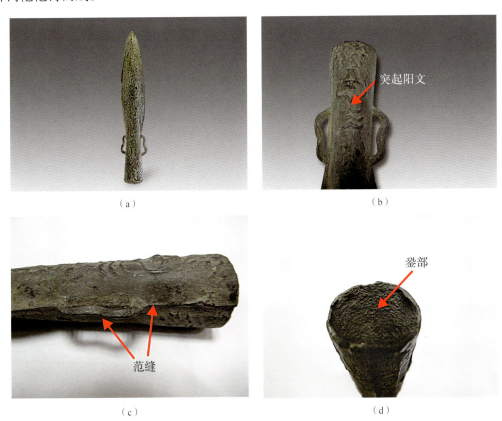

（a）

（b）

（c）

（d）

图 4-137　矛（227）铸造痕迹照片。（a）正视照；（b）突起阳文；（c）范缝；（d）銎部

2．矛（1519）

矛（1519）的矛叶狭长，并向前聚集成锐利的尖锋，见图 4-138（a）。骹部上可见阳文纹饰，线条圆滑，系印模范铸而成，见图 4-138（b）。钮部一旁可见范缝痕迹，见图 4-138（c）。銎部为中空圆形，见图 4-138（d）。范缝和銎显示这件矛采用了两件外范和一件内范范铸而成。

（a）

（b）

（c） （d）

图 4-138　矛（1519）铸造痕迹照片。（a）正视照；（b）突起阳文；（c）范缝；（d）銎部

3. 矛（3610）

　　矛（3610）的矛叶较宽，并向前聚集成锐利的尖锋，见图 4-139（a）。骹部上可见阴文纹饰，线条边缘平滑，系印模范铸而成，见图 4-139（b）。钮部一旁可见范缝痕迹，见图 4-139（c）（d），并延伸到骹底。范缝和銎显示这件矛采用了两件外范和一件内范范铸而成。

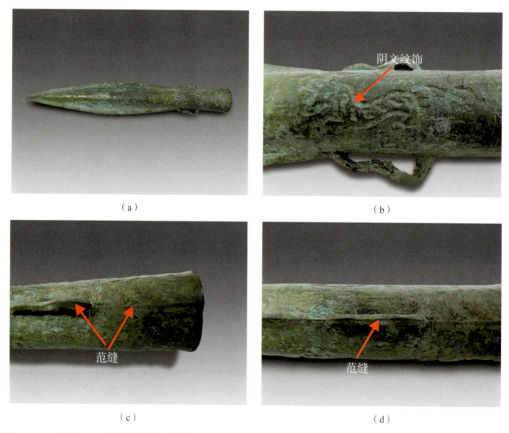

（a） （b）

（c） （d）

图 4-139　矛（3610）铸造痕迹照片。（a）正视照；（b）阴文纹饰；（c）骹部范缝；（d）钮部范缝

4. 矛（5718）

　　矛（5718）的矛叶狭窄，并向前聚集成锐利的尖锋，见图 4-140（a）。骹部可见错位明显范缝，銎部中空，表明采用了两件外范和一件内范范铸而成，见图 4-140（b）。

（a）　　　　　　　　　　　　　　　　　　　（b）

图 4-140　矛（5718）铸造痕迹照片。（a）正视照；（b）范缝

4.2　讨　　论

依照传统铸造学的定义，将熔配好的合金液浇铸成最终或接近最终产品形状的成型方法。最常见的方式即模铸。模铸（foudry）技术由来已久，中国历史上最为灿烂的青铜时代即模铸的第一个辉煌时期，也是人类文明进步的重要标志性技术，时至今日仍然是现代工业中必不可少的加工成型方式。模铸中所谓的"模"，古也称作"范"（mold/mould），传统的模铸就是将熔融的金属熔液浇注到空腔模型中，待其冷却凝固成型。早期铸造的模具可以是木质或者陶制的[1]，特别是在中国新石器时代先民发展出的制陶技术为模铸提供了充足的熔炼设备条件——泥料[2]，不但来源广泛、成本低廉，甚至具有不受尺寸、造型限制的高强适应性，加之丰富的铜矿产资源，使铸造技术与工艺得到了长足的发展。

4.2.1　范铸工艺

所谓范铸工艺，即通过模范的制作，有目的地空余出需要金属液浇注的冲型型腔。此方法可以简述如下：以铸造容器为例，先制成欲铸器物的模型，模型在铸造工艺上亦称为模或母范；再用泥土敷在母范外面，脱出来形成铸件的外廓的铸型组成部分，在铸造工艺上称谓外范，外范通常要分割成数块，以便从模上脱下。此外，还要用泥土制一个体积与容器内腔相当的范，通常称为芯，亦称为型芯或内范；然后是外范与型芯套合，中间的空隙即型腔，其间隔为欲铸器物的厚度；最后将熔化的铜液注入此空隙内，待铜液冷却后，除去外范与型芯，即可[3]。

通过以上观察分析，可以发现开县文物管理所馆藏青铜器大都素面，有纹饰的也应为外范内壁印模而成。究其铸造工艺，除铜钺铸造痕迹不明显之外，大都是双合范铸造工艺，而且在双合范中灵活使用嵌范工艺，如虎纹戈（1180、1186）耳部模样。但其中以三峡重庆地区代表青铜器——铜

---

① 华觉明．中国古代金属技术——铜和铁造就的文明．郑州：大象出版社，1999．

② 董亚巍．中国传统范铸技术的发展与传承 // 中国化学会．中国第八届科技考古学术讨论会暨全国第九届考古与文物保护化学学术研讨会．西安，2006．

③ 朱凤瀚．古代中国青铜器．天津：南开大学出版社，1995：527．

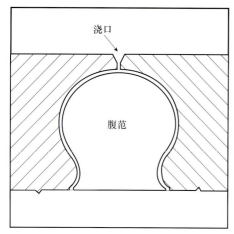

图 4-141　鍪合范及浇口设置示意图

鍪的铸造最为典型。开县文物管理所馆藏这批鍪器型特点为侈口、束颈、圜底，肩部设耳，具有典型巴文化器物特点。因此，我们针对铜鍪的铸造工艺着重讨论。

铜鍪大都存在明显的合范铸造特征——范缝，沿着鍪体口沿贯通底部的范缝将器物分成对称的半球形，说明这类器物由两块外范和一块芯范合范而成。大部分鍪底部中间范缝存在变宽的情况，有些可以明显观察到切割和打磨痕迹，反映出鍪的浇口存在于底部，见图 4-141。

4.2.2　铸接工艺

开县文物管理所馆藏铜鍪的耳部，尽管形制多样，但拥有一个相同的特点：对于耳与鍪身，并非作为同一整体进行分模制范，而是采用嵌范浑铸与分铸插接等铸造技术。

1．嵌范浑铸

"嵌范"，也称"活范块嵌范技术"，可以理解为铸造附件时的单体范[①]，其实质是组合范的一种，这种技术的使用，为制作耳、盖钮等小附件提供了便利。分型嵌范的设计思想，来源于单元纹饰范夯嵌技术[②]。

分型嵌范的目的，是为了实现附件与器身的整铸。制作时，先制作好每个环耳独立范包，再将环耳范包安置在盖模上需要安置环耳的部位，加入泥料后，将环耳范包夯制在鍪范里成为整体范，这时的鍪范中就已经具有环耳的型腔，并都在应该在的部位。对要嵌的范和主体范分开制作，再统一浇铸，铸造一次成型。

采用这样的制范工艺设计，是为了解决附件无法脱模以及附件的镂空问题。采用了分型嵌范工艺以后，由于模上本就没有附件，制范后就自然不存在到倒拔模的问题了。这样，分型嵌范技术既缩短了制作周期，也提高了成品率，是春秋以后范铸工艺中又一项重要的技术进步。

分型嵌范的目的，是为了实现附件与器身的整铸。铜鍪的铸造示意图（图 4-142）及具体制作工序为：第一，制作鍪身的模范及耳的独立范包；第二，将耳的范包安置在盖模上需要安置耳的部位；第三，加入泥料，对范内壁进行涂抹修平，将环耳范包夯制在鍪范里，使耳范与鍪范成为一体，这时的鍪范中就已经具有了耳的型腔，并且位置固定（虽然嵌范和主体范分开制作）；第四，统一浇铸，铸造一次成型。铜鍪活范块嵌范技术具有以下特征：鍪耳一般靠近胎体范缝，而且鍪耳与鍪身接合部周围大都光滑，没有多余毛刺或大面突起，见图 4-142、图 4-143。

铜鍪耳的嵌范范包安置位置十分考究精准，耳与鍪身胎体的结合点较小，浇铸成形后，尽可能保证铜鍪耳形状的完整性，见图 4-143。为了保证范内壁的平滑，有的鍪则在涂抹平整范的同时，对耳与胎体接合部位进行了削减，使耳与鍪身接合部位增大，近似线性接合关系，见图 4-144。由于嵌范与主范的型腔联通浑然一体，在浇铸时铜液热充满型腔，铜液不会率先溢出，充满嵌范与主范之间的微小裂隙；即便存在范体热传导性质的差异，浇铸完成冷却之余，不会形成边际痕迹。

① 李京华. 中原古代冶金技术研究（第二集）. 郑州：中州古籍出版社，2003：74.
② 董亚巍. 范铸青铜. 北京：北京艺术与科学电子出版社，2006：98.

　　有些铜鎣（图 4-145），环耳与鎣身胎体结合部位周围明显存在活范块溢出痕迹，这就与分铸插接技术有关。

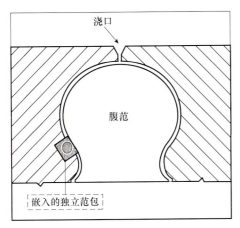

图 4-142　嵌范与主范关系

图 4-143　铜鎣（3622）嵌范关系

图 4-144　铜鎣（1222）嵌范关系

图 4-145　铜鎣（1479）范包边缘痕迹

2. 分铸插接

　　分铸插接是指主体以外的附件分型铸造及铸后插接到主体上两个概念。分铸技术是东周时期常见的青铜器制作技术[①]。分铸是将一个复杂整器的某个部位分开铸造，对比浑铸技术，采用分铸技术大大提高了制模、制范、冶铸等各个环节的工作质量与工作效率。

　　插接，或者铆接、焊接，都是将附属部件与主体连接起来成为一个整体。自商中期开创了分铸组装的工艺技术，则是将器型化整为零、分别铸制，从而实现了整器的分型铸造，最大限度解放了设计思想，使得商中期以前一些无法铸造的器形成为可能。插接技术在西周时期更为普遍，以至于在春秋中期逐渐发展成为分铸组装技术。

　　观察分铸插接铜鎣铸造痕迹，我们发现，鎣耳与鎣身接合部位周围存在插接痕迹（图 4-145），铜鎣内壁（与耳相对应的部位）存在钉状痕迹（图 4-146）。

　　分铸插接的具体铸造工艺流程：第一，将鎣耳与鎣身范铸成型；第二，通过插接的形式将铸造成形的鎣耳安插在鎣身预留的孔内；第三，铆接固定插接附件。于是在铜液冲型之时，不但耳部型腔没有空间容纳铜液，而且由于环耳与泥范之间的热传导性质差异，易造成耳部与主范之间形成微

① 苏荣誉，华觉明，李克敏，等. 中国上古金属技术. 济南：山东科学技术出版社，1995：161-168.

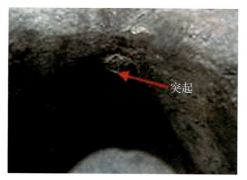

图 4-146 鉴（3685）内部镦粗突起

图 4-147 铜鉴（1143）嵌范痕迹

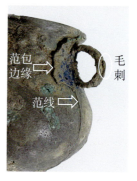

图 4-148 鉴（3685）范包边缘和环耳毛刺

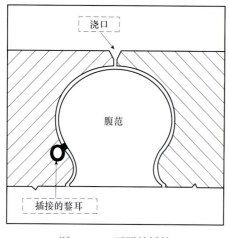

图 4-149 环耳的插接

小裂隙，便于铜液侵入，直至冷却，形成边际痕迹。这一点可以通过残留在环耳周边活范块痕迹（图 4-145、图 4-147、图 4-148）进行确认。开县文物管理所馆藏铜鉴大都这样制作。其中，铜鉴（1143、1395、1479、1569、1584、3957、5405）的环耳周边残留活范块痕迹。

有些插接不但在外部存在活范块痕迹，在鉴身环耳（图 4-148）对应位置还存在一镦粗突起，见图 4-146。这说明在插接一体铸造之后，还进行了局部修正，对穿过鉴壁的环耳突起进行了镦粗处理，增强耳部与鉴身接合的牢固性。环耳的插接见图 4-149。

4.2.3 环耳范包的制作

无论是嵌范浑铸还是分铸插接，对于铜鉴的环耳而言，都必须制作独立的范包。开县文物管理所馆藏铜鉴环耳的范包对应其纹饰结构不同，分作以下两种类型。

1. 双合范结构

双合范是指对照器物模具，设置两片对合的范，即称为双合范。两范既可以都有纹饰的图案，也可以素面而成。大都用于镜面对称器物的制作，如剑、戈、矛、钺等兵器，以及造型简单的釜、鉴等。

采用主要双合范的主要是便于以模制范时，使泥范易于脱模，避免泥范型腔不受磨损破坏，保证泥范的完整性。一般情况下，由于脱模斜度的要求，双合范的中间披缝结合部明显要凸出于边缘。对此我们采用超景深视频显微镜进行观察可知：铜鉴（4101）环耳的范线明显（图 4-150）。将其放大至 50 倍，范线略微突起，如同山脊（图 4-151）。为了更清楚地展现，我们对铜鉴（4101）进行了局部三维构建（图 4-152），可看到自范线以下，明显有着收分关系，满足脱模斜度的要求。开县馆藏铜鉴（1525、4101、3764、1222、5765）中皆为此类特征。

同样，如图 4-150 所示，由于双合范的使用，浇铸时冷却不均，或多或少在合范结合部位会出现左右错位的情况，镜面对称纹饰错位，不对称。

针对开县馆藏镜面对称纹饰环耳铜鉴，我们也进行了超景深显微观察，见图 4-153～图 4-155，大都披缝不明显，这与其纹饰制作差别有关。三峡地域先民即便已经掌握了较为成熟的铸造流程，但对于纹饰的塑造还是比较单一，如铜鉴大都是素面，铜釜才有兽面。中原鼎簋等重器拥有较为复

图 4-150　铜鍪（4101）放大倍率：10 倍

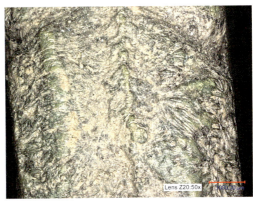

图 4-151　铜鍪（4101）放大倍率：50 倍

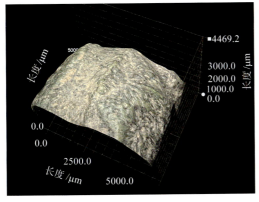

图 4-152　铜鍪（4101）三维构建

图 4-153　铜鍪（113 1）放大倍率：5 倍

图 4-154　铜鍪（3989）放大倍率：5 倍

图 4-155　铜鍪（5311）放大倍率：5 倍

杂的纹饰。这种复杂细致的雕塑技术，却不像铸造技术易于被掌握和重视，所以在开县馆藏铜鍪上基本全是素面。但是在耳部的塑造上，先民们还是对此进行了尝试，如图 4-150 所示的刻画纹就可以在模具上直接刻画而得，但在铸造时容易形成不对称情况。

2. 非双合范结构

以开县馆藏非镜面对称纹饰的环耳铜鍪，应该都可以算在此列，其中以单索旋纹环耳为代表。为此，我们采用超景深视频显微镜进行观察可知：如图 4-156 所示，整耳并未有合范范线痕迹，特别是对单索旋纹环耳形貌的微观观察，并未发现在耳部的索编纹饰上发现明显的纤维遗迹或打磨痕迹。而这种索编耳显示出了精美的索编造型，是重庆地区战国秦汉高超范铸技术的典型代表工艺之一。

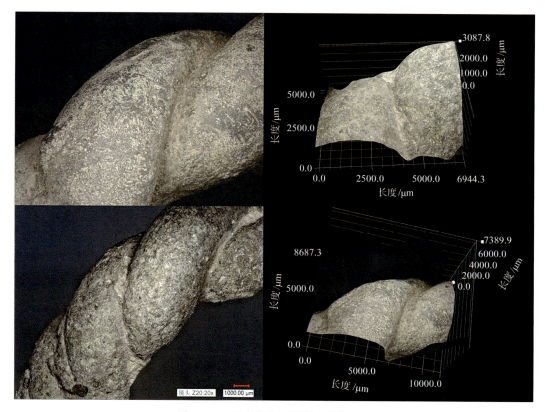

图 4-156　单索旋纹环耳微观分析

　　这种形制的制作可以采用"焚失法"实现。所谓"焚失法"即采用焚烧而非分型制范的方式进行脱模，形成没有范线的型腔结构，再进行浇铸。具体操作则是先采用绳索缠绕编出所需要的形状当做内模（图 4-157），然后直接在绳索上包裹泥土，形成外范（图 4-158），接着对泥范进行烘烤加热，使之定型。同时，内部绳模受热，焚化成粉，将浇铸型腔保留下来（图 4-159），最后再进行浇铸成型（图 4-160）。

　　这种耳部的情况与澳大利亚冶金学者 N. Barnard 曾根据广东和广西某些青铜器耳部上明显的纤维痕迹提出中国南方的"失绳"铸造工艺[①] 十分近似，也与李晓岑、韩汝玢等在对云南地区古滇国铜

图 4-157　绳索编制成模

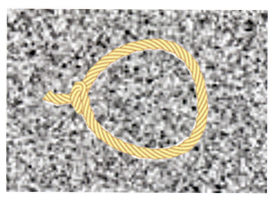

图 4-158　覆泥制范

---

① Noel Barnard. The entry of cire-perdue investment casting, and certain other metallurgical techinques（mainly metal working）into south China and their progress. Ancient Chinese and South Asian bronze age cultures，1988：1-94.

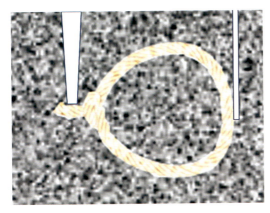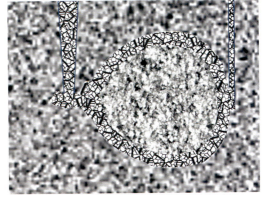

图 4-159 设置浇口、冒口，烘烤，获得型腔　　　　　　图 4-160 浇铸成型

器成形技术的考察中推测为失蜡法脱模工艺铸造的无范缝编织纹釜耳[1]应属于同一状况产物。说明这种适于制作铜鼓、铜釜以及铜鍪环耳的索编纹，广泛适用于重庆、云南、广东、广西等西南地区。但是否受到中原地区的影响，仍未有证据证实。由于云南失蜡法的技法与美索不达米亚以及古印度相同，并与中原地区的组合铸法有重大区别，推测是印巴次大陆传入的[2]。因此，不排除开县馆藏环耳铜鍪采用了这种经由"南方丝绸之路"传入的技术，但仍需要更深入的研究方能定性。

4.2.4　垫片与补铸

1. 垫片使用

　　垫片在鍪类器物清晰可见，大小不一，大部分分布于器物腹部、底部和口沿部位，见图 4-161。事实上，三峡地区其他遗址出土鍪类容器上也能够观察到大量垫片存在的痕迹，这可能与当时范铸工艺密切相关。范铸遗址及遗迹考古发现，有可能给出最合理的解释。

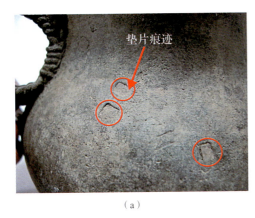

（a）　　　　　　　　　　　　　　　　（b）

图 4-161 鍪腹部垫片。（a）鍪（5384）；（b）鍪（5765）

2. 补铸现象

　　大量垫片存在致使局部存在垫片脱落的痕迹，这也造成大部分器物存在补铸痕迹。更多的补铸痕迹是基于铜胎 0.10 cm 左右的薄胎铜器，在其器壁、器底常因浇注不到或有气孔而出现铸造缺陷，

---

①　李晓岑，韩汝玢. 古滇国金属技术研究. 北京：科学出版社. 2011：68.

②　李晓岑，朱霞. 科学和技艺的历程——云南民族科技. 昆明：云南教育出版社，2000：81.

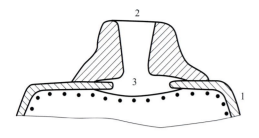

图 4-162 补铸示意图。1. 器体；2. 浇口；3. 补铸部分

在需要补铸时所采用的器体与补铸部分的结合方式近似于铆接，见图 4-162①。很多器物底部可以观察到补铸痕迹，甚至可以观察到补铸块上的浇口，见图 4-163，即浇注后再切去浇口，打磨毛刺而成。补铸痕迹出现也反映出当时铸造工艺存在问题，易脱落的垫片和底部浇不到情况。

（a）

（b）

图 4-163 鍪上补铸痕迹。（a）鍪（5300）；（b）鍪（5473）

4.2.5 其他现象说明

在开县馆藏铜鍪的环耳之中，还有几个与浇铸有关的痕迹，需要进行说明。

1. 耳内芯线

在开县馆藏铜鍪中，有些耳部内存在着明显的披缝范线，见图 4-164、图 4-165，最特别的是冒出很高的毛刺，如图 4-166 所示。这种现象其实是铜耳制范时来自模上成型的耳内芯。这样的现象已经广泛出现在商周青铜器中，特别是一些不透的凹处，在这些凹处范面上就有突起的芯。由此说

图 4-164 铜鍪（5379）耳内芯线

图 4-165 铜鍪（1479）耳内芯线

① 朱凤瀚. 古代中国青铜器. 天津：南开大学出版社，1995：539.

明，其环耳内部采用的是一体内芯的合范方式进行结合浇铸，见图 4-167。

但存在如图 4-168 所示的情况，即环耳内部未有明显范线，但内凹槽明显，耳内代替内芯线的则是残留的泥芯。这说明，此类环耳在范包制作时采用活块模内芯，见图 4-169。

图 4-166　环耳铜鍪（5364）的耳内芯突起

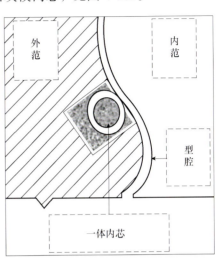

图 4-167　一体内芯范包铸造

图 4-168　铜鍪（3769）的内置泥芯

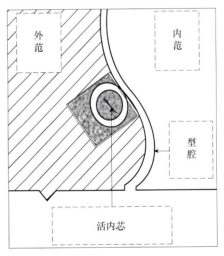

图 4-169　活内芯范包铸造

2．耳浇冒口

在开县馆藏的铜鍪中，有些耳部外圈上存在着明显的浇冒口残留，见图 4-170～图 4-172。所谓浇冒口，是浇口与冒口的统称。浇口杯是直接浇注的口，简称浇口；冒口是补缩用的口。开县馆藏含有耳部浇冒口的铜鍪，大都存在耳部与鍪身的镦粗现象。因此，此类制作方式应为铸造环耳时所采用，即由镦粗部位浇铸环耳范包，预留环耳上的浇冒口，来补充环耳冷却收缩时所需的铜液，以保证铜耳形貌的完整性，其浇铸形貌见图 4-173。

3．捆扎纹

在开县馆藏的铜鍪中，有些耳部外圈与鍪身结合的部位明显有捆扎的纹饰模样，见图 4-174～图 4-177。而且不论环耳是以双索对称、双索交叉以及单索螺旋的类型，都有形貌不同的捆扎状纹饰存在。同时，捆扎绳索模样与环耳编索近似。即捆扎状况与环耳编索纤细紧密或粗大紧致一致。但也有如图 4-173 般稀疏，如图 4-174 般以带状代替。究其具体制作方式以及与鍪耳、鍪身的关系，仍需要做进一步的检测分析，方能确定。

图 4-170　铜鍪（5268）环耳上的浇冒口残留

图 4-171　铜鍪（5473）环耳上的浇冒口残留

图 4-172　铜鍪（1143）环耳上的浇冒口观察

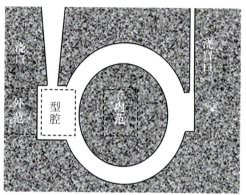

图 4-173　铜耳分铸浇铸结构

图 4-174　铜鍪（5354）捆扎纹

图 4-175　铜鍪（1361）捆扎纹

图 4-176　铜鍪（3627）捆扎纹

图 4-177　铜鍪（5473）捆扎纹

第5章　鎏金青铜器凝胶除锈方法研究

中国青铜时代创造了种类繁多，造型各异，纹饰精美的青铜器，集历史价值、艺术价值和科学价值于一体，是一类非常重要的历史文化遗产资源。青铜是一种合金，主要的成分是铜、锡、铅，同时含有极少量的铁、镍、锌、锰、硅、砷、磷等。中国青铜时代的青铜器文物，其成分以锡青铜和铅青铜为主[①]。从热力学角度来说，这种组成决定了高能位的金属态青铜器最终会自发地转化为低能位的化合物态矿石，即表明青铜器的腐蚀是一个必然的、自发的过程。青铜器腐蚀是一个极为复杂的过程，既与青铜器自身的合金成分、铸造工艺及后续热处理工艺有关外，又受到外界环境中各种因素的影响，包括土壤埋藏环境和大气保存环境[②]。

锈层是青铜器腐蚀产物形成的新层，也是新腐蚀过程的媒介，能够大量吸附有害物质，对金属文物腐蚀起到加速作用，如出土带锈铁器会在空气中迅速腐蚀。而青铜器也存在金属离子可以通过锈层继续发生腐蚀反应[③]。例如，青铜器会在大气中出现"粉状锈"病害，轻则会造成表面铭文、图案等考古信息的丢失，重则器物溃烂穿孔，甚至酥碎成一堆铜锈[④]。

青铜器表面锈蚀斑驳陆离，有着各种颜色的锈蚀所覆盖，如黑色氧化铜（CuO）、红色氧化亚铜（Cu_2O）、靛蓝色硫酸铜（$CuSO_4$）、蓝色硫酸铜（$CuSO_4 \cdot 5H_2O$）、绿色碱式硫酸铜［$CuSO_4 \cdot 3Cu(OH)_2$］、白色氯化亚铜矿（CuCl）、白色氧化锡（SnO_2）等[⑤]。绝大多数属腐蚀产物，不仅没有破坏古代艺术作品，反而更增添了青铜器艺术效果。

鎏金是我国古代一种传统技术，现今仍在广泛使用。鎏金又叫火镀金或汞镀金，顾名思义，是用黄金与汞为原料，配成金汞齐（合金），涂饰器物表面的一种工艺。一般的工序为加工金泥、抹金、烘烤、清洗、找色、压亮。我国鎏金工艺起源战国时期，当时称其为"金黄涂"或"黄金涂"，传世品及考古发掘品数量众多[⑥]。更有学者推断：甘肃东部地区，早期秦人约在西周、春秋时期就使用了鎏金工艺，而后随着秦人东进，此技术传播到中原地区[⑦]。三峡库区地区的李家坝遗址、巫山麦沱、巫山县小三峡水泥厂和巫山瓦岗槽等墓葬中出土了大量鎏金青铜饰件[⑧]，说明重庆地区在汉代已经熟练掌握了青

① Li Ying, Fu Haitao, Zhu Yifan, et al. Study on the inhibiting behavior of AMT on bronze in 5% citric acid solution . Journal of Materials Science, 2003, 38（3）: 407-411.

② 钟家让. 出土青铜器的锈蚀因素及其防护研究. 山西大学学报（自然科学版）. 2004, 27（1）: 44-47.

③ 付倩丽、张尚欣、金普军、等. 新丰秦墓出土青铜器腐蚀状态初步研究. 文博. 2011,（6）: 80-85.

④ 王昌燧、范崇正、王胜君、等. 蔡侯编钟的粉状锈研究. 中国科学（B辑）. 1990（6）: 639-644.

⑤ Hassairi H, Bousselmi L, Triki E. Bronze degradation processes in simulating archaeological soil media. Journal of Solid State Electrochemistry 2010, 14（3）: 393-401; A. Mezzi, E. Angelini, C. Riccucci, et al. Micro-structural and micro-chemical composition of bronze artefacts from Tharros（western Sardinia, Italy）. Surface and Interface Analysis, 2012, 44（8）: 958-962; 金普军、秦颖、胡雅丽、等. 九连墩墓地1、2号墓出土青铜器上锈蚀产物分析. 江汉考古. 2009,（1）: 112-119, 153; 黄凰、秦颖、徐劲松. 湖北鄂州出土青铜器锈蚀状况分析. 中国腐蚀与防护学报. 2011, 31（1）: 76-80.

⑥ 梁旭东. 中国传统的鎏金技术. 材料保护, 1990, 23（1-2）: 83-86; 王海文. 鎏金工艺考. 故宫博物院院刊, 1984,（2）: 50-58, 84.

⑦ 高西省. 战国时期鎏金器及其相关问题初论. 中国国家博物馆馆刊, 2012,（4）: 43-55.

⑧ 尹检顺、谭远辉. 巫山麦沱古墓群第二次发掘报告 // 重庆市文物局、重庆市移民局编. 重庆库区考古报告集（1998卷）. 北京: 科学出版社, 2003; 雷雨、陈德安. 巫山小三峡水泥厂墓地发掘报告 // 重庆市文物局、重庆市移民局编. 重庆库区考古报告集（2000卷）. 北京: 科学出版社,

铜器鎏金工艺，其制备工艺为金汞齐法[①]。

土壤是由各种矿物质和有机物共同组成，是多相的、具有离子导电性的多孔毛细管胶体体系，对文物来说具有定的腐蚀性。鎏金器物在埋藏环境中受土壤及地下水中可溶性盐、微生物、有机酸、温度、湿度变化等诸多腐蚀因素的影响，在出土时绝大部分表面都会包裹着泥土和各种锈蚀物，只有极少处隐约可见鎏金层[②]，见图5-1。

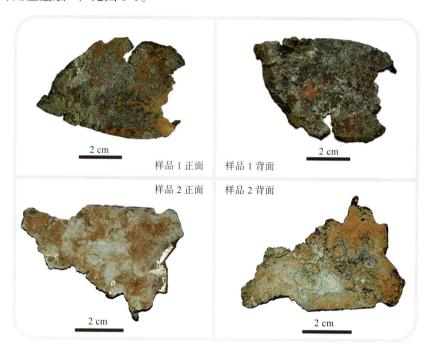

图 5-1　三峡地区出土鎏金青铜器照片

如图5-2（a）（b）所示，鎏金青铜器断面扫描电子显微镜背散射像显示其断面结构主要分为3各层次：最外层为附着在鎏金层表面的锈蚀层，下面为白色的鎏金层，在下面则为暗色锈蚀层，将鎏金层和最下层青铜合金胎体分开。此外，图5-2（c）显示出的鎏金层的条纹状组织结构、图5-2（d）显示出鎏金层条纹组织间的裂隙，表明鎏金层表面裂隙的存在，标志着存在离子迁移的通道。鎏金层表面形成绿锈，是由于在鎏金层上存在着很多肉眼看不见的微孔及缝隙。当其中渗入水分后，就会产生连续不断地电化学腐蚀，从而在鎏金层表面形成绿色的锈蚀产物。其主要成分为碱式碳酸铜和碱式氯化铜。鎏金层下的金属本体通常也有部分被腐蚀，生成碱式碳酸铜及铜的氯化物等。另外，从电化学角度分析，当活泼性不同的两种金属相接时，如果其间有电解质存在，金属在一定的湿度条件下会加速腐蚀。这些特点决定了鎏金青铜器在除锈中的特殊性和高难度性。第一，由于鎏金层下的腐蚀区域造成其与本体结合变得薄弱，因此机械除锈法容易造成极鎏金层的脱落；第二，由于鎏金层存在联通空隙，造成除锈液下渗腐蚀下层锈蚀促使鎏金层松动和脱落。

鉴于鎏金青铜器结构组层特征，文物保护界普遍认为，纯粹的机械方法去锈有可能使鎏金层损伤或剥落，因此必须辅以适当的化学方法，才能取得好的处理效果。一般采用机械除锈和局部化学除锈方法去除鎏金层上的锈蚀层，以期恢复青铜器光彩熠熠的原貌和展示其精美的纹饰。对于

2007；雷兴军，罗宏斌，陈艳. 巫山瓦岗槽墓地2001年度考古发掘报告 // 重庆市文物局，重庆市移民局编. 重庆库区考古报告集（2001卷）. 北京：科学出版社，2007.

① 杨小刚，金普军，黄伟，等. 重庆云阳李家坝遗址出土汉代鎏金青铜器的扫描电镜分析. 电子显微学报，2010，29（4）：350-353.
② 杨小林，潘路，马燕如. 唐代鎏金铜天王像的保护与研究. 文物保护与考古科学，2001，13（1）：22-26.

鎏金层上的锈蚀去除，化学清洗剂主要是腐蚀性较小的弱酸类，如甲酸[1]，或者是采用络合剂，如 EDTA[2]。这样在软化锈蚀层后，采用竹签，手术刀和棉签等小工具进行机械除锈。图 5-3 是经过上述保护方法处理后的鎏金棺饰照片，可以发现表面已经斑驳陆离，一大部分区域已经出现鎏金层脱

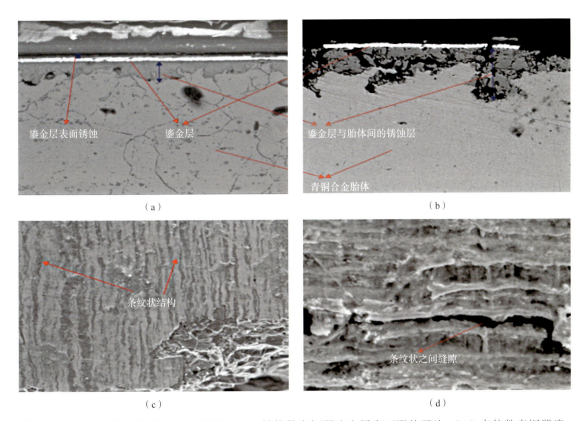

（a）　　　　　　　　　　　　　　　　　（b）

（c）　　　　　　　　　　　　　　　　　（d）

图 5-2　（a）（b）鎏金层断面 SEM 照片；（c）低倍数青铜器鎏金层表面形貌照片；（d）高倍数青铜器鎏金层表面形貌照片

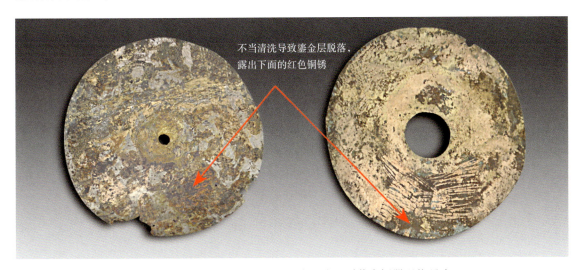

图 5-3　两件因经过不当清洗造成了鎏金脱落青铜器现状照片

① H. J. Plenderleith, A. E. A. Werner. The Conservation of Antiquities and Works of Art: Treatment, Repair, and Restoration. London: Oxford University Press, 1971；祝鸿范. 出土鎏金银器的除锈垢处理. 考古，1993，（5）：475-477；王萍. 西夏鎏金铜佛像的研究及其保护. 敦煌研究，2000，（1）：103-111.

② 赵西晨. 唐代鎏金铜碗的保护修复. 文物保护与考古科学. 1998，（1）：44-49；杨小林，潘路，马燕如. 唐代鎏金铜天王像的保护与研究. 文物保护与考古科学，2001，（1）：21-27；吕良波. 六朝初期铜鎏金铺首衔环保护与研究. 文物保护与考古科学，2010，（3）：76-80.

落露出下层红色铜锈的情况。

因此，从鎏金铜器表面鎏金层的微观结构以及其锈蚀结构的特征来看，无论是机械清理法还是化学清理法均会对器物造成一定的损伤。鎏金层下的锈蚀物在很大程度上减小了鎏金层与青铜基体的结合强度，从而致使鎏金层比较脆弱。机械清理，尤其是在表面锈蚀物硬度较大的情况下，常常会导致鎏金层的脱落，也会在鎏金层表面留下划痕，破坏文物原始加工信息。虽然化学清理不会像机械清理一样在鎏金层表面留下划痕，但化学清理所使用的化学试剂在与鎏金层表面的锈蚀物发生化学反应的同时，常常会通过鎏金层表面的微孔渗入鎏金层与青铜基体之间的锈蚀物发生化学反应，从而使鎏金层愈加脆弱，而且残留于鎏金层下的化学试剂将为青铜基体的再次腐蚀留下隐患。

鎏金层与青铜基体之间锈蚀层的存在，减弱了鎏金层与青铜基体的结合强度，使鎏金层变得更加脆弱，同时也增加了表面锈蚀物清理工作的难度，对于清理方法的选择及实施提出了更高的要求。然而，单纯机械清理和单纯化学清理各有利弊，而目前所采用的机械和化学清理相结合方法仍然是一种不得已而为之的中庸做法[1]。因此，针对鎏金青铜器腐蚀特征，探索新的除锈方法具有紧迫性和重要的意义。水凝胶是以水为分散介质的，具有交联网络结构，以包埋、物理吸附和化学键合等方式形成不同的分散体系，被大量地用作缓释剂的载体[2]。相关研究表明水凝胶体系具有一定的保水性、缓释性和黏附性特点[3]，可以通过调节清洗组分浓度优化清洗效果，同时可以实现清洗组分的可控释放，黏附清洗污垢。从含水量的角度来看，水凝胶的主要组成部分为水，即使残留也不会对文物造成很大的后续影响。1992年，Wolbers先生提出了文物水凝胶除锈法，该方法便成为文物清洗的一个重要研究方向，后续发展出适合壁画、岩石、木头、金属和油画等文物表面灰尘和有机涂层的凝胶除锈方法[4]。美国盖蒂保护研究所从1998年起开展了凝胶除锈研究项目，进行了壁画、岩石、木头、金属和油画等文物的凝胶除锈方法研究，并且积极地向全世界推广这项技术[5]。2010年，E. Carretti等报道利用可剥离式聚乙烯醇高黏弹性凝胶除锈文物表面清漆层的工作，展示了其在减少凝胶残留量方面的巨大潜力[6]。随后，I. Natali等[7]通过研究指出，该凝胶适用于亲水性有机膜的去除，在剪切弹性模量$G_0 > 400$时可以实现剥离式操作，通过调节清洗组分浓度获得较好清洗效果，通过控制接触时间进行精确化清洗。卡波姆属于合成高分子材料，国外已经把它用于文物凝胶除锈剂合成中，能形成透明、黏附性好的凝胶，而且具有老化产物污染小的特点。

综上所述，鎏金青铜器表面锈层清理工作非常重要，是此类珍贵青铜器保护的基础。鎏金层中空隙造成了其表层和下层都容易形成一层锈蚀层，使得保护清理工作具有一定的难度。目前，化学和机械清理相结合的方法并不能完全地避免脆弱鎏金青铜表面鎏金层在处理过程中的脱落。因此，利用凝胶材料的保水性、缓释性和黏附性特点[8]，有望实现如下几个目标：①依据凝胶材料的保水性和缓释性，实现对清洗剂浓度、作用时间和渗透的控制，防止清洗液下渗到青铜器本体中；②依据凝胶材料黏附性，实现对锈蚀层的吸附除去；③依据凝胶材料黏弹性，处理不规则和复杂的清洗面。凝胶型清洗剂的研究工作具有紧迫性和现实重要意义，能够使得清洗过程更加贴

① 邵安定. 关于考古出土鎏金铜器保护相关问题的探讨. 中国文物科学研究，2012，（1）：49-52.

② 刘锋，桌仁禧. 水凝胶的制备及应用. 高分子学报，1995，（4）：205-216.

③ 顾雪蓉，朱育平. 凝胶化学. 北京：化学工业出版社，2005.

④ R. Wolbers. Recent Development in the Use of Gel Formulations for the Cleaning of Paintings. Restoration 1992 Conference Preprint，1992：74-75.

⑤ D.Stulik, et al. Solvent Gels for the Cleaning of Works of Art. Lodon: Oxford University Press, 2004.

⑥ E.Carretti, et al. A new family of high viscosity polymeric dispersions for cleaning easel paintings. Journal of Cultural Heritage，2010，11（4）：373-380.

⑦ I. Natali, E. Carretti, L. Angelova, et al. Structural and mechanical properties of "peelable" organoaqueous dispersions with partially hydrolyzed poly（vinyl acetate）-borate networks: Applications to cleaning painted surfaces. Langmuir，2011，27（21）：13226-13235.

⑧ 雷勇，闵俊嵘. 凝胶除锈方法的基本原理及其应用 // 中国文物保护技术协会，故宫博物院文保科技部编. 中国文物保护技术协会第五次学术年会论文集. 北京：科学出版社，2007：334-341.

近"不改变原状，最小干预，再处理和协调性"文物保护原则，为解决鎏金青铜器表面锈层清理提供一种具有普适性的方法。

5.1　清 洗 实 验

5.1.1　实验原理

鎏金层铜锈凝胶清洗剂，是由复合凝胶剂、弱酸性清洗组分和交联剂混合组成。其配方为：卡波姆（940）1.0%～4.0%，聚乙烯醇（PVA）1.0%～4.0%，三乙醇胺 1.0%，硼砂溶液 1.0%，甲酸 1.0%以及半胱氨酸 1.0%。卡波姆是一种由丙烯酸与烯丙基蔗糖交联而成的高分子聚合物，为白色粉末，常被用作凝胶剂形成透明的凝胶。聚乙烯醇是一种白色粉末状、片状或絮状固体，含有许多醇基，具有极性，且可与水形成氢键。甲酸为弱酸性物质，可以与铜锈 Cu（II）发生酸碱中和反应从而将其去除，而同时 PVA 也可与 Cu（II）发生络合反应，见图 5-4。半胱氨酸，一种生物体内常见的氨基酸，分子式为 $HSCH_2CH(NH_2)COOH$，为含硫 α- 氨基酸之一，在半胱氨酸的结构里有氨氮和羧氧两种配位离子和巯基，所以可以与某些金属离子发生络台反应，如 Cu（I）。三乙醇胺可通过调节 pH 影响卡波姆的黏度。硼砂与 PVA 以共价键的方式形成水凝胶使其黏度增加，见图 5-5。

甲酸与孔雀石反应方程式具体反应式如下：

$$Cu(OH)_2 \cdot CuCO_3 + 4HCOOH = 2Cu(HCOO)_2 + CO_2 + 3H_2O$$

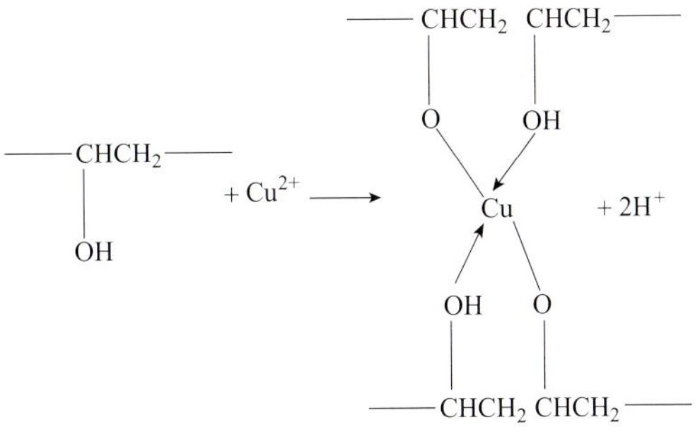

图 5-4　PVA 与 Cu（II）反应方程式

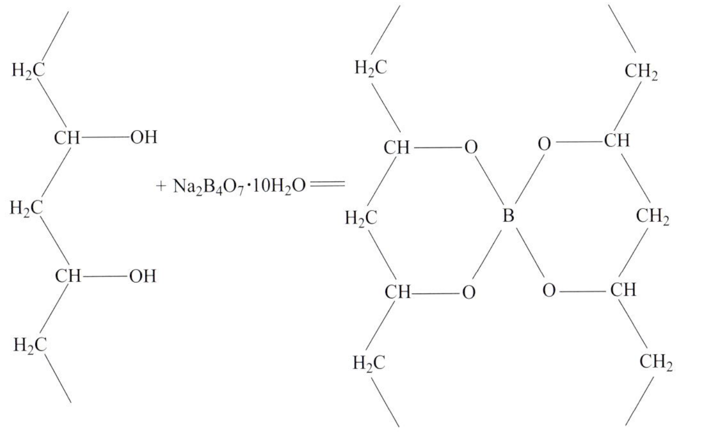

图 5-5　PVA 与硼砂反应方程式

5.1.2 操作制备步骤

将 100 mL 蒸馏水加入 250 mL 烧杯,加热到 85～90℃。保持恒温,称取聚乙烯醇 1.0%～4.0%,从搅拌器的漩涡处缓慢少量多次加入,继继搅拌 20～40 min,直至聚乙烯醇完全溶解。然后停止加热,使溶液温度冷却至 55℃,将已称取好的卡波姆 1.0%～4.0% 从搅拌器的漩涡处缓慢少量多次加入,卡波姆加入之后,观察到会有少量卡波姆结块,继继搅拌 15～35 min,直至水溶液成透明状。然后,搅拌滴加 1.0% 三乙醇胺 5 ml,1.0% 硼砂溶液 1 mL,1.0% 甲酸溶液 1 mL 以及 1.0% 半胱氨酸溶液 1 mL。冷却至室温,即得到所需凝胶清洗剂。

5.1.3 配方选择

按照上述制备方式步骤,我们共做了 7 组不同质量配比的鎏金层铜锈凝胶清洗剂,进行优化选择,其配比如下:

　　1 号凝胶:聚乙烯醇:卡波姆＝1∶1。
　　2 号凝胶:聚乙烯醇:卡波姆＝1∶2。
　　3 号凝胶:聚乙烯醇:卡波姆＝1∶3。
　　4 号凝胶:聚乙烯醇:卡波姆＝1∶4。
　　5 号凝胶:聚乙烯醇:卡波姆＝2∶1。
　　6 号凝胶:聚乙烯醇:卡波姆＝3∶1。
　　7 号凝胶:聚乙烯醇:卡波姆＝4∶1。

1. 凝胶组织显微形貌观察

1 号至 7 号凝胶扫描电镜照片分别见图 5-6～图 5-12。

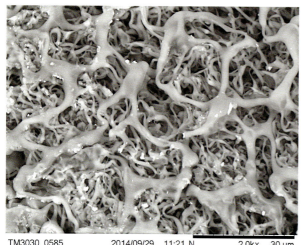

图 5-6 1 号凝胶(聚乙烯醇:卡波姆＝1∶1)扫描电镜照片

图 5-7 2 号凝胶(聚乙烯醇:卡波姆＝1∶2)扫描电镜照片

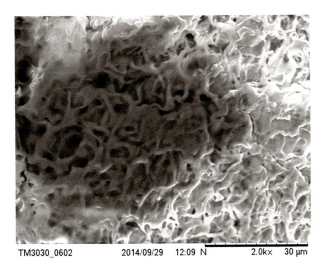

图 5-8　3 号凝胶聚（聚乙烯醇∶卡波姆＝1∶3）扫描电镜照片

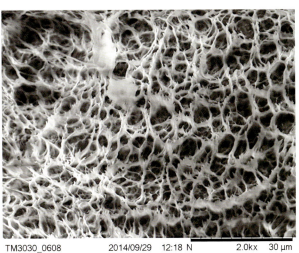

图 5-9　4 号凝胶（聚乙烯醇∶卡波姆＝1∶4）扫描电镜照片

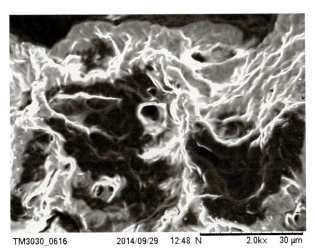

图 5-10　5 号凝胶（聚乙烯醇∶卡波姆＝2∶1）扫描电镜照片

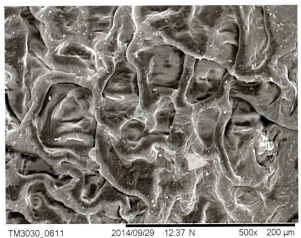

图 5-11　6 号凝胶（聚乙烯醇∶卡波姆＝3∶1）扫描电镜照片

由凝胶组织显微相貌观察可知，7 组不同配方的分别形成了不同的三维网络结构。而且，随着卡波姆的比例增加，凝胶网状分枝逐步纤细，网状结构的空间密度逐步增大，网状结构中的空隙逐步减小，见图 5-6、图 5-8、图 5-9；而随着聚乙烯醇的比例增加，凝胶网状分枝逐步增粗，网状架构的空间密度逐步减小，网状结构的空隙逐步增大，见图 5-10～图 5-12。其中，4 号配方所形成的凝胶结构呈较为细致的蜂窝状分布，表面空洞较小，数量最大，表面积最大，具有较好的吸水膨胀结构条件。

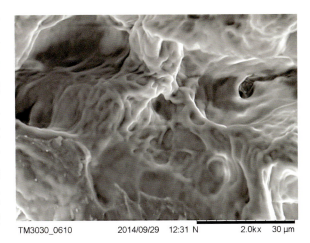

图 5-12　7 号凝胶（聚乙烯醇∶卡波姆＝4∶1）扫描电镜照片

2．黏度测试

用 NDJ-8S 旋转黏度仪测定其黏度，数据见表 5-1。从测试的结果可以看出随所加卡波姆比例增加，所配凝胶清洗剂的黏度显著增加，这与其结构显微观察发现的网状结构密度增大相辅相成。其中，4 号配方黏度最大，用 NDJ-8S 旋转黏度仪因超出其量程范围，无法显示其黏度。而随聚乙烯醇浓度的增加，所配凝胶剂的黏度也呈现逐渐增大的趋势，但其增大的趋势明显没有卡波姆的大。

表 5-1 不同配方黏度分析数据

样品	1	2	3	4
转速 /（r/min）	0.3	0.3	0.3	0.3
黏度 /（mPa·s）	594000	1312000	1812000	读数超出仪器量程
百分比 /%	29.8	82.4	90.6	读数超出仪器量程
样品	5	6	7	
转速 /（r/min）	0.3	0.3	0.3	
黏度 /（mPa·s）	726000	850000	990000	
百分比 /%	36.3	42.5	49.5	

综合 7 组凝胶除锈剂的组织显微观察和黏度测试，筛选出 4 号配方，即 4 g 卡波姆：1 g 聚乙烯醇，作为最佳配比的凝胶除锈剂，其黏度较大，具有较好的三维网络结构，且具有良好的黏弹性。

5.1.4 凝胶除锈剂除锈效果测试

对 4 号配方的凝胶除锈剂进行除锈效果测试，着重在除锈的有效性和对金层的破坏性进行测试。

1．除锈的有效性测试测试结果

通过红外光谱仪（IR）对铜锈、凝胶清洗剂、除锈剂清除铜锈后进行检测，得到红外光谱图，分别为 1 号、2 号和 3 号，见图 5-13。

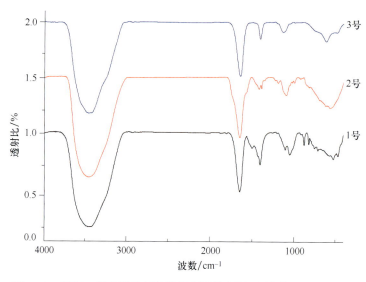

图 5-13 铜锈、凝胶清洗剂和除锈剂清除铜锈后所测的红外光谱图

其中，1 号（铜锈）在 3458 cm^{-1} 处，属—OH 伸缩振动所致；1496 cm^{-1} 和 1400 cm^{-1} 处，属 CO_3^{2-} 非对称伸缩振动所致；在 1046 cm^{-1} 和 875 cm^{-1} 处，属—OH 弯曲振动所致；800～600 cm^{-1} 范围内的几个弱吸收峰，属于 CO_3^{2-} 弯曲振动，其中 818 cm^{-1} 处的吸收峰属于面内的 CO_3^{2-} 振动；751 cm^{-1} 和 711 cm^{-1} 处的吸收峰属于面外的 CO_3^{2-} 振动；在 473 cm^{-1} 处的吸收峰，是由 Cu-OH 伸缩振动所致。在 528 cm^{-1} 和 1098 cm^{-1} 处的吸收峰峰属于石英的红外特征峰。

2 号（凝胶清洗剂）在 3448 cm^{-1} 处，属—OH 伸缩振动所致；1638 cm^{-1} 处，属 C＝O 伸缩振动所致；1414 cm^{-1} 处，属—CH$_2$ 弯曲振动所致；1385 cm^{-1} 处，属 N—H 伸缩振动所致；1186 cm^{-1} 处，属 C—O 弯曲振动所致；1088 cm^{-1} 处，属 C—O 伸缩振动所致；990 cm^{-1} 处的峰为烯烃(＝C—H)面外弯曲振动峰。

3 号（除锈剂清除铜锈后）中的 O—H 伸缩振动吸收峰由 2 号的 3448 cm^{-1} 向高波数漂移至 3454 cm^{-1}，同时配体—OH 基的面内变形振动吸收峰 1385 cm^{-1} 在配合物中基本消失，说明 PVA 部分羟基上的氧孤对电子进入 Cu^{2+} 空轨道发生了配位作用，从而导致部分羟基发生脱质子反应使 O—H 键力常数变大、部分羟基减少。C—O 伸缩振动从 2 号的 1088 cm^{-1} 向高波数 1128 cm^{-1} 变宽，证实 PVA 分子某些羟基上氧的孤对电子部分转移到 Cu^{2+} 的空轨道上，致使该羟基位 C-O 的 σ 共价键合力有所削弱。在 491 cm^{-1} 处的吸收峰，是由 Cu—OH 伸缩振动所致，同样说明了 PVA 与 Cu^{2+} 发生络合反应。同时 3 号光谱图中没有出现 1 号中的 800～600 cm^{-1} 范围内的几个弱吸收峰，说明 CO_3^{2-} 被除去了。

2．对金层的破坏性测试

采用 X 射线能谱仪（EDS）对除锈前后的凝胶进行检测，得到两组实验能谱图（1 号和 2 号），见图 5-14。从表 5-2 可以看出 2 号中含有铜锈中的 Cu、Fe、Ca 元素，同时没有发现 Au 元素，说明所配的凝胶清洗剂能有效清洗铜锈又不破坏鎏金层。同时，1 号（除锈清洗前的凝胶）属于卡波姆、聚乙烯醇等高分子的聚合物，其 C 和 O 元素的含量比 Cu 元素要高一些。但 2 号（除锈清洗后的凝胶）则较好地对 Cu 元素进行了清洗，而且对常见的 Si、Al、Mg 等土锈元素也有一定的清洗作用。值得注意的是，经过凝胶除锈剂处理后的鎏金层显示耀眼的金属光泽，这一点是其他方法难以企及的，见图 5-15。

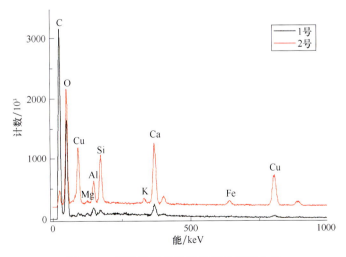

图 5-14　凝胶除锈剂除锈前后能谱图分析

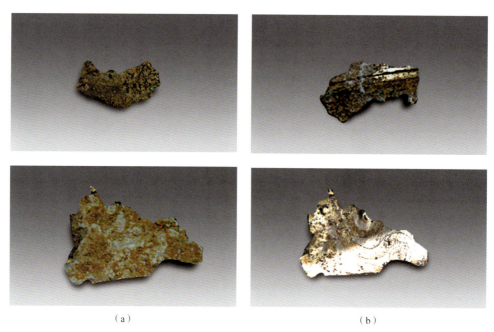

（a） （b）

图 5-15 凝胶除锈剂清除绿锈残片实验图。（a）处理前；（b）处理后

表 5-2 凝胶除锈剂除锈前后能谱分析（单位：%）

实验能谱图	质量分数								
	C	O	Fe	Ca	Cu	K	Mg	Al	Si
1 号	59.37	34.61	5.27	0.27	0.48				
2 号	15.16	37.37	1.9	9.31	25.76	0.74	0.41	3.22	6.14

综合上述测试，我们采用的 4 号在实验中具有较好的除锈效果，不会对金层带来危害，而且能增加鎏金层的光亮度。

5.2 鎏金文物清除效果

我们采用实验验证后的复合凝胶配方，对几件鎏金文物进行了大面积效果实验，以证明其在实用中的有效性和操作的便捷性。

5.2.1 凝胶除锈剂制备

将 200 mL 蒸馏水加入 500 mL 烧杯，称取 2.0 g 聚乙烯醇加入烧杯（注：磁子搅拌加入，防止结块），加热到 85～90℃，搅拌至聚乙烯醇完全溶解，停止加热，冷却至室温，称取 8.0 g 卡波姆 940 按少量多次加入（注：电动搅拌加入），加入卡波姆 940 之后，观察到会有少量卡波姆结块，水浴加热至 55℃，继续搅拌至水溶液成透明状，然后在搅拌状态下加入 1% 三乙醇胺 10～20 mL，1% 硼砂 2～5 mL，1% 甲酸 5～10 mL，1% 半胱氨酸 2～5 mL，冷却至室温，即得鎏金层铜锈凝胶除锈剂。

5.2.2　凝胶除锈剂使用方法

将凝胶除锈剂涂敷在鎏金层铜锈上（注：尽量薄一些），待其软化后（1～5 min），用棉签将其轻轻擦拭掉，然后用酒精将残余凝胶除锈剂去除，观察效果，若效果不好，再涂敷凝胶除锈剂再擦拭，如此反复多次直至铜锈完全去除。

5.2.3　注意事项

（1）若鎏金层铜锈很厚，可先用手术刀轻轻刮薄一些，但尽量避免鎏金层已经显现的地方，以防不小心将鎏金层刮掉。

（2）在涂敷凝胶除锈剂时，对于鎏金层已经显现的地方，应尽量避开。

（3）对于反应时间长的问题，可考虑升高温度（20～25℃），使其反应加快，减短涂覆时间。

（4）针对鎏金青铜器铜锈比较复杂的问题，可考虑加入别的试剂。

5.2.4　案例说明

1．鎏金铜壶鎏金区域清理

该鎏金铜壶出土时，已经破碎为多块，也有部分缺失，经玻璃钢补配成型。但残留原铜壶残片部位为铜锈大面覆盖，局部裸漏出金层颜色。我们依照操作流程，多次糊敷复合凝胶材料，逐步将覆盖在鎏金层上的铜锈——清除，见图 5-16～图 5-19，基本达到了预期效果。特别是连续鎏金层范围，效果尤为明显。

图 5-16　待清理鎏金铜壶（局部）　　　　图 5-17　涂覆水凝胶效果

图 5-18　清除凝胶附着物　　　　图 5-19　初步清理的鎏金铜壶（局部）

2．鎏金铜奁鎏金区域清理

该鎏金铜奁也为玻璃钢补配修复成型器物，除过修补区域外，器身表面大量附着绿色铜锈以及松软土锈。我们依照操作流程，多次糊敷复合凝胶材料，逐步将覆盖在鎏金层上的铜锈一一清除，见图5-20～图5-23，基本达到了预期效果。特别是连续鎏金层范围，效果尤为明显。

图 5-20　待清理鎏金铜奁（局部）

图 5-21　凝胶初步清理的鎏金铜奁（局部）

图 5-22　凝胶清理中的鎏金铜奁（局部）

图 5-23　凝胶清理后的鎏金铜奁（局部）

3．鎏金铜泡钉的清理

在以上的实效基础上，我们对开县馆藏的鎏金铜泡钉等，采用了相同的方式进行了清理。在完成表面松散土锈清理，以残缺黏结补配后，就整体的鎏金层在用复合凝胶的方式进行糊敷，涂覆不宜过厚，待凝胶变色即进行清除更换，反复多次方有显著效果，如图5-24～图5-26所示。

图 5-24　待清理的鎏金铜泡钉

图 5-25　复合凝胶糊敷的泡钉

图 5-26　清理后泡钉

5.3　凝胶除锈相关问题讨论

凝胶清洗的方法最早应用于在西方绘画的清洗处理中，随后逐步应用在油画与家具表面有机封护涂层清洗。出土的鎏金青铜器上常常覆盖了一层蓝绿色的锈蚀，开展凝胶除锈技术研究具有重要的现实意义和推广价值。前期实验室实验和现场保护实验效果显示：该凝胶体系能够有效去除各种铜锈，确保鎏金层的光泽；对于其他类型沉积物效果不佳；施工工艺与凝胶流变学特性关系密切。

5.3.1　载体与有效成分的关系

凝胶三维网络结构为有效清洗组分负载提供了空间，不同的清洗组分针对不同的污染物。因此，其针对待清除锈蚀及污染物的清洗组分是清洗关键，因此，基于多种污染物清洗组分及凝胶体系的研发是全面地解决实际问题的关键。

因此，鉴于文物表面污染物的复杂性，凝胶除锈应该是系列的针对性除锈剂组合，不能将其视为解决除锈问题的"一刀切"。

5.3.2　施工环境的影响

由于凝胶材质构架的主料是水分子，所以凝胶中水分子的存在时间影响着凝胶的作用效力：在环境湿度过大、温度偏低，水分挥发过慢，则敷料黏稠，敷贴时间过长，有效成分与污染物接触时间过长，会造成反应过度，就鎏金器物而言，有效配位剂就会深入鎏金层下层发生反应，在清理凝胶敷料是会造成鎏金层与胎体的剥离；如环境湿度过低、温度偏高，水分挥发过快，凝胶逐渐呈硬块状，有效成分与污染物的反应效力会因接触面积减少而下降，使清理效果不甚明显，并浪费施做材料。

因此，依照环境的条件，在施做时，应时刻观察环境温度、湿度对凝胶的影响。若水分挥发过快，则需要点滴补充凝胶水分，并贴敷一层保鲜膜，延缓水分过快挥发；若水分挥发过缓，则需要提早清除，以免反应过久，影响鎏金层的稳定性。一般认为，凝胶敷料将干未干、停止变色即可，便可清除。

5.3.3　残留问题

相比传统机械清理或化学药剂喷涂浸泡等方式，凝胶有着可控性的有点，避免造成额外损伤，这一点凝胶的作用远胜于脱脂棉或纸浆等传统敷料。但依然是糊敷操作，必然存在残留的问题。

但在实际操作中，如果凝胶材质构架的主料水分子在贴敷后不断挥发，挥发到一定程度后，黏稠的敷料也逐步转变为较为干结的敷层。由于凝胶自身结构的作用，敷层仅与鎏金层表面的附着物进行接触，与鎏金层并未形成密切的粘连关系，所以可以采用棉签或软木条刮除。清理后，以蒸馏水清洗接触面，将任何反应因素降到最低，以此避免残留药剂的遗留问题。

综上所述，凝胶清理属于表面洁除的一个新的研究方向，而鎏金青铜器凝胶除锈则是凝胶技术对文物清洗的新突破，可为相关文物保护领域提供借鉴作用。

结　语

开县文物管理所所藏青铜器保护修复项目的顺利实施，圆满完成了文物保护修复既定任务，达到了"恢复健康、延年益寿"工作目标；提取了大量的检测样品与信息资料，应用多种现在科技检测手段，开展了青铜锈蚀机理、铸造工艺以及其他相关领域的研究，取得了丰硕成果。

青铜器保护修复方面：按照国家文物局颁布的《馆藏金属文物保护修复方案编写规范》（WW/T 0009—2007）、《馆藏青铜器病害与图示》（WW/T 0004—2007）、《馆藏金属文物保护修复档案记录规范》（WW/T 0010—2008）标准与要求，开县文物管理所所藏青铜器保护修复项目将现代科学的保护技术与传统的修复工艺有机融合，在坚持不改变原状原则、最少干预性原则、再处理性和协调性原则下，坚持器物原真性，分别采用合适且具有针对性的方式，历时 18 个月较为完善的实现了 236 项 266 件铜器文物的整体保护修复。

针对本项目所涉及的器物的实际破损情况，对其中 266 件分别进行了不同程度的洁除处理，对 25 件实施了多种方式结合的矫形操作，对 91 件进行了拼对黏结，对 186 件进行了不同程度的补配，并完成了 231 件器物的作色处理，完满达到了文物复原及博物馆展示的要求。同时，对其中 100 件存在有害锈隐患的器物进行了有害锈转化，而且为了加强这批器物健康状态的稳定，我们对 266 件文物逐一完成表面封护，不但给这批器物穿上了"保护衣"，增加其对环境影响的抵抗力，又能更好的维持其自身的稳定状态。

青铜器的科技检测分析方面，项目实施过程中，应用多种科技检测手段，对这批器物的锈蚀、病害情况进行了深入了解。如利用扫描电子显微镜/能谱仪（SEM/EDS）观察了锈蚀形貌和检测了其组成元素特征，利用 X 射线衍射仪（XRD）对这一批青铜器锈蚀样品进行了检测分析和科学数据归纳，发现重庆地区出土一些青铜锈上存在锈蚀产物松散和易脱落的特点，此现象是重庆地区青铜器锈蚀产物与其本体组成相互结构的结果，与文物生存环境条件关系密切，即土壤腐蚀产物为其大气腐蚀提供了基本物质，而大气中腐蚀因素则能加速这个腐蚀过程。我们在锈蚀产物中发现水胆矾的存在，水胆矾的存在反映出重庆地区硫化物活跃的特征，因此，需强调在完成保护修复操作后，文物保藏环境的控制显得尤为重要。

利用光学显微镜和电子显微镜技术对部分青铜样品进行金相学显微研究，证实这批文物大都为铸造生产而成，部分采用了铸后加工工艺，如青铜甬钟（560）。

利用 XRF-1800 波长色散型 X 射线荧光光谱仪对青铜样品的 Cu、Sn 和 Pb 等主量元素进行检测分析，实验结果显示，这批青铜器中容器以铅锡青铜为主，属于高铅青铜，与同重庆其他地区出土同时期青铜器数据基本一致；检测分析青铜器铅的平均含量高于兵器和工具类青铜器中铅的含量，高铅具有很好的流动性与填充性，可以提高大型青铜铸造的成功率，表明战国秦汉时期这一地区青铜器制作时已经注意到铅的作用，但属于原矿携带还是人为添加，目前并未有直观的证据予以论证。

青铜器铸造工艺方面：这批青铜器多以模范工艺进行浑铸，但也不乏在铸造时采用活范块和分铸插接工艺将附属件与主体件进行组配成型。青铜錾耳部的独立铸造，不但采用了双合范的浑铸工艺，也有使用非合范的"焚失法"铸造技艺。而"焚失法"实例的发现，是我们对这批青铜器保护修复的一大发现。另外，在铸造中，鋬等器物存在大量垫片的使用以及补铸的痕迹，说明这批青铜器的生产过程中，采用了不同的制作工艺，并在制作后或使用中还进行了相应的修补。由此可以进一步说明，古代当地的先民们不但可以依照需求有意识地进行青铜用具的铸造加工，还能在实践中不断进行技术提升。

鎏金青铜器的除锈方面：鎏金青铜器传统的除锈方法是用单纯机械方法或单纯化学方法对锈蚀层进行物理或化学清理。由于鎏金层与青铜基体之间锈蚀层的存在，减弱了鎏金层与青铜基体的结合强度，使鎏金层变得更加脆弱，也增加了表面锈蚀物清理工作的难度，用单纯机械方法或单纯化学方法进行清理，如果操作不当，可能会危害鎏金层，出现保护性破坏的不良结果。

项目实施过程中，我们尝试探索了新的除锈方法——凝胶除锈法，在广泛实验的基础上，我们确定了由复合凝胶剂、弱酸性清洗组分和交联剂混合组成凝胶除锈剂。这是国内文物保护界第一次将凝胶法用于清除青铜器表面锈层，我们也积极申请了国家专利保护。

凝胶清洗技术具有广阔的应用空间，可以适用于多种文物的清洁和除锈方面。这是源于凝胶的保水性、缓释性和黏附性特点。其优势如下：

（1）凝胶可以延长溶液在物体表面停留时间。每个文物个体都是不可再生的，文物遭到的破坏，包括过度清洗都会带来无法挽回的损失。因此，采用溶液清洗文物表面时，选用的有效清洗成分尽量选择清洗能力适中，甚至弱一些的试剂，目的就是为了减小对文物本体的破坏。但这种有效组分清洗效率较低，当出现常见的溶液挥发的情况时，就无法与表面污物充分作用，达到去除污物的目的。凝胶清洗实验方法可以将黏稠的凝胶作为清洗液的载体，充分作用于文物的表面，不会出现溶液迅速挥发的状况。当清洗程度满意后再除去．因此，这种方法有助于选用溶解性较弱，较安全的试剂（如酒精、丙酮）进行清洗，不但提高了清洗效率，而且降低了过度清洗的几率。

（2）通过限制毛细作用来限制液体的渗透深度。由于毛细作用导致的液体扩散与渗透失控，是进行表面清洗时经常碰到的问题，因此限制毛细作用就成为解决这个问题的关键。而凝胶作为溶液的载体则防止了这种毛细作用的发生，使溶液尽可能的留存在凝胶内。这就有效地增强了凝胶在表面的清洗效果，同时渗透深度的控制也便于以后残留物的去除。

（3）有利于在垂直和其他复杂表面的清洗过程控制。如果文物不易挪动（如古建筑上的绘画），且被清洗表面并非水平，采用凝胶做载体，敷于需要清洗的区域，可以使有效成分充分作用在文物表面，而不会出现一般溶剂清洗出现的溶液下流的状况。当凝胶内的液体挥发变干时，留下的空间则会吸附污染物，也提高了凝胶的清洗效果。

附录 A 文物基本情况表

序 号	藏 品 号	名 称	数 量	完残程度	来 源	备 注
1	1034	战国青铜钺	1	稍残	1994 年余家坝遗址出土	
2	1072	战国巴蜀青铜钺	1	稍残	2000 年余家坝遗址出土	
3	1083	战国手心纹青铜剑	1	稍残	2000 年余家坝遗址出土	
4	1087	战国铜鍪	1	残	2000 年余家坝遗址出土	
5	1089	战国青铜削	1	稍残	2000 年余家坝遗址出土	
6	1105	战国青铜钺	1	稍残	2000 年余家坝遗址出土	
7	1108	战国虎纹青铜戈	1	稍残	2000 年余家坝遗址出土	
8	1131	战国铜鍪	1	残	2000 年余家坝遗址出土	
9	1138	战国虎纹青铜戈	1	稍残	2000 年余家坝遗址出土	
10	1142	战国巴蜀青铜钺	1	稍残	2000 年余家坝遗址出土	
11	1143	战国铜鍪	1	残	2000 年余家坝遗址出土	
12	1161	战国手心纹青铜剑	1	稍残	2000 年余家坝遗址出土	
13	1166	战国斑纹青铜剑	1	稍残	2000 年余家坝遗址出土	
14	1169	战国几何纹青铜钺	1	稍残	2000 年余家坝遗址出土	
15	1186	战国虎纹青铜戈	1	稍残	2000 年余家坝遗址出土	
16	1194	战国青铜勺	1	残	2000 年余家坝遗址出土	
17	1201	战国柳叶青铜剑	1	稍残	2000 年余家坝遗址出土	
18	1222	战国青铜鍪	1	残	2000 年余家坝遗址出土	
19	1240	战国青铜削	1	稍残	2000 年余家坝遗址出土	
20	1243	战国兽面文字青铜戈	1	稍残	2000 年余家坝遗址出土	
21	1244	战国虎纹青铜矛	1	稍残	2000 年余家坝遗址出土	
22	1251	战国青铜剑	1	稍残	2000 年余家坝遗址出土	
23	1274	战国青铜戈	1	稍残	2000 年余家坝遗址出土	
24	1296	战国虎纹青铜戈	1	稍残	2000 年余家坝遗址出土	
25	1308	战国青铜钺	1	稍残	2000 年余家坝遗址出土	
26	1361	战国青铜鍪	1	残	2001 年余家坝遗址出土	

续表

序　号	藏 品 号	名　　称	数　　量	完残程度	来　　源	备　注
27	1367	战国青铜勺	1	残	2001 年余家坝遗址出土	
28	1379	战国青铜矛	1	稍残	2001 年余家坝遗址出土	
29	1380	战国银斑青铜剑	1	稍残	2001 年余家坝遗址出土	
30	1395	战国铜鍪	1	残	2001 年余家坝遗址出土	
31	1465	战国青铜鍪	1	残	2001 年余家坝遗址出土	
32	1479	战国青铜鍪	1	残	2001 年余家坝遗址出土	
33	1509	战国青铜鍪	1	残	2001 年余家坝遗址出土	
34	1514	战国竹节手心纹青铜剑	1	稍残	2001 年余家坝遗址出土	
35	1519	战国巴蜀符号青铜矛	1	稍残	2001 年余家坝遗址出土	
36	1525	战国青铜鍪	1	残	2001 年余家坝遗址出土	
37	1527	战国青铜勺	1	残	2001 年余家坝遗址出土	
38	1540	战国虎纹青铜戈	1	稍残	2001 年余家坝遗址出土	
39	1541	战国巴蜀青铜钺	1	稍残	2001 年余家坝遗址出土	
40	1546	战国青铜削	1	稍残	2001 年余家坝遗址出土	
41	1558	战国几何纹青铜钺	1	稍残	2001 年余家坝遗址出土	
42	1569	战国青铜鍪	1	残	2001 年余家坝遗址出土	
43	1584	战国铜鍪	1	残	2001 年余家坝遗址出土	
44	1669	战国青铜削	1	稍残	2001 年余家坝遗址出土	
45	3490	战国银斑带格青铜剑	1	稍残	2002 年余家坝遗址出土	
46	3540	战国带格青铜剑	1	稍残	2002 年余家坝遗址出土	
47	1022	战国青铜矛	1	稍残	2003 年余家坝遗址出土	
48	3596	战国青铜鍪	1	残	2003 年余家坝遗址出土	
49	3610	战国虎纹青铜矛	1	稍残	2003 年余家坝遗址出土	
50	3618	战国青铜剑	1	稍残	2003 年余家坝遗址出土	
51	3622	战国青铜鍪	1	残	2003 年余家坝遗址出土	
52	3627	战国铜鍪	1	残	2003 年余家坝遗址出土	
53	3657	战国青铜鍪	1	稍残	2003 年余家坝遗址出土	
54	3666	战国青铜剑	1	稍残	2003 年余家坝遗址出土	
55	3669	战国巴蜀青铜钺	1	稍残	2003 年余家坝遗址出土	
56	3670	战国青铜鍪	1	残	2003 年余家坝遗址出土	
57	3685	战国铜鍪	1	残	2003 年余家坝遗址出土	
58	3717	战国虎纹青铜矛	1	稍残	2003 年余家坝遗址出土	
59	3759	战国青铜鍪	1	残	2003 年余家坝遗址出土	

序 号	藏品号	名　称	数　量	完残程度	来　源	备　注
60	3764	战国铜鍪	1	残	2003 年余家坝遗址出土	
61	3769	战国青铜鍪	1	残	2003 年余家坝遗址出土	
62	3774	战国青铜矛	1	稍残	2003 年余家坝遗址出土	
63	3934	战国铜鍪	1	残	2004 年余家坝遗址出土	
64	3941	战国青铜矛	1	稍残	2004 年余家坝遗址出土	
65	3952	战国青铜矛	1	稍残	2004 年余家坝遗址出土	
66	3957	战国青铜鍪	1	残	2004 年余家坝遗址出土	
67	3967	战国青铜削	1	稍残	2004 年余家坝遗址出土	
68	3989	战国青铜鍪	1	残	2004 年余家坝遗址出土	
69	3997	战国巴蜀青铜钺	1	稍残	2004 年余家坝遗址出土	
70	4000	战国青铜勺	1	残	2004 年余家坝遗址出土	
71	4001	战国青铜鍪	1	残	2004 年余家坝遗址出土	
72	4002	战国青铜壶	1	残	2004 年余家坝遗址出土	
73	4017	战国青铜鼎	1	稍残	2004 年余家坝遗址出土	
74	4018	战国青铜钫	1	残	2004 年余家坝遗址出土	
75	4059	战国虎纹青铜戈	1	稍残	2004 年余家坝遗址出土	
76	4061	战国巴蜀青铜钺	1	稍残	2004 年余家坝遗址出土	
77	4101	战国青铜鍪	1	残	2004 年余家坝遗址出土	
78	4102	战国手心纹青铜剑	1	稍残	2004 年余家坝遗址出土	
79	4103	战国青铜削	1	稍残	2004 年余家坝遗址出土	
80	4014	东汉铜鍪	1	残	2004 年余家坝遗址出土	
81	5264	战国青铜削	1	稍残	2005 年余家坝遗址出土	
82	5265	战国青铜剑	1	稍残	2005 年余家坝遗址出土	
83	5268	战国青铜鍪	1	残	2005 年余家坝遗址出土	
84	5270	战国青铜削	1	稍残	2005 年余家坝遗址出土	
85	5286	战国青铜鍪	1	残	2005 年余家坝遗址出土	
86	5300	战国青铜鍪	1	残	2005 年余家坝遗址出土	
87	5310	战国巴蜀青铜钺	1	稍残	2005 年余家坝遗址出土	
88	5311	战国青铜鍪	1	残	2005 年余家坝遗址出土	
89	5354	战国铜鍪	1	残	2005 年余家坝遗址出土	
90	5364	战国青铜鍪	1	残	2005 年余家坝遗址出土	
91	5370	战国铜鍪	1	残	2005 年余家坝遗址出土	
92	5375	战国高脊青铜剑	1	稍残	2005 年余家坝遗址出土	

续表

序　号	藏品号	名　　称	数　量	完残程度	来　源	备　注
93	5379	战国青铜鉴	1	残	2005 年余家坝遗址出土	
94	5384	战国铜鍪	1	残	2005 年余家坝遗址出土	
95	5385	战国巴蜀青铜钺	1	稍残	2005 年余家坝遗址出土	
96	5395	战国青铜矛	1	稍残	2005 年余家坝遗址出土	
97	5397	战国几何纹青铜钺	1	稍残	2005 年余家坝遗址出土	
98	5405	战国铜鍪	1	残	2005 年余家坝遗址出土	
99	5407	战国青铜矛	1	稍残	2005 年余家坝遗址出土	
100	5410	战国青铜削	1	稍残	2005 年余家坝遗址出土	
101	5437	战国马蜀符号青铜矛	1	稍残	2005 年余家坝遗址出土	
102	5445	战国巴蜀青铜钺	1	稍残	2005 年余家坝遗址出土	
103	5448	战国青铜鍪	1	残	2005 年余家坝遗址出土	
104	5463	战国巴蜀青铜钺	1	稍残	2005 年余家坝遗址出土	
105	5468	战国青铜矛	1	稍残	2005 年余家坝遗址出土	
106	5469	战国银斑青铜剑	1	稍残	2005 年余家坝遗址出土	
107	5473	战国青铜鍪	1	残	2005 年余家坝遗址出土	
108	5476	战国手心纹青铜剑	1	稍残	2005 年余家坝遗址出土	
109	5484	战国铜鍪	1	残	2005 年余家坝遗址出土	
110	5491	东汉青铜盆	1	残	2005 年余家坝遗址出土	
111	5583	汉代铜洗	1	残	2005 年余家坝遗址出土	
112	5718	战国青铜矛	1	稍残	2006 年余家坝遗址出土	
113	5724	战国巴蜀青铜剑	1	稍残	2006 年余家坝遗址出土	
114	5736	战国青铜削	1	稍残	2006 年余家坝遗址出土	
115	5749	战国青铜鍪	1	残	2006 年余家坝遗址出土	
116	5765	战国青铜鍪	1	残	2006 年余家坝遗址出土	
117	33	东汉青铜案	1	稍残	1983 年红华村崖墓群出土	
118	34	东汉青铜壶	1	残	1983 年红华村崖墓群出土	
119	37	东汉青羊铜镜	1	稍残	1983 年红华村崖墓群出土	
120	38	东汉青铜釜	1	残	1983 年红华村崖墓群出土	
121	39	东汉铁吊耳青铜釜	1	稍残	1983 年红华村崖墓群出土	
122	40	东汉青铜钟	1	稍残	1983 年红华村崖墓群出土	
123	43	东汉青铜俑	1	稍残	1983 年红华村崖墓群出土	
124	50	东汉青铜灯	1	稍残	1983 年红华村崖墓群出土	
125	55	东汉鎏金铜泡钉	1	稍残	1983 年红华村崖墓群出土	

续表

序　号	藏 品 号	名　　称	数　量	完残程度	来　　源	备　注
126	58	东汉鎏金铜泡钉	1	残	1983 年红华村崖墓群出土	
127	59	东汉鎏金铜泡钉	1	残	1983 年红华村崖墓群出土	
128	60	东汉鎏金铜泡钉	1	残	1983 年红华村崖墓群出土	
129	61	东汉鎏金铜泡钉	1	残	1983 年红华村崖墓群出土	
130	63	东汉鎏金铜泡钉	1	残	1983 年红华村崖墓群出土	
131	76	东汉鎏金铜泡钉	1	稍残	1983 年红华村崖墓群出土	
132	78	东汉青铜簋	1	残	1983 年红华村崖墓群出土	
133	79	东汉青铜簋	1	残	1983 年红华村崖墓群出土	
134	82	东汉青铜盘	1	稍残	1983 年红华村崖墓群出土	
135	83	东汉青铜盘	1	稍残	1983 年红华村崖墓群出土	
136	84	东汉青铜盘	1	残	1983 年红华村崖墓群出土	
137	86	东汉青铜盘	1	稍残	1983 年红华村崖墓群出土	
138	88	东汉青铜盘	1	稍残	1983 年红华村崖墓群出土	
139	89	东汉青铜盘	1	残	1983 年红华村崖墓群出土	
140	90	东汉青铜盘	1	残	1983 年红华村崖墓群出土	
141	91	东汉青铜盘	1	残	1983 年红华村崖墓群出土	
142	92	东汉青铜盘	1	残	1983 年红华村崖墓群出土	
143	93	东汉青铜盘	1	残	1983 年红华村崖墓群出土	
144	94	汉代青铜勺	1	残	1983 年红华村崖墓群出土	
145	95	东汉青铜勺	1	残	1983 年红华村崖墓群出土	
146	98	东汉青铜俑	1	残	1983 年红华村崖墓群出土	
147	102	东汉青铜匕	1	稍残	1983 年红华村崖墓群出土	
148	104	东汉青铜耳杯	1	残	1983 年红华村崖墓群出土	
149	105	东汉鱼纹青铜耳杯	1	稍残	1983 年红华村崖墓群出土	
150	106	东汉青铜耳杯	1	残	1983 年红华村崖墓群出土	
151	107	东汉青铜耳杯	1	残	1983 年红华村崖墓群出土	
152	108	东汉青铜耳杯	1	残	1983 年红华村崖墓群出土	
153	109	东汉青铜耳杯	1	残	1983 年红华村崖墓群出土	
154	110	东汉回纹青铜耳杯	1	稍残	1983 年红华村崖墓群出土	
155	111	东汉青铜耳杯	1	残	1983 年红华村崖墓群出土	
156	112	东汉青铜耳杯	1	残	1983 年红华村崖墓群出土	
157	113	东汉青铜耳杯	1	残	1983 年红华村崖墓群出土	
158	114	东汉青铜耳杯	1	残	1983 年红华村崖墓群出土	

续表

序 号	藏 品 号	名 称	数 量	完残程度	来 源	备 注
159	115	东汉青铜耳杯	1	稍残	1983 年红华村崖墓群出土	
160	116	东汉青铜耳杯	1	残	1983 年红华村崖墓群出土	
161	117	东汉青铜耳杯	1	残	1983 年红华村崖墓群出土	
162	125	东汉青铜耳杯	1	残	1983 年红华村崖墓群出土	
163	126	东汉青铜耳杯	1	残	1983 年红华村崖墓群出土	
164	127	东汉青铜耳杯	1	残	1983 年红华村崖墓群出土	
165	128	东汉青铜耳杯	1	残	1983 年红华村崖墓群出土	
166	129	东汉青铜耳杯	1	残	1983 年红华村崖墓群出土	
167	131	东汉青铜削	1	残	1983 年红华村崖墓群出土	
168	134	东汉铜镳斗	1	残	1983 年红华村崖墓群出土	
169	137	东汉青铜釜	1	稍残	1983 年红华村崖墓群出土	
170	138	东汉青铜釜	1	稍残	1983 年红华村崖墓群出土	
171	139	东汉青铜釜	1	残	1983 年红华村崖墓群出土	
172	391	东汉鎏金铜泡钉	1	残	1983 年红华村崖墓群出土	
173	393	东汉鎏金铜泡钉	1	残	1983 年红华村崖墓群出土	
174	394	东汉青铜洗	1	残	1983 年红华村崖墓群出土	
175	396	东汉铜壶	1	残	1983 年红华村崖墓群出土	
176	400	东汉青铜釜	1	残	1983 年红华村崖墓群出土	
177	401	东汉青铜洗	1	残	1983 年红华村崖墓群出土	
178	402	东汉青铜洗	1	残	1983 年红华村崖墓群出土	
179	B99-B106	东汉青铜耳杯	8	稍残	1983 年红华村崖墓群出土	
180	2	东汉永元二年青铜洗	1	稍残	1966 年双河村汉墓出土	
181	5	汉代青铜镳斗	1	稍残	1980 年双河村汉墓出土	
182	378	东汉铜提梁壶	1	残	1981 年双河村汉墓出土	
183	379	东汉青铜釜	1	残	1981 年双河村汉墓出土	
184	23	汉代青铜吊灯	1	稍残	1980 年双河村晋墓出土	
185	3853	东汉青铜镜	1	残	2004 年复洪 9 组墓地出土	
186	3854	东汉青铜洗	1	残	2004 年复洪 9 组墓地出土	
187	3883	东汉青铜釜	1	残	2004 年复洪 9 组墓地出土	
188	3896	东汉鎏金铜泡钉	1	残	2004 年复洪 9 组墓地出土	
189	3897	东汉鎏金铜泡钉	1	残	2004 年复洪 9 组墓地出土	
190	3901	东汉鎏金铜泡钉	1	残	2004 年复洪 9 组墓地出土	
191	3903	东汉鎏金铜泡钉	1	残	2004 年复洪 9 组墓地出土	

序　号	藏品号	名　称	数　量	完残程度	来　源	备　注
192	4179	东汉青铜盆	1	残	2005 年平浪 3 组墓群出土	
193	4180	东汉青铜釜	1	残	2005 年平浪 3 组墓群出土	
194	4188	东汉青铜钫	1	残	2005 年平浪 3 组墓群出土	
195	4191	东汉青铜洗	1	残	2005 年平浪 3 组墓群出土	
196	4228	汉代铜镜	1	残	2005 年平浪 3 组墓群出土	
197	4229	汉代青铜勺	1	残	2005 年平浪 3 组墓群出土	
198	5782*	汉代青铜钫	1	残	2005 年平浪 3 组墓群出土	
199	6374	六朝青铜杯	1	残	2004 年坪井村墓地出土	
200	4491	汉代柿蒂纹青铜镜	1	稍残	2004 年度长塝墓群出土	
201	4545	东汉鎏金铜泡钉	15	残	2004 年度长塝墓群出土	
202	4563	东汉青铜钫	1	残	2004 年度长塝墓群出土	
203	4900	汉代规矩神兽青铜镜	1	稍残	2004 年度长塝墓群出土	
204	5100	东汉鎏金铜饰	1	残	2004 年度长塝墓群出土	
205	453	汉代青铜釜	1	残	1987 年王爷庙汉墓出土	
206	454	汉代青铜釜	1	残	1987 年王爷庙汉墓出土	
207	455	汉代鎏金铜饰件	1	稍残	1987 年王爷庙汉墓出土	
208	456	汉代鎏金铜饰件	1	稍残	1987 年王爷庙汉墓出土	
209	457	东汉鎏金铜饰	1	稍残	1987 年王爷庙汉墓出土	
210	466	汉代鎏金铜泡钉	1	残	1987 年王爷庙汉墓出土	
211	472	汉代鎏金铜泡钉	1	残	1987 年王爷庙汉墓出土	
212	477	东汉鎏金铜泡钉	1	残	1987 年王爷庙汉墓出土	
213	183	汉代青铜盉	1	稍残	1984 年大进区红圆乡明红村收集	
214	184	汉代青铜钫	1	残	1984 年大进区红圆乡明红村收集	
215	185	东汉青铜釜	1	残	1984 年大进区红圆乡明红村收集	
216	186	东汉青铜釜	1	残	1984 年大进区红圆乡明红村收集	
217	226	战国手心纹青铜巴式剑	1	稍残	1984 年丰乐区厚坝中学内战国墓出土	
218	227	战国青铜矛	1	稍残	1984 年丰乐区厚坝中学内战国墓出土	
219	302	东汉鎏金铜饰	1	稍残	1979 年渠口乡桃坪村汉墓出土	
220	304	东汉鎏金铜饰	1	残	1979 年渠口乡桃坪村汉墓出土	
221	1	战国青铜巴式剑	1	稍残	1975 年大进区梓橦乡窖藏出土	
222	26	东汉青铜釜	1	稍残	1979 年温泉区和谦乡河岸冲出	
223	546	战国青铜矛	1	稍残	1987 年赵家区铺溪乡云安村发现	
224	560	战国青铜甬钟	1	残	1988 年温泉区白桥乡桂花村 2 组发现	

续表

序 号	藏 品 号	名　　称	数　量	完残程度	来　　源	备　注
225	580	东汉青铜釜	1	残	1990 年 11 月 16 日河堰大槽脊思于家古墓葬	
226	667	宋代生肖八卦镜	1	稍残	1997 年温泉镇政府宋墓出土	
227	670-679	宋代素面铜瓶	10	稍残	1997 年温泉镇政府宋墓出土	
228	4412	南宋日月昭明铜镜	1	稍残	2005 年开县故城出土	
229	6584	东汉铜带钩	1	残	2008 年赵家古坟包出土	
230	301	汉代青铜灯	1	稍残	1982 年 2 月于县土产公司回收	
231	608	东汉青铜釜	1	残	1992.04.28 生化厂取土时出土	
232	623	战国三足青铜鼎	1	稍残	开县公安局移交	
233	625	战国青铜巴式剑	1	稍残	开县公安局移交	
234	631	战国丁纹束腰青铜钺	1	稍残	开县公安局移交	
235	573	东汉青铜剑（匕首）	1	残	旧藏	
236	575	东汉青铜釜	1	残	旧藏	

＊库房登记为壶，其形制为钫。

附录 B　开县馆藏青铜器锈蚀检测分析*

B1　盘

B1.1　盘（84）

图 B-1（b）是盘（84）锈蚀样品的 XRD 图谱，样品在 12.0°、14.7°、18.8°、23.9°、29.3°、29.9°、31.1°、32.1°、35.5°、36.5°、38.0°、41.2°、42.54°、47.7°、50.7°、62.7° 和 65.4° 等位置出现孔雀石（$CuCO_3 \cdot Cu(OH)_2$）衍射特征峰；在 20.8° 和 26.6° 等处衍射峰属于石英（SiO_2）。图 B-1（c）是样品二次电子像，显示锈蚀结构的酥松；图 B-1（d）能谱分析显示元素组成为 7.27%C、21.92%O、4.29%Fe、11.11%Cu、0.47%Al、1.61%Si、8.03%Pb 和 45.31%Sn。

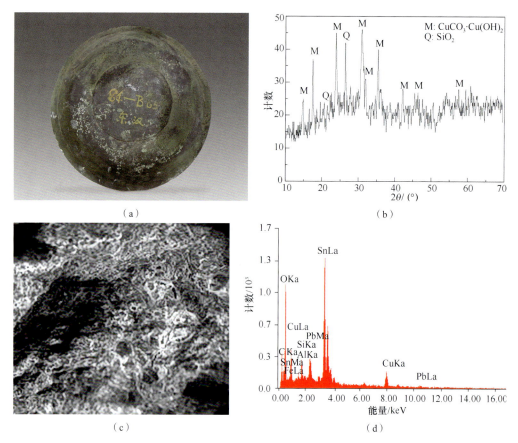

（a）　　　　　　　　　　　（b）

（c）　　　　　　　　　　　（d）

图 B-1　盘（84）。（a）样品照片；（b）样品 XRD 图谱；（c）样品二次电子像；（d）能谱图

---

* 能谱图坐标轴刻度值均由仪器检测设定。

B1.2　盘（90）

图 B-2（b）是盘（90）锈蚀样品的 XRD 图谱，样品在 12.0°、14.7°、18.8°、23.9°、29.3°、29.9°、31.1°、32.1°、35.5°、36.5°、38.0°、41.2°、42.54°、47.7°、50.7°、62.7°和 65.4°等位置出现孔雀石（$CuCO_3 \cdot Cu(OH)_2$）衍射特征峰在 19.9°、24.8°、25.5°、29.0°、34.6°、43.5°、48.8°、2.07°、1.99°、1.97°、1.86°、1.78°、1.61°、1.59°、1.49°、1.47°和 1.41°处出现 X 射线峰属于白铅矿（$PbCO_3$）。样品图 B-2（d）能谱分析显示元素组成含有 5.96%C、13.6%O、4.83%Pb、0.37%P、75.25%Cu。

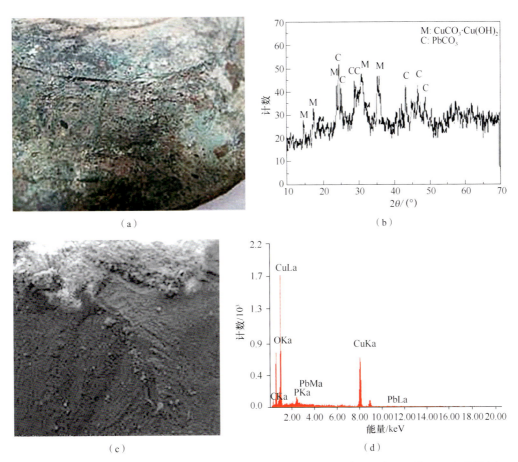

（a）　　　　　　　　　　　　（b）

（c）　　　　　　　　　　　　（d）

图 B-2　盘（90）。（a）样品照片；（b）样品 XRD 图谱；（c）样品二次电子像；（d）能谱图

B2　釜

B2.1　釜（186）

图 B-3（b）是釜（186）锈蚀样品的 XRD 图谱，样品在 17.00°、17.33°、17.54°、24.04°、25.07°、35.68°、39.24°、40.38°、46.52°、50.71°和 57.64°为蓝铜矿（$Cu_3(CO_3)_2(OH)_2$）衍射特征峰；在 20.8°和 26.6°等位置的特征衍射峰属于石英（SiO_2）。图 B-3（d）样品能谱分析显示元素组成为

11.62%C、31.33%O、2.63%Mg、2.37%Fe、31.1%Cu、3.51%Al、8.95%Si、1.38%S、1.11%K、6.00%Ca。

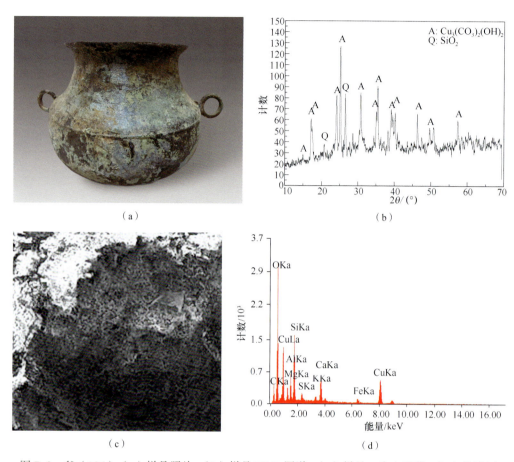

图 B-3　釜（186）。（a）样品照片；（b）样品 XRD 图谱；（c）样品二次电子像；（d）能谱图

B2.2　釜（580）

图 B-4（b）是釜（580）锈蚀样品的 XRD 图谱，样品在 12.0°、14.7°、18.8°、23.9°、29.3°、29.9°、31.1°、32.1°、35.5°、36.5°、38.0°、41.2°、42.54°、47.7°、50.7°、62.7°和 65.4°等位置出现孔雀石（$CuCO_3 \cdot Cu(OH)_2$）衍射特征峰；在 20.8°和 26.6°等处衍射峰属于石英（SiO_2）。图 B-4（d）样品能谱分析元素显示含有 15.15%C、41.7%O、3.55% Al、5.48%Si、34.12%Cu。

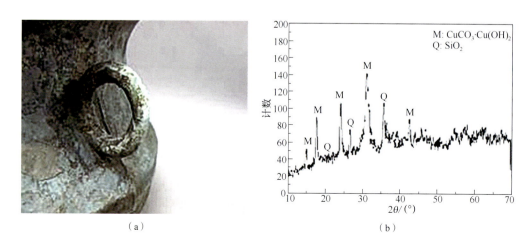

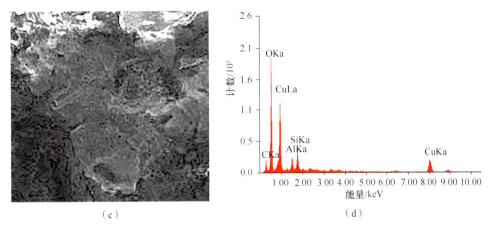

（c）　　　　　　　　　　（d）

图 B-4　釜（580）。（a）样品照片；（b）样品 XRD 图谱；（c）样品二次电子像；（d）能谱图

B3　洗

B3.1　洗（401）

图 B-5（b）是洗（401）锈蚀样品的 XRD 图谱，样品在 12.0°、14.7°、18.8°、23.9°、29.3°、29.9°、31.1°、32.1°、35.5°、36.5°、38.0°、41.2°、42.54°、47.7°、50.7°、62.7° 和 65.4° 等位置出现孔雀石（$CuCO_3 \cdot Cu(OH)_2$）衍射特征峰；在 20.8° 和 26.6° 等处衍射峰属于石英（SiO_2）。图 B-5（d）样品能谱分

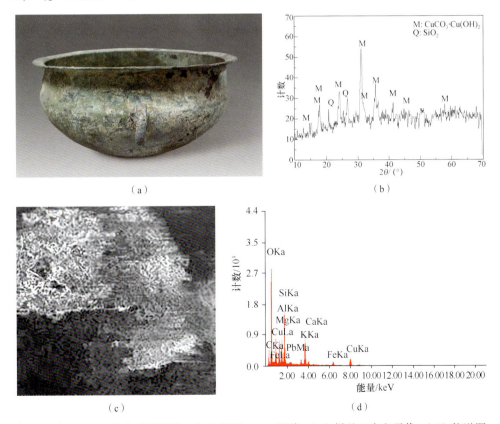

（a）　　　　　　　　　　（b）

（c）　　　　　　　　　　（d）

图 B-5 洗（401）。（a）样品照片；（b）样品 XRD 图谱；（c）样品二次电子像；（d）能谱图

析显示元素组成为14.04%C、37.66%O、4.93%Mg、2.93%Fe、13.9%Cu、4.15%Al、10.35%Si、1.62%Pb、1.27%K 和9.15%Ca。

B3.2 洗（4191）

图 B-6（b）是洗（4191）锈蚀样品的 XRD 图谱，样品在12.0°、14.7°、18.8°、23.9°、29.3°、29.9°、31.1°、32.1°、35.5°、36.5°、38.0°、41.2°、42.54°、47.7°、50.7°、62.7°和65.4°等位置出现孔雀石（$CuCO_3 \cdot Cu(OH)_2$）衍射特征峰；在20.8°和26.6°等处衍射峰属于石英（SiO_2）。图 B-6（d）样品元素分析显示含有6.81%C，36.63%O，0.95%Mg，7.56%Al，21.22%Si，2.16%K，1.87%Fe，3.08%Cu。

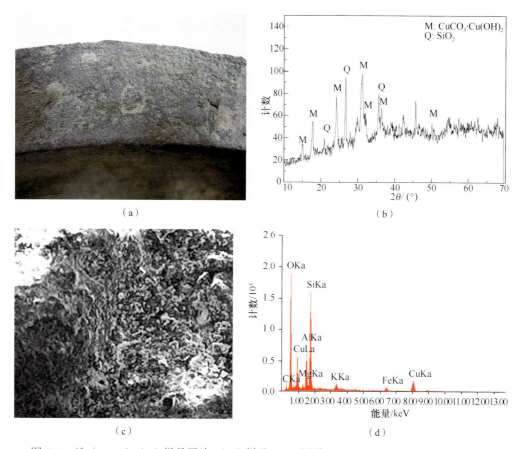

图 B-6　洗（4191）。（a）样品照片；（b）样品 XRD 图谱；（c）二次电子像；（d）能谱图

B3.3 洗（5583）

图 B-7（b）是洗（5583）锈蚀样品的 XRD 图谱，样品在12.0°、14.7°、18.8°、23.9°、29.3°、29.9°、31.1°、32.1°、35.5°、36.5°、38.0°、41.2°、42.54°、47.7°、50.7°、62.7°和65.4°等位置出现孔雀石（$CuCO_3 \cdot Cu(OH)_2$）衍射特征峰；在20.8°和26.6°等处衍射峰属于石英（SiO_2）。在19.9°、24.8°、25.5°、29.0°、34.6°、43.5°、48.8°、2.07°、1.99°、1.97°、1.86°、1.78°、1.61°、1.59°、1.49°、1.47°和1.41°处出现 X 射线峰属于白铅矿（$PbCO_3$）。图 B-7（d）样品元素分析显示含有14.89%C、18.43%O、0.9%As、00.48%Al、2.85%Si、11.18%Pb、0.59%Ag、11.66%Sn、0.88%Fe、38.15%Cu。

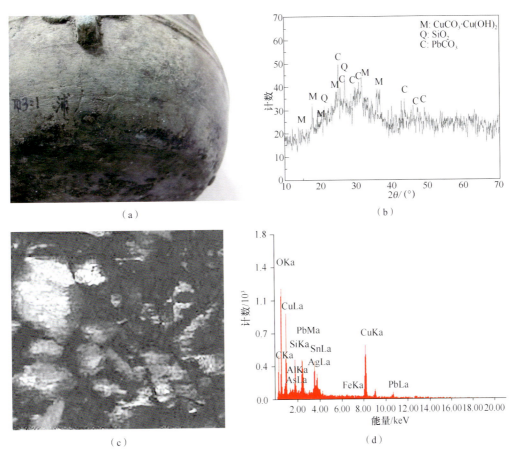

图 B-7 洗（5583）。（a）样品照片；（b）样品 XRD 图谱；（c）样品二次电子像；（d）能谱图

B4 勺

B4.1 勺（4000）

图 B-8（b）是勺（4000）锈蚀样品的 XRD 图谱，显示出 25°、34° 和 52° 左右有 3 个弥散峰包，与非晶 SnO_2 相关。图 B-8（d）样品元素分析显示含有 4.0%C、21.5%O、2.15%Fe、20.86%Cu、0.61%Al、1.67%Si、0.95%P、2.76%Pb、45.48%Sn。

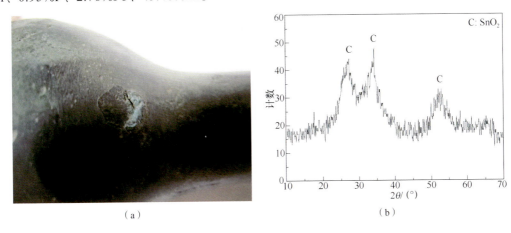

（a）　　　　　　　　　　　　（b）

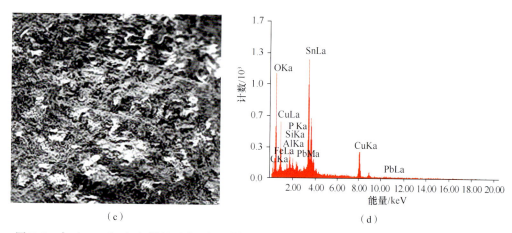

（c）　　　　　　　　　　　　　　　（d）

图 B-8　勺（4000）。（a）样品照片；（b）样品 XRD 图谱；（c）样品二次电子像；（d）能谱图

B4.2　勺（1527）

图 B-9（b）是勺（1527）锈蚀样品的 XRD 图谱，样品在 12.0°、14.7°、18.8°、23.9°、29.3°、29.9°、31.1°、32.1°、35.5°、36.5°、38.0°、41.2°、42.54°、47.7°、50.7°、62.7° 和 65.4° 等位置出现孔雀石（$CuCO_3 \cdot Cu(OH)_2$）衍射特征峰。图 B-9（d）样品元素分析显示含有 6.85%C、25.08%O、1.11%Al、2.64%Si、0.66%P、5.85%Pb、32.62%Sn、6.02%Fe、19.19%Cu。

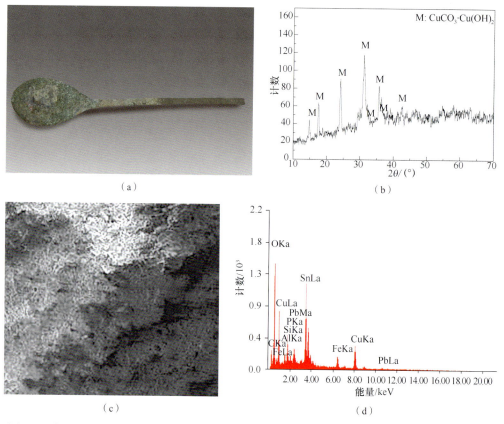

（a）　　　　　　　　　　　　　　　（b）

（c）　　　　　　　　　　　　　　　（d）

图 B-9　勺（1527）。（a）样品照片；（b）样品 XRD 图谱；（c）样品二次电子像；（d）能谱图

B4.3 勺（1367）

图 B-10（b）是勺（1367）锈蚀样品的 XRD 图谱，样品在 12.0°、14.7°、18.8°、23.9°、29.3°、29.9°、31.1°、32.1°、35.5°、36.5°、38.0°、41.2°、42.54°、47.7°、50.7°、62.7° 和 65.4° 等位置出现孔雀石（$CuCO_3 \cdot Cu(OH)_2$）衍射特征峰；在 20.8° 和 26.6° 等处衍射峰属于石英（SiO_2）。图 B-10（d）样品元素分析显示含有 6.00%C、23.31%O、0.72%As、1.09%Al、3.03%Si、12.09%Pb、21.05%Sn、32.71%Cu。

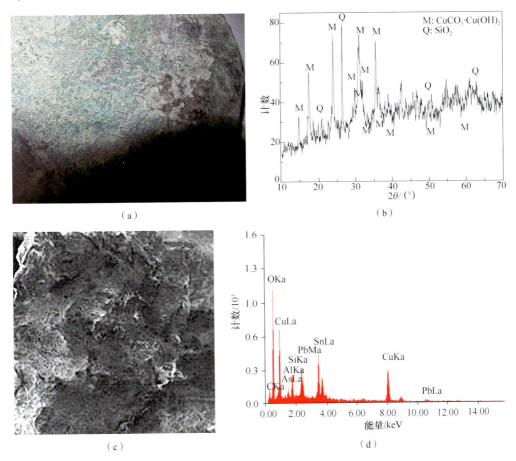

图 B-10 勺（1367）。（a）样品照片；（b）样品 XRD 图谱；（c）样品二次电子像；（d）能谱图

B4.4 勺（1194）

图 B-11（b）是勺（1194）锈蚀样品的 XRD 图谱，样品在 12.0°、14.7°、18.8°、23.9°、29.3°、29.9°、31.1°、32.1°、35.5°、36.5°、38.0°、41.2°、42.54°、47.7°、50.7°、62.7° 和 65.4° 等位置出现孔雀石（$CuCO_3 \cdot Cu(OH)_2$）衍射特征峰；在 20.8° 和 26.6° 等处衍射峰属于石英（SiO_2）。图 B-11（d）样品元素分析显示含有 3.42%C、14.08%O、0.30%As、0.32%Al、2.03%Si、0.91%P、15.42%Pb、29.76%Sn、33.76%Cu。

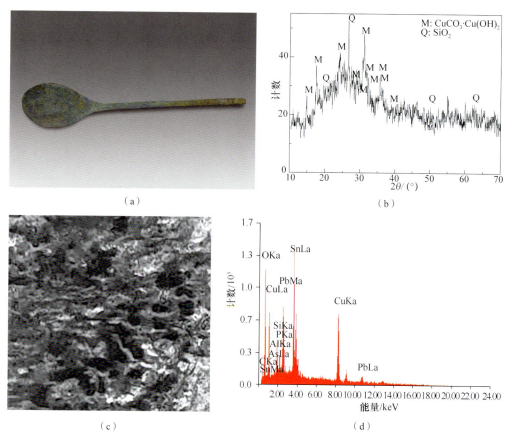

（a）　　　　　　　　　　　　（b）

（c）　　　　　　　　　　　　（d）

图 B-11　勺（1194）。（a）样品照片；（b）样品 XRD 图谱；（c）样品二次电子像；（d）能谱图

B4.5　勺（94）

图 B-12（b）在勺（94）19.9°、24.8°、25.5°、29.0°、34.6°、43.5°、48.8°、2.07°、1.99°、1.97°、1.86°、1.78°、1.61°、1.59°、1.49°、1.47° 和 1.41° 处出现 X 射线峰属于白铅矿（$PbCO_3$）。图 B-12（d）样品元素分析显示含有 15.36%C、23.26%O、0.31% As、1.57%Al、45.15%Pb、1.16%Fe、11.22%Cu 和 1.97%Os。

（a）　　　　　　　　　　　　（b）

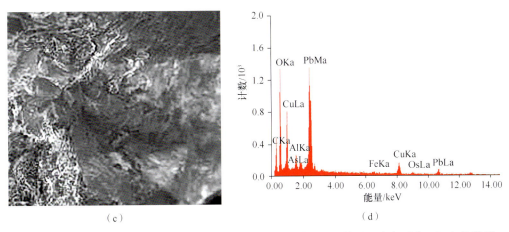

（c）　　　　　　　　　　　　　（d）

图 B-12　勺（94）。（a）样品照片；（b）样品 XRD 图谱；（c）样品二次电子像；（d）能谱图

B5　盆

盆（549）

图 B-13（b）是盆（549）锈蚀样品的 XRD 图谱，样品在 12.0°、14.7°、18.8°、23.9°、29.3°、

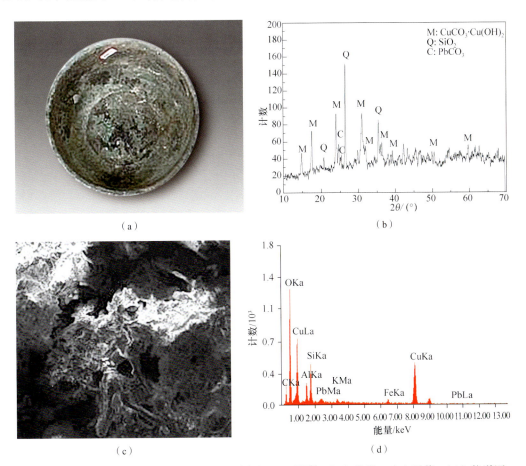

（a）　　　　　　　　　　　　　（b）

（c）　　　　　　　　　　　　　（d）

图 B-13　盆（549）。（a）样品照片；（b）样品 XRD 图谱；（c）样品二次电子像；（d）能谱图

29.9°、31.1°、32.1°、35.5°、36.5°、38.0°、41.2°、42.54°、47.7°、50.7°、62.7°和65.4°等位置出现孔雀石（$CuCO_3 \cdot Cu(OH)_2$）衍射特征峰；在20.8°和26.6°等处衍射峰属于石英（SiO_2）。样品在19.9°、24.8°、25.5°、29.0°、34.6°、43.5°、48.8°、2.07°、1.99°、1.97°、1.86°、1.78°、1.61°、1.59°、1.49°、1.47°和1.41°处出现X射线峰属于白铅矿（$PbCO_3$）。图B-13（d）样品元素分析显示含有12.71%C、22.86%O、2.91%Al、5.71%Si、2.52%Pb、0.85%K、2.11%Fe、50.33%Cu。

B6　耳　杯

耳杯（126）

图B-14（b）是耳杯（126）锈蚀样品的XRD图谱，样品在17.00°、17.33°、17.54°、24.04°、25.07°、35.68°、39.24°、40.38°、46.52°、50.71°和57.64°为蓝铜矿（$Cu_3(CO_3)_2(OH)_2$）衍射特征峰。在20.8°和26.6°等处衍射峰属于石英（SiO_2）。图B-14（d）样品能谱分析显示元素组成为6.79%C、22.86%O、0.31%Al、0.70%Si、0.68%P、10.6%Pb、5.49%Sn、1.20%Fe和53.1%Cu。

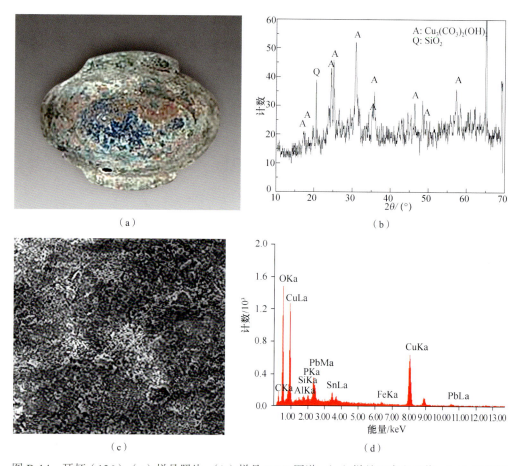

图B-14　耳杯（126）。（a）样品照片；（b）样品XRD图谱；（c）样品二次电子像；（d）能谱图

B7 钫

钫（4018）

图 B-15（b）是钫（4018）锈蚀样品的 XRD 图谱，显示出 25°、34° 和 52° 左右处有 3 个弥散峰包，与非晶 SnO_2 相关。图 B-15（d）样品元素分析显示元素组成为 6.94%C、18.62%O、0.24%As、0.35%Al、1.66%Si、0.89%P、7.54%Pb、43.12%Sn、3.21%Fe 和 17.43%Cu。

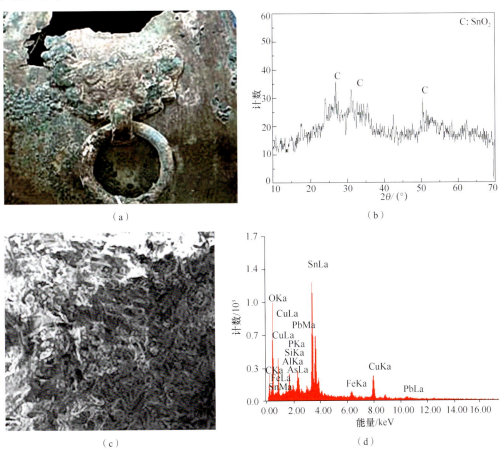

（a） （b）

（c） （d）

图 B-15 钫（4018）。（a）样品照片；（b）样品 XRD 图谱；（c）样品二次电子像；（d）能谱图

B8 镜

镜（3853）

图 B-16（b）是镜（3853）锈蚀样品的 XRD 图谱，显示出 25°、34° 和 52° 左右有 3 个弥散峰包，与非晶 SnO_2 相关。图 B-16(d)样品元素分析显示元素组成为 13.46%C、13.09%O、0.56%W、7.09%Pb、8.79%Cl、2.16%K、0.55%Fe、34.7%Cu。

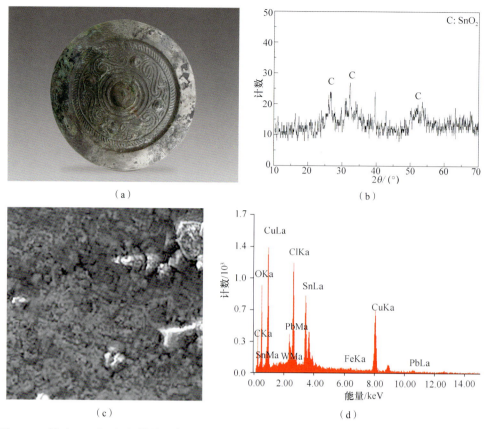

图 B-16　镜（3853）。（a）样品照片；（b）样品 XRD 图谱；（c）样品二次电子像；（d）能谱图

B9　带　　钩

带钩（6584）

图 B-17（b）是带钩（6584）锈蚀样品的 XRD 图谱，样品在 19.9°、24.8°、25.5°、29.0°、34.6°、43.5°、48.8°、2.07°、1.99°、1.97°、1.86°、1.78°、1.61°、1.59°、1.49°、1.47°和 1.41°处出现 X 射线峰属于白铅矿（$PbCO_3$）。图 B-17(d)样品元素分析显示含有 5.78%C、16.89%O、0.56%As、0.41%Al、1.37%Si、3.08%P、32.84%Pb、16.72%Sn、3.07%Fe 和 19.28%Cu。

（a）
（b）

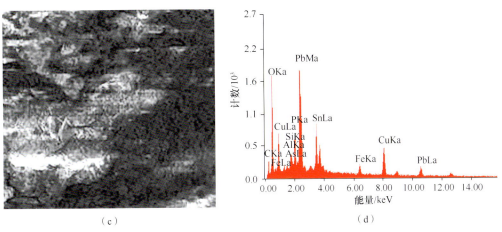

（c）　　　　　　　　　　　　　　（d）

图 B-17　带钩（6584）。（a）样品照片；（b）样品 XRD 图谱；（c）样品二次电子像；（d）能谱图

B10　簋

簋（79）

图 B-18（b）是簋（79）锈蚀样品的 XRD 图谱，样品在 12.0°、14.7°、18.8°、23.9°、29.3°、

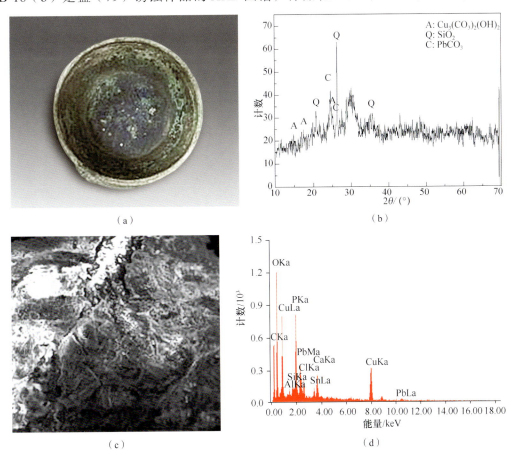

（a）　　　　　　　　　　　　　　（b）

（c）　　　　　　　　　　　　　　（d）

图 B-18　簋（79）。（a）样品照片；（b）样品 XRD 图谱；（c）样品二次电子像；（d）能谱图

29.9°、31.1°、32.1°、35.5°、36.5°、38.0°、41.2°、42.54°、47.7°、50.7°、62.7°和65.4°等位置出现孔雀石（$CuCO_3 \cdot Cu(OH)_2$）衍射特征峰。在20.8°和26.6°等处衍射峰属于石英（SiO_2）。在19.9°、24.8°、25.5°、29.0°、34.6°、43.5°、48.8°、2.07°、1.99°、1.97°、1.86°、1.78°、1.61°、1.59°、1.49°、1.47°和1.41°处出现X射线峰属于白铅矿（$PbCO_3$）。图B-18（d）样品元素分析显示含有25.99%C、21.34%O、0.47%Al、0.92%Si、7.30%P、10.16%Pb、1.83%Cl、3.61%Sn、3.12%Ca、25.27%Cu。

B11 鉴

B11.1 鉴（3989-1）

图B-19（b）是鉴（3989-1）锈蚀样品的XRD图谱，样品在12.0°、14.7°、18.8°、23.9°、29.3°、29.9°、31.1°、32.1°、35.5°、36.5°、38.0°、41.2°、42.54°、47.7°、50.7°、62.7°和65.4°等位置出现孔雀石（$CuCO_3 \cdot Cu(OH)_2$）衍射特征峰。在20.8°和26.6°等处衍射峰属于石英（SiO_2）。图B-19（d）样品元素分析显示含有20.53%C、22.04%O、1.10%Al、2.40%Si、2.51%Pb、1.79%Sn、0.75%Ca、1.15%Fe、47.73%Cu。

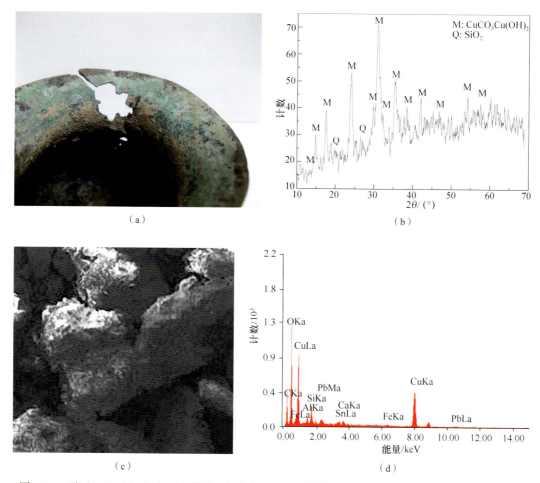

（a）

（b）

（c）

（d）

图B-19　鉴（3989-1）。（a）样品照片；（b）样品XRD图谱；（c）样品二次电子像；（d）能谱图

B11.2　鉴（3989-2）

　　图 B-20（b）是鉴（3989-2）锈蚀样品的 XRD 图谱，样品在 12.0°、14.7°、18.8°、23.9°、29.3°、29.9°、31.1°、32.1°、35.5°、36.5°、38.0°、41.2°、42.54°、47.7°、50.7°、62.7° 和 65.4° 等位置出现孔雀石（$CuCO_3 \cdot Cu(OH)_2$）衍射特征峰。在 20.8° 和 26.6° 等处衍射峰属于石英（SiO_2）。图 B-20（d）样品元素分析显示含有 5.33%C、19.53%O、0.38%Al、2.80%Si、5.11%Pb、51.13%Sn 和 15.72%Cu。

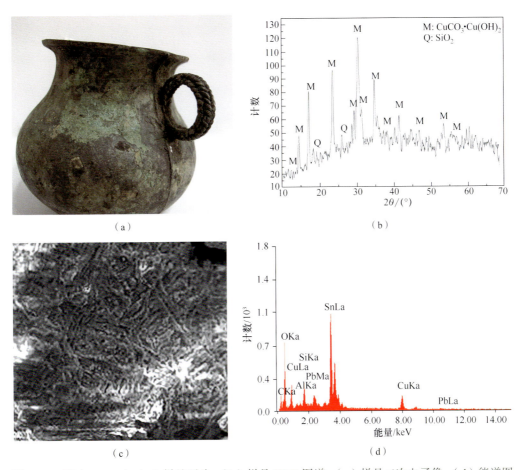

图 B-20　鉴（3989-2）。（a）样品照片；（b）样品 XRD 图谱；（c）样品二次电子像；（d）能谱图

B11.3　鉴（3989-3）

　　图 B-21（b）鉴（3989-3）锈蚀样品的 XRD 图谱，样品在 12.0°、14.7°、18.8°、23.9°、29.3°、29.9°、31.1°、32.1°、35.5°、36.5°、38.0°、41.2°、42.54°、47.7°、50.7°、62.7° 和 65.4° 等位置出现孔雀石（$CuCO_3 \cdot Cu(OH)_2$）衍射特征峰。在 20.8° 和 26.6° 等处衍射峰属于石英（SiO_2）。图 B-21（d）样品元素分析显示含有 14.37%C、21.72%O、1.31%Al、3.14%Si、5.79%Pb、17.95%Sn、1.31%Fe、34.41%Cu。

图 B-21　鍪（3989-3）。（a）样品照片；（b）样品 XRD 图谱；（c）样品二次电子像；（d）能谱图

B11.4　鍪（5473）

图 B-22（b）是鍪（5473）锈蚀样品的 XRD 图谱，样品在 12.0°、14.7°、18.8°、23.9°、29.3°、29.9°、31.1°、32.1°、35.5°、36.5°、38.0°、41.2°、42.54°、47.7°、50.7°、62.7° 和 65.4° 等位置出现孔雀石（$CuCO_3 \cdot Cu(OH)_2$）衍射特征峰。在 20.8° 和 26.6° 等处衍射峰属于石英（SiO_2）。在 19.9°、24.8°、25.5°、29.0°、34.6°、43.5°、48.8°、2.07°、1.99°、1.97°、1.86°、1.78°、1.61°、1.59°、1.49°、1.47° 和 1.41° 处出现 X 射线峰属于白铅矿（$PbCO_3$）。图 B-22（d）样品元素分析显示含有 11.41%C、24.87%O、0.81%Al、1.80%Si、2.10%Pb、0.93%Ca、58.07%Cu。

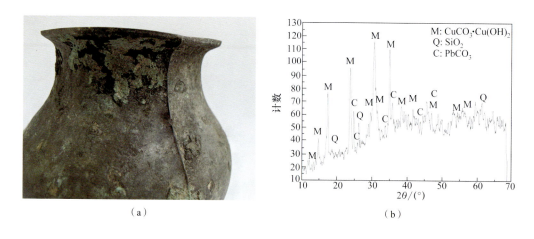

（a）　　　　　　　　　　　　（b）

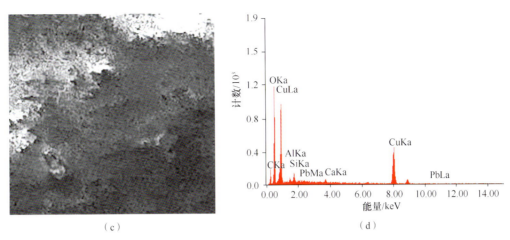

（c）　　　　　　　　　　　　　（d）

图 B-22　鍪（5473）。（a）样品照片；（b）样品 XRD 图谱；（c）样品二次电子像；（d）能谱图

B11.5　鍪（3764）

图 B-23（b）是鍪（3764）锈蚀样品的 XRD 图谱，样品在 12.0°、14.7°、18.8°、23.9°、29.3°、29.9°、31.1°、32.1°、35.5°、36.5°、38.0°、41.2°、42.54°、47.7°、50.7°、62.7° 和 65.4° 等位置出现孔雀石（$CuCO_3 \cdot Cu(OH)_2$）衍射特征峰。在 20.8° 和 26.6° 等处衍射峰属于石英（SiO_2）。图 B-23（d）样品元素分析显示含有 7.04%C、21.52%O、0.78%Al、4.20%Si、9.41%Pb、37.17%Sn、4.45%Fe、15.43%Cu。

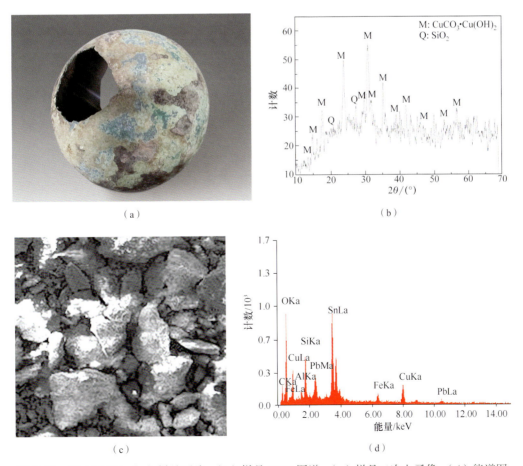

（a）　　　　　　　　　　　　　（b）

（c）　　　　　　　　　　　　　（d）

图 B-23　鍪（3764）。（a）样品照片；（b）样品 XRD 图谱；（c）样品二次电子像；（d）能谱图

B11.6　鍪（4014）

图 B-24（b）是鍪（4014）锈蚀样品的 XRD 图谱，样品在 12.0°、14.7°、18.8°、23.9°、29.3°、29.9°、31.1°、32.1°、35.5°、36.5°、38.0°、41.2°、42.54°、47.7°、50.7°、62.7° 和 65.4° 等位置出现孔雀石（$CuCO_3 \cdot Cu(OH)_2$）衍射特征峰。在 20.8° 和 26.6° 等处衍射峰属于石英（SiO_2）。图 B-24（d）样品元素分析显示含有 17.9%C、20.86%O、1.04%Al、3.07%Si、0.31%P、4.30%Pb、18.85%Sn、1.29%Fe、32.39%Cu。

图 B-24　鍪（4014）。（a）样品照片；（b）样品 XRD 图谱；（c）样品二次电子像；（d）能谱图

B11.7　鍪（4101）

图 B-25（b）是鍪（4101）锈蚀样品的 XRD 图谱，样品在 12.0°、14.7°、18.8°、23.9°、29.3°、29.9°、31.1°、32.1°、35.5°、36.5°、38.0°、41.2°、42.54°、47.7°、50.7°、62.7° 和 65.4° 等位置出现孔雀石（$CuCO_3 \cdot Cu(OH)_2$）衍射特征峰。在 20.8° 和 26.6° 等处衍射峰属于石英（SiO_2）。图 B-25（d）样品元素分析显示含有 20.47%C、30.54%O、0.48%Mg、4.76%Al、6.10%Si、1.01%K、2.50%Fe、34.15%Cu。

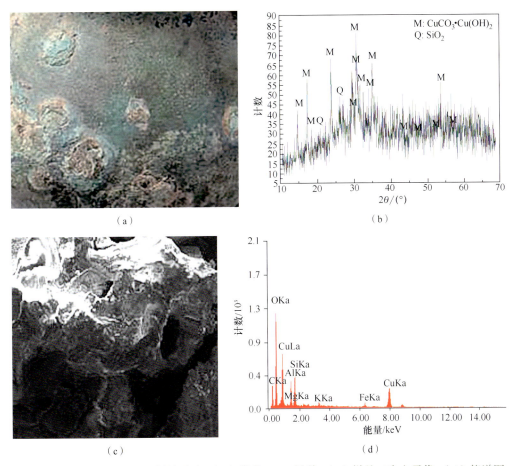

图 B-25 鋬（4101）。（a）样品照片；（b）样品 XRD 图谱；（c）样品二次电子像；（d）能谱图

B11.8 鋬（4001）

图 B-26（b）是鋬（4001）锈蚀样品的 XRD 图谱，样品在 12.0°、14.7°、18.8°、23.9°、29.3°、29.9°、31.1°、32.1°、35.5°、36.5°、38.0°、41.2°、42.54°、47.7°、50.7°、62.7° 和 65.4° 等位置出现孔雀石（$CuCO_3 \cdot Cu(OH)_2$）衍射特征峰。在 20.8° 和 26.6° 等处衍射峰属于石英（SiO_2）。25°，34° 和 52° 左右有 3 个弥散峰包，与非晶 SnO_2 相关。图 B-26（d）样品元素分析显示含有 11.20%C、20.78%O、1.42%Al、3.30%Si、0.86%P、10.83%Pb、27.55%Sn、4.06%Fe、20.01%Cu。

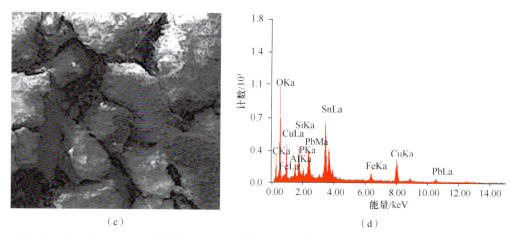

（c）　　　　　　　　　　　　　　（d）

图 B-26　鎣（4001）。（a）样品照片；（b）样品 XRD 图谱；（c）样品二次电子像；（d）能谱图

B11.9　鎣（5448）

图 B-27（b）是鎣（5448）锈蚀样品的 XRD 图谱，样品在 12.0°、14.7°、18.8°、23.9°、29.3°、29.9°、31.1°、32.1°、35.5°、36.5°、38.0°、41.2°、42.54°、47.7°、50.7°、62.7°和 65.4°等位置出现孔雀石（$CuCO_3 \cdot Cu(OH)_2$）衍射特征峰。在 20.8°和 26.6°等处衍射峰属于石英（SiO_2）。图 B-27（d）样品元素分析显示含有 10.57%C、25.17%O、0.55%Al、0.87%Si、1.82%Pb、61.02%Cu。

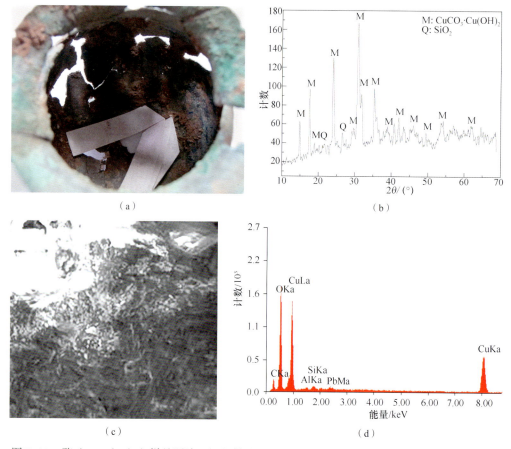

（a）　　　　　　　　　　　　　　（b）

（c）　　　　　　　　　　　　　　（d）

图 B-27　鎣（5448）。（a）样品照片；（b）样品 XRD 图谱；（c）样品二次电子像；（d）能谱图

B11.10　鋬（5364）

　　图 B-28（b）是鋬（5364）锈蚀样品的 XRD 图谱，样品在 12.0°、14.7°、18.8°、23.9°、29.3°、29.9°、31.1°、32.1°、35.5°、36.5°、38.0°、41.2°、42.54°、47.7°、50.7°、62.7° 和 65.4° 等位置出现孔雀石（CuCO₃·Cu(OH)₂）衍射特征峰。在 20.8° 和 26.6° 等处衍射峰属于石英（SiO₂）。图 B-28（d）样品元素分析显示含有 5.90%C、16.62%O、0.46%As、0.27%Al、1.39%Si、0.50%P、2.51%Pb、41.79%Sn、2.83%Fe 和 27.72%Cu。

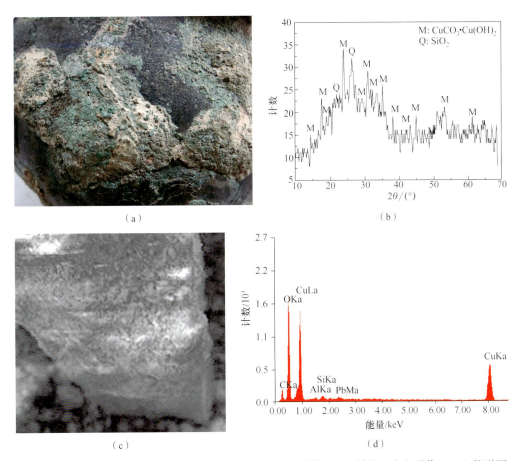

图 B-28　鋬（5364）。（a）样品照片；（b）样品 XRD 图谱；（c）样品二次电子像；（d）能谱图

B11.11　鋬（3622）

　　图 B-29（b）是鋬（3622）锈蚀样品的 XRD 图谱，样品在 12.0°、14.7°、18.8°、23.9°、29.3°、29.9°、31.1°、32.1°、35.5°、36.5°、38.0°、41.2°、42.54°、47.7°、50.7°、62.7° 和 65.4° 等位置出现孔雀石（CuCO₃·Cu(OH)₂）衍射特征峰。在 20.8° 和 26.6° 等处衍射峰属于石英（SiO₂）。图 B-29（d）样品元素分析显示含有 7.49%C、25.7%O、2.08%Al、3.43%Si、1.32%P、13.5%Pb、4.18%Sn、0.80%Ca、1.17%Fe 和 40.34%Cu。

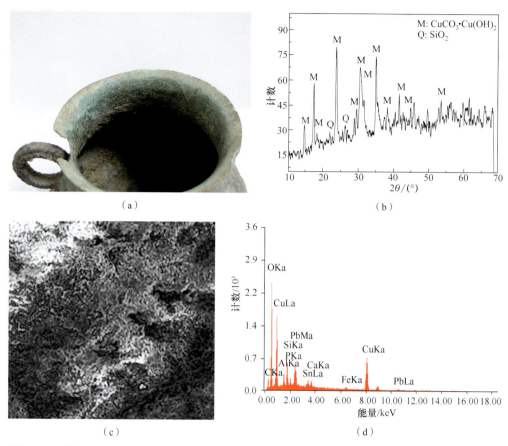

图 B-29　鍪（3622）。（a）样品照片；（b）样品 XRD 图谱；（c）样品二次电子像；（d）能谱图

B11.12　鍪（5286）

图 B-30（b）是鍪（5286）锈蚀样品的 XRD 图谱，样品在 12.0°、14.7°、18.8°、23.9°、29.3°、29.9°、31.1°、32.1°、35.5°、36.5°、38.0°、41.2°、42.54°、47.7°、50.7°、62.7° 和 65.4° 等位置出现孔雀石（$CuCO_3 \cdot Cu(OH)_2$）衍射特征峰。在 20.8° 和 26.6° 等处衍射峰属于石英（SiO_2）。图 B-30（d）样品元素分析显示含有 23.48%C、22.41%O、1.29%Al、2.89%Si、1.50%Pb、4.13%Sn、1.13%Fe 和 43.16%Cu。

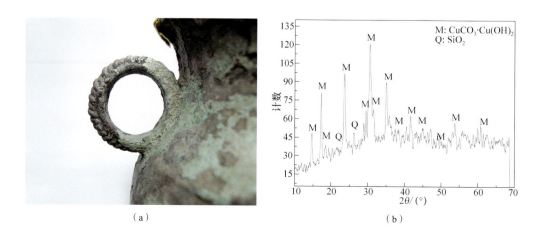

（a）　　　　　　　　　　　　　　　　　（b）

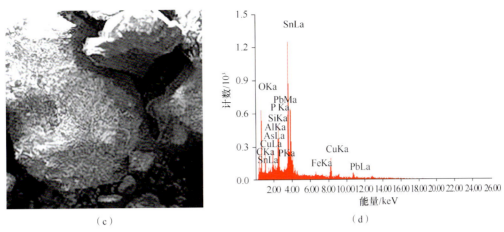

（c）　　　　　　　　　　　　　　　（d）

图 B-30　鉴（5286）。（a）样品照片；（b）样品 XRD 图谱；（c）样品二次电子像；（d）能谱图

B11.13　鉴（3769）

图 B-31（b）是鉴（3769）锈蚀样品的 XRD 图谱，显示出 25°、34° 和 52° 左右有 3 个弥散峰包，与非晶 SnO_2 相关。图 B-31（d）样品元素分析显示含有 5.48%C、16.79%O、0.74%As、0.29%Al、2.00%Si、0.56%P、12.97%Pb、47.06%Sn、1.65%Fe 和 12.44%Cu。

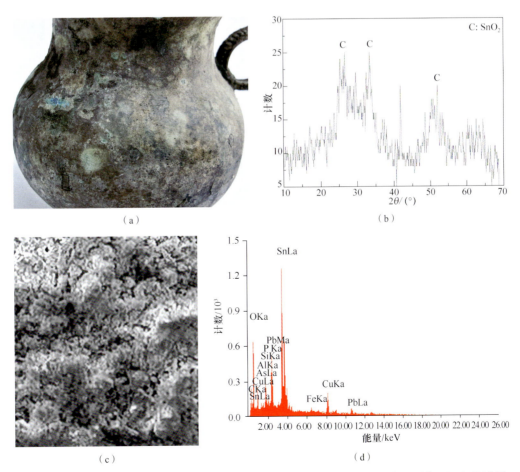

（a）　　　　　　　　　　　　　　　（b）

（c）　　　　　　　　　　　　　　　（d）

图 B-31　鉴（3769）。（a）样品照片；（b）样品 XRD 图谱；（c）样品二次电子像；（d）能谱图

B11.14 鉴（1479）

图 B-32（b）是鉴（1479）锈蚀样品的 XRD 图谱，样品在 12.0°、14.7°、18.8°、23.9°、29.3°、29.9°、31.1°、32.1°、35.5°、36.5°、38.0°、41.2°、42.54°、47.7°、50.7°、62.7° 和 65.4° 等位置出现孔雀石（$CuCO_3 \cdot Cu(OH)_2$）衍射特征峰。在 20.8° 和 26.6° 等处衍射峰属于石英（SiO_2）。图 B-32（d）样品元素分析显示含有 7.89%C、28.29%O、0.60%Mg、4.81%Al、7.92%Si、0.96%K、0.39%Ca、2.53%Fe 和 46.59%Cu。

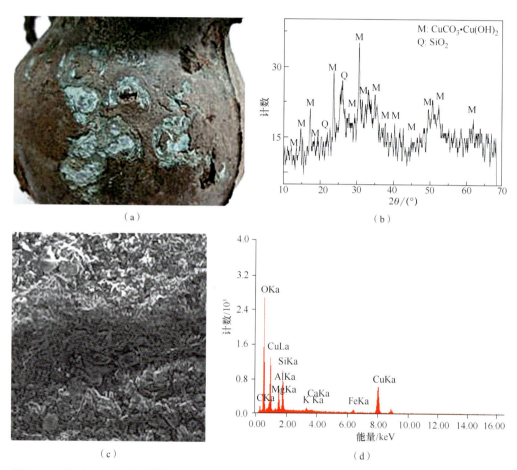

图 B-32 鉴（1479）。（a）样品照片；（b）样品 XRD 图谱；（c）样品二次电子像；（d）能谱图

B11.15 鉴（5765）

图 B-33（b）是鉴（5765）锈蚀样品的 XRD 图谱，样品在 12.0°、14.7°、18.8°、23.9°、29.3°、29.9°、31.1°、32.1°、35.5°、36.5°、38.0°、41.2°、42.54°、47.7°、50.7°、62.7° 和 65.4° 等位置出现孔雀石（$CuCO_3 \cdot Cu(OH)_2$）衍射特征峰。在 20.8° 和 26.6° 等处衍射峰属于石英（SiO_2）。图 B-33（d）样品元素分析显示含有 10.40%C、33.52%O、1.08%Al、1.94%Si、3.21%Pb、1.56%Sn、0.59%Ca、47.7%Cu。

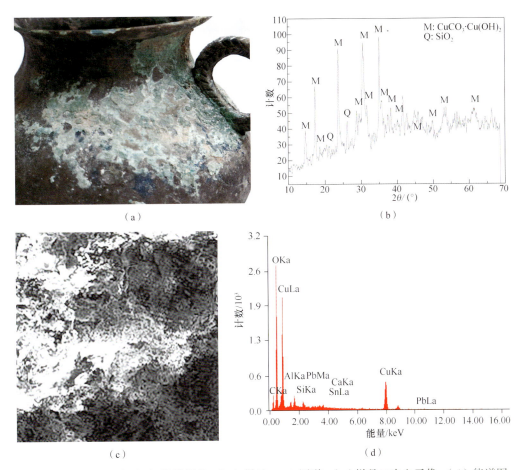

（a）　　　　　　　　　（b）

（c）　　　　　　　　　（d）

图 B-33　鉴（5765）。（a）样品照片；（b）样品 XRD 图谱；（c）样品二次电子像；（d）能谱图

B11.16　鉴（3759）

图 B-34（b）是鉴（3759）锈蚀样品的 XRD 图谱，样品在 $12.0°$、$14.7°$、$18.8°$、$23.9°$、$29.3°$、$29.9°$、$31.1°$、$32.1°$、$35.5°$、$36.5°$、$38.0°$、$41.2°$、$42.54°$、$47.7°$、$50.7°$、$62.7°$ 和 $65.4°$ 等位置出现孔雀石（$CuCO_3 \cdot Cu(OH)_2$）衍射特征峰；在 $20.8°$ 和 $26.6°$ 等处衍射峰属于石英（SiO_2）。在 $19.9°$、$24.8°$、$25.5°$、$29.0°$、$34.6°$、$43.5°$、$48.8°$、$2.07°$、$1.99°$、$1.97°$、$1.86°$、$1.78°$、$1.61°$、$1.59°$、$1.49°$、$1.47°$ 和 $1.41°$ 处出现 X 射线峰属于白铅矿（$PbCO_3$）。图 B-34（d）样品元素分析显示含有 14.76%C、19.86%O、0.30%p、3.11%Al、6.26%Si、17.2%Pb、5.52%Sn、2.27%Fe 和 30.72%Cu。

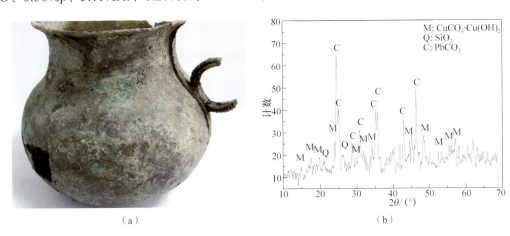

（a）　　　　　　　　　（b）

（c） （d）

图 B-34　鍪（3759）。（a）样品照片；（b）样品 XRD 图谱；（c）样品二次电子像；（d）能谱图

B11.17　鍪（5384）

图 B-35（b）是鍪（5384）锈蚀样品的 XRD 图谱，样品在 12.0°、14.7°、18.8°、23.9°、29.3°、29.9°、31.1°、32.1°、35.5°、36.5°、38.0°、41.2°、42.54°、47.7°、50.7°、62.7° 和 65.4° 等位置出现孔雀石（$CuCO_3 \cdot Cu(OH)_2$）衍射特征峰；在 20.8° 和 26.6° 等处衍射峰属于石英（SiO_2）。在 19.9°、24.8°、25.5°、29.0°、34.6°、43.5°、48.8°、2.07°、1.99°、1.97°、1.86°、1.78°、1.61°、1.59°、1.49°、1.47° 和 1.41° 处出现 X 射线峰属于白铅矿（$PbCO_3$）。图 B-35（d）样品元素分析显示含有 15.78%C、

（a） （b）

（c） （d）

图 B-35　鍪（5384）。（a）样品照片；（b）样品 XRD 图谱；（c）样品二次电子像；（d）能谱图

21.24%O、1.17%Al、3.01%Si、4.35%Pb、9.36%Sn、0.45%Ca、1.56%Fe、43.07%Cu。

B11.18　鋻（1509）

图 B-36（b）是鋻（1509）锈蚀样品的 XRD 图谱，样品在 12.0°、14.7°、18.8°、23.9°、29.3°、29.9°、31.1°、32.1°、35.5°、36.5°、38.0°、41.2°、42.54°、47.7°、50.7°、62.7°和 65.4°等位置出现孔雀石（CuCO_3·Cu(OH)_2）衍射特征峰；在 20.8°和 26.6°等处衍射峰属于石英（SiO_2）。在 19.9°、24.8°、25.5°、29.0°、34.6°、43.5°、48.8°、2.07°、1.99°、1.97°、1.86°、1.78°、1.61°、1.59°、1.49°、1.47°和 1.41°处出现 X 射线峰属于白铅矿（PbCO_3）。图 B-36（d）样品元素分析显示含有 15.36%C、28.8%O、0.68%Mg、5.90%Al、12.38%Si、0.75%Tl、1.07%K、2.00%Sn、0.27%Ca、3.1%Fe 和 29.7%Cu。

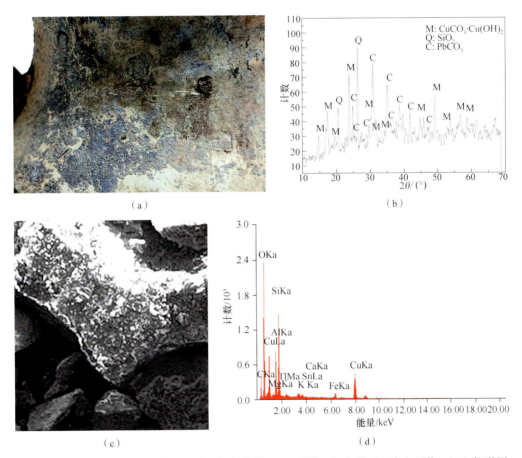

图 B-36　鋻（1509）。（a）样品照片；（b）样品 XRD 图谱；（c）样品二次电子像；（d）能谱图

B11.19　鋻（3596-1）

图 B-37（b）是鋻（3596-1）锈蚀样品的 XRD 图谱，样品在 12.0°、14.7°、18.8°、23.9°、29.3°、29.9°、31.1°、32.1°、35.5°、36.5°、38.0°、41.2°、42.54°、47.7°、50.7°、62.7°和 65.4°等位置出现孔雀石（CuCO_3·Cu(OH)_2）衍射特征峰；在 20.8°和 26.6°等处衍射峰属于石英（SiO_2）。样品在 17.00°、17.33°、17.54°、24.04°、25.07°、35.68°、39.24°、40.38°、46.52°、50.71°和 57.64°为蓝铜矿 [Cu_3(CO_3)_2(OH)_2] 衍射特征峰。图 B-37（d）样品元素分析显示含有 15.48%C、25.46%O、4.63%Al、8.91%Si、3.83%Pb、8.71%Sn、3.81%Fe 和 29.18%Cu。

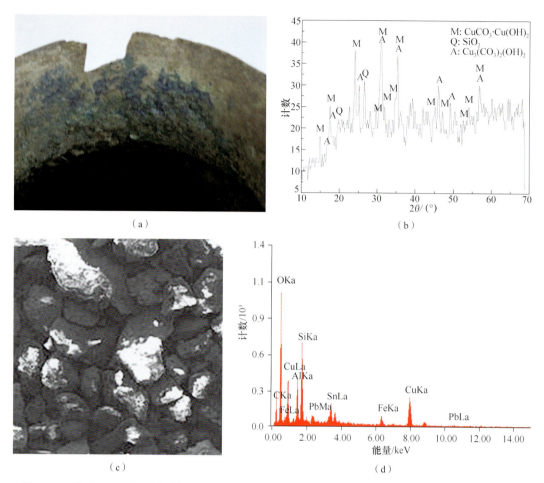

图 B-37　鍪（3596-1）。（a）样品照片；（b）样品 XRD 图谱；（c）样品二次电子像；（d）能谱图

B11.20　鍪〔3596-2〕

图 B-38（b）是鍪（3596-2）锈蚀样品的 XRD 图谱，显示出 25°、34°和 52°左右有 3 个弥散峰包，与非晶 SnO$_2$ 相关。图 B-38（d）样品元素分析显示含有 8.63%C、19.71%O、0.91%Al、2.15%Si、0.54%P、5.97%Pb、25.28%Sn、1.09%Ca、3.54%Fe 和 32.19%Cu。

（a）　　　　　　　　　　　　　　　　　　　（b）

（c）　　　　　　　　　　　（d）

图 B-38　鉴（3596-2）。（a）样品照片；（b）样品 XRD 图谱；（c）样品二次电子像；（d）能谱图

B11.21　鉴（3685）

图 B-39（b）是鉴（3685）锈蚀样品的 XRD 图谱，样品在 16.17°、17.65°、32.51°、36.02°、39.90°、49.93° 和 52.01° 等处衍射峰属于氯铜矿 $Cu_2Cl(OH)$ 衍射特征峰；在 20.8° 和 26.6° 等处衍射峰属于石英（SiO_2）。图 B-39（d）样品元素分析显示含有 3.05%C、11.16%O、0.60%Si、7.81%Pb、9.29%Cl、10.50%Sn 和 57.6%Cu。

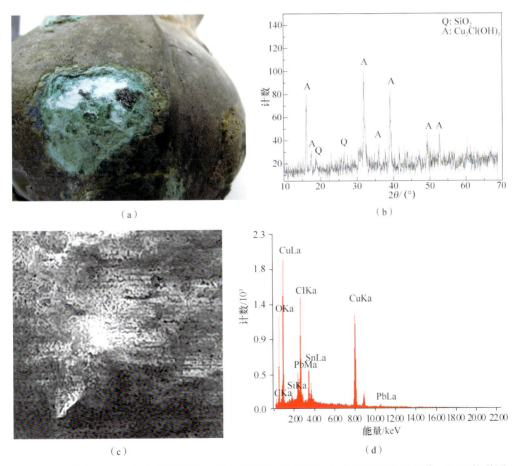

（a）　　　　　　　　　　　（b）

（c）　　　　　　　　　　　（d）

图 B-39　鉴（3685）。（a）样品照片；（b）样品 XRD 图谱；（c）样品二次电子像；（d）能谱图

B11.22　鍪（5405）

图 B-40（b）是鍪（5405）锈蚀样品的 XRD 图谱，样品在 12.0°、14.7°、18.8°、23.9°、29.3°、29.9°、31.1°、32.1°、35.5°、36.5°、38.0°、41.2°、42.54°、47.7°、50.7°、62.7° 和 65.4° 等位置出现孔雀石（CuCO$_3$·Cu(OH)$_2$）衍射特征峰；在 20.8° 和 26.6° 等处衍射峰属于石英（SiO$_2$）。在 19.9°、24.8°、25.5°、29.0°、34.6°、43.5°、48.8°、2.07°、1.99°、1.97°、1.86°、1.78°、1.61°、1.59°、1.49°、1.47° 和 1.41° 处出现 X 射线峰属于白铅矿（PbCO$_3$）。图 B-40（d）样品元素分析显示含有 24.22%C、19.73%O、1.36%Al、2.68%Si、0.40%P、12.48%Pb、6.43%Sn、2.21%Fe 和 30.5%Cu。

（a）　　　　　　　　　　　（b）

（c）　　　　　　　　　　　（d）

图 B-40　鍪（5405）。（a）样品照片；（b）样品 XRD 图谱；（c）样品二次电子像；（d）能谱图

B11.23　鍪（1525-1）

图 B-41（b）是鍪（1525-1）锈蚀样品的 XRD 图谱，显示出 25°、34° 和 52° 左右有 3 个弥散峰包，与非晶 SnO$_2$ 相关。图 B-41（d）样品元素分析显示含有 19.62%C、22.96%O、0.24%Mg、1.76%Al、4.40%Si、0.34%P、7.61%Pb、33.3%Sn、3.65%Fe 和 6.12%Cu。

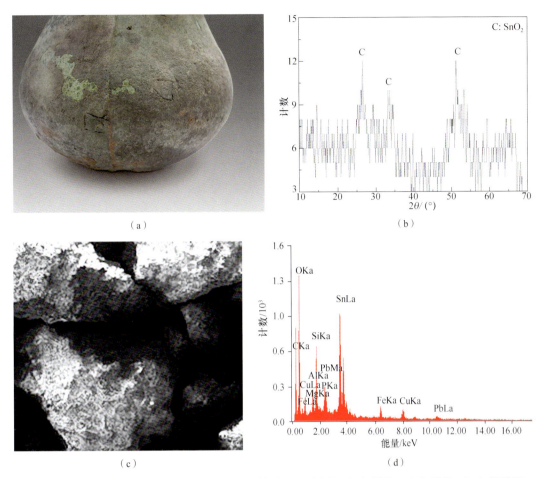

（a）　　　　　　　　　　　　　（b）

（c）　　　　　　　　　　　　　（d）

图 B-41　鎏（1525-1）。（a）样品照片；（b）样品 XRD 图谱；（c）样品二次电子像；（d）能谱图

B11.24　鎏（1525-2）

图 B-42（b）是鎏（1525-2）绿色锈蚀锈蚀样品的 XRD 图谱，显示出 25°、34° 和 52° 左右有 3 个弥散峰包，与非晶 SnO_2 相关。图 B-42（d）样品元素分析显示含有 5.36%C、20.49%O、0.48%Al、2.94%Si、9.16%Pb、47.54%Sn、3.56%Fe 和 10.48%Cu。

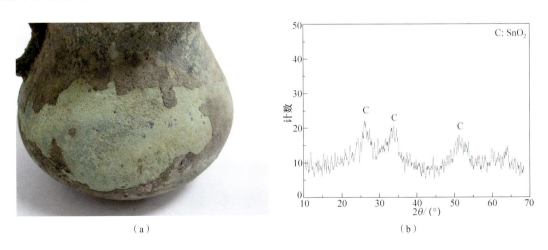

（a）　　　　　　　　　　　　　（b）

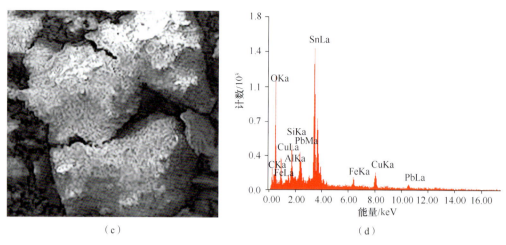

（c）　　　　　　　　　　　（d）

图 B-42　鉴（1525-2）。（a）样品照片；（b）样品 XRD 图谱；（c）样品二次电子像；（d）能谱图

B11.25　鋬（1569）

图 B-43（b）是鋬（1569）锈蚀样品的 XRD 图谱，样品在 12.0°、14.7°、18.8°、23.9°、29.3°、29.9°、31.1°、32.1°、35.5°、36.5°、38.0°、41.2°、42.54°、47.7°、50.7°、62.7° 和 65.4° 等位置出现孔雀石（$CuCO_3·Cu(OH)_2$）衍射特征峰；在 20.8° 和 26.6° 等处衍射峰属于石英（SiO_2）。图 B-43（d）样品元素分析显示含有 18.42%C、19.43%O、0.10%Mg、0.57%Al、2.25%Si、4.01%Pb、25.4%Sn、0.99%Fe 和 28.83%Cu。

（a）　　　　　　　　　　　（b）

（c）　　　　　　　　　　　（d）

图 B-43　鋬（1569）。（a）样品照片；（b）样品 XRD 图谱；（c）样品二次电子像；（d）能谱图

B11.26 鉴（3934）

图 B-44（b）是鉴（3934）锈蚀样品的 XRD 图谱，显示出 25°、34° 和 52° 左右有 3 个弥散峰包，与非晶 SnO_2 相关。图 B-44（d）样品元素分析显示含有 27.89%C、19.56%O、0.13%Mg、0.50%Al、1.79%Si、6.95%Pb、21.89%Sn、1.04%Fe 和 20.25%Cu。

（a）　　　　　　　　　　　（b）

（c）　　　　　　　　　　　（d）

图 B-44　鉴（3934）。（a）样品照片；（b）样品 XRD 图谱；（c）样品二次电子像；（d）能谱图

B11.27 鉴（1395）

图 B-45（b）是鉴（1395）锈蚀样品的 XRD 图谱，显示出 25°、34° 和 52° 左右有 3 个弥散峰包，与非晶 SnO_2 相关。图 B-45（d）样品元素分析显示含有 20.94%C、18.56%O、1.94%Si、8.68%Pb、

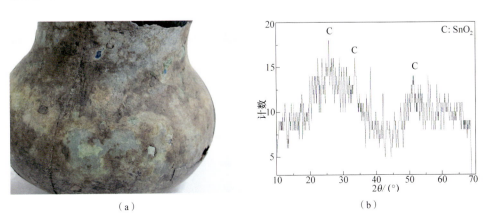

（a）　　　　　　　　　　　（b）

（c）　　　　　　　　　　　（d）

图 B-45　鉴（1395）。（a）样品照片；（b）样品 XRD 图谱；（c）样品二次电子像；（d）能谱图 34.00%Sn、1.52%Fe 和 14.36%Cu。

B11.28　鉴（5354-1）

图 B-46（b）是鉴（5354-1）绿色锈蚀样品的 X 射线衍射图，在 13.9°、16.7°、22.9°、28.4°、33.8°、35.7° 和 41.5° 位置出现了水胆矾（$Cu_4(OH)_6SO_4$）特征衍射峰，图 B-46（d）元素含量分析显示样品含有 44.66%C、20.21%O、0.82%Al、1.49%Si、1.28%Pb、1.09%Sn、0.38%Ca、0.82%Fe 和 29.25%Cu。

（a）　　　　　　　　　　　（b）

（c）　　　　　　　　　　　（d）

图 B-46　鉴（5354-1）。（a）样品照片；（b）样品 XRD 图谱；（c）样品二次电子像；（d）能谱图

B11.29　鉴（5354-2）

图 B-47（b）是鉴（5354-2）锈蚀样品的 XRD 图谱，样品在 12.0°、14.7°、18.8°、23.9°、29.3°、29.9°、31.1°、32.1°、35.5°、36.5°、38.0°、41.2°、42.54°、47.7°、50.7°、62.7° 和 65.4° 等位置出现孔雀石（$CuCO_3 \cdot Cu(OH)_2$）衍射特征峰；在 20.8° 和 26.6° 等处衍射峰属于石英（SiO_2）。图 B-47（d）样品元素分析显示含有 28.30%C、19.72%O、0.56%Al、2.25%Si、7.03%Pb、27.46%Sn、0.74%Fe 和 13.94%Cu。

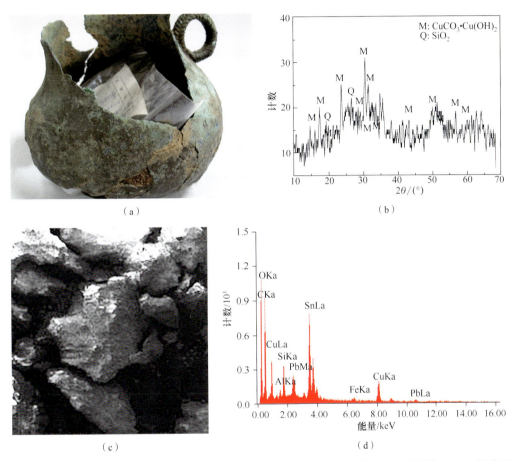

图 B-47　鉴（5354-2）。（a）样品照片；（b）样品 XRD 图谱；（c）样品二次电子像；（d）能谱图

B11.30　鉴（3957）

图 B-48（b）是鉴（3957）锈蚀样品的 XRD 图谱，样品在 12.0°、14.7°、18.8°、23.9°、29.3°、29.9°、31.1°、32.1°、35.5°、36.5°、38.0°、41.2°、42.54°、47.7°、50.7°、62.7° 和 65.4° 等位置出现孔雀石（$CuCO_3 \cdot Cu(OH)_2$）衍射特征峰；在 20.8° 和 26.6° 等处衍射峰属于石英（SiO_2）。图 B-48（d）样品元素分析显示含有 17.58%C、20.72%O、1.75%Al、3.23%Si、0.27%P、2.33%Pb、5.73%Sn、1.45%Fe 和 46.95%Cu。

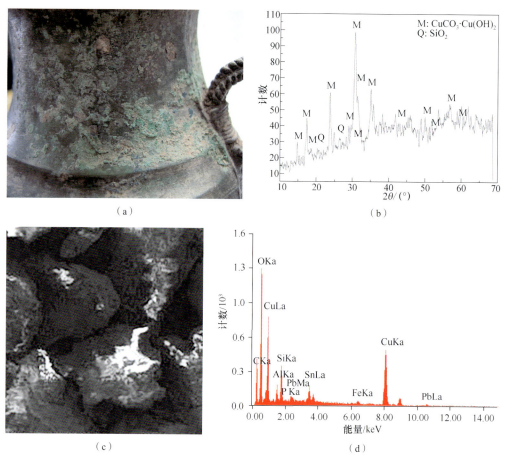

图 B-48 鍪（3957）。（a）样品照片；（b）样品 XRD 图谱；（c）样品二次电子像；（d）能谱图

B11.31 鍪（5379-1）

图 B-49（b）是鍪（5379-1）锈蚀样品的 XRD 图谱，样品在 12.0°、14.7°、18.8°、23.9°、29.3°、29.9°、31.1°、32.1°、35.5°、36.5°、38.0°、41.2°、42.54°、47.7°、50.7°、62.7°和 65.4°等位置出现孔雀石（$CuCO_3 \cdot Cu(OH)_2$）衍射特征峰；在 20.8°和 26.6°等处衍射峰属于石英（SiO_2）。图 B-49（d）样品元素分析显示含有 31.35%C、20.66%O、1.62%Al、2.90%Si、1.95%Pb、3.89%Sn、1.30%Fe 和 36.34%Cu。

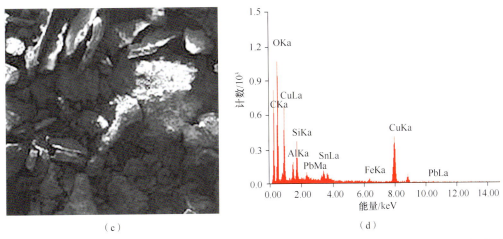

（c）

（d）

图 B-49 鉴（5379-1）。（a）样品照片；（b）样品 XRD 图谱；（c）样品二次电子像；（d）能谱图

B11.32 鉴（5379-2）

图 B-50（b）是鉴（5379-2）锈蚀样品的 XRD 图谱，显示出 25°、34° 和 52° 左右有 3 个弥散峰包，与非晶 SnO_2 相关。图 B-50（d）样品元素分析显示含有 18.75%C、18.8%O、0.82%Al、3.08%Si、7.99%Pb、32.35%Sn、0.84%Fe 和 17.36%Cu。

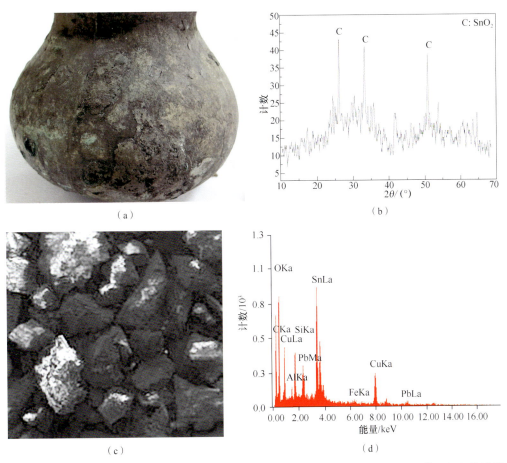

（a）

（b）

（c）

（d）

图 B-50 鉴（5379-2）。（a）样品照片；（b）样品 XRD 图谱；（c）样品二次电子像；（d）能谱图

附录 C 开县馆藏青铜器保护修复案例

本项目金属文物类型众多，针对其不同文物类型，我们分别以典型案例进行说明。

C1 食 器

该项目食器共有 66 件。其中，鼎 2 件，簋 2 件，鍪 42 件，釜 17 件，盆 2 件，匕 1 件。鼎大体完整，通体锈蚀紧密，鼎（623）仅在底腹部有一残缺，其三腿完整，却因断裂，采用胶粘剂与腹部黏结在一起，鼎（4017）则仅在腹底存在一残缺，并缺失一足镦；簋也是大体完整，通体锈蚀紧密，簋（78）仅在腹部存在一大片缺失，簋（79）不仅在腹部存在大片缺失，而且腹部缺失过半，造成支撑平衡不均，主体发生倾斜变形；42 件鍪中，有 17 件大体完整，鍪（1087、143、1395、1509、1569、1584、3596、3657、3670、3759、3764、3934、5786、5300、5311、5384、5448）存在口沿、腹部以及底部不同程度的缺损，以鍪（5786、5311）缺失最为严重，缺损分别达到整器的三分之一、四分之一，鍪（3627、5354、5370、5484）不但有缺损，而且整器断成数截，同时以鍪（3627、4101、5268、5364、5384）为例，存在明显的粉状锈包；在 17 件釜中，仅釜（138）大体完整，余下除釜（454）底部缺损过半之外，其余集中在口沿至腹部有不同程度的缺损，釜（379）缺损达到三分之一、釜（400）缺损将半，釜（575）自口沿至底部有一道明显贯通式断裂，釜（453）、釜（580）以及釜（608）存在不同程度的变形；盆大体完整，表面附着土锈与硬质锈蚀产物，盆（4179）主要是口沿变形，盆（5491）则是底部存在几处小块缺损；匕（102）大体完整。

C1.1 鼎

鼎（623），通高 19.90 cm，口径 15.00 cm，盖口径 16.50 cm，重 1500 g。子母口、三足、圜底、对称耳，盖直口、弧顶，三个钮。大型完整，腹部部位残损，树脂将鼎腿与腹身粘连。

依照行业标准及方案要求，拍照记录（图 C-1），完成对应病害图绘制（图 C-2），并通过采集锈蚀样品检测未有有害锈存在，故而主要进行表面洁除及修复操作：

（1）洁除：使用手术刀片、酒精棉对表面土垢以及松散的锈蚀产物进行清理，对于不影响纹饰或整体美观的硬质的锈蚀物则不予清除。

（2）除胶：用手术刀对已经硬化的胶层进行剥离，并以无水乙醇清理碴口，以待下步。

（3）黏结、补配：重新依照鼎三足之间的稳定关系以及碴口关联，标注连接标示。然后，在内壁铺设玻璃纤维丝，以双组分胶粘剂黏结固定，连同缺失部位一并填补，见图 C-3、图 C-4，直至固化稳定为止。

图 C-1 鼎（623）保护修复前

文物基本信息	
名　称	战国三足青铜鼎
年　代	战国
收藏单位	开县文物管理所
等　级	
出土地点	县公安局移交
质　地	铜
文物病害图绘制基本信息	
单　位	重庆市文化遗产研究院
项目名称	重庆市开县文物管理所馆藏青铜文物保护修复
证书编号	可文设（甲）字
比例尺	1 cm
比　例	1：4
绘　图	黄丽文
审　核	杨小刚
项目负责	叶琳
图　别	文物病害图
图　名	战国三足青铜鼎（623）文物病害图
日　期	2013-5-10

残缺　　表面硬结物

图 C-2 鼎（623）病害图

图 C-3 鼎（623）腿补胶及缺损处（外壁）

图 C-4 鼎（623）腿补胶及缺损处（内壁）

（4）缓释封护：依照方案要求进行整体缓释、封护喷涂。

（5）做旧：对黏结碴口、补配区域采用矿物质颜料进行涂刷作色。

（6）完善修复档案：进行修复后拍照（图 C-5），完善修复档案记录。

图 C-5　鼎（623）保护修复后

C1.2　簋

簋（79），通高 15.00 cm，口径 23.00 cm，圈足直径 17.20 cm，圈足高 5.90 cm，重 1500 g。直口，圈足底，腹部有几道凸弦纹，两侧有铺首无环。大型完整，整体为修饰覆盖，口沿部位几乎完好，腹部即底部变形，腹部铜质很薄，有一横贯 50% 圈足连接腹部的大缺失，圈足两处断裂：一处横贯 30% 的圈足，另一处自圈足与腹部连接处延伸至足底。

依照行业标准及方案要求，拍照记录（图 C-6），完成对应病害图绘制（图 C-7），并通过采集锈蚀样品检测未有有害锈存在，故而主要进行表面洁除及修复操作：

（1）洁除：使用手术刀片、酒精棉对表面土垢以及松散的锈蚀产物进行清理，对于不影响纹饰或整体美观的硬质的锈蚀物则不予清除。

（2）补配、黏结：倒扣铜簋于泥塑内胎支撑之上，依照弧线关系采用纸胶带做底面，见图 C-8，在空缺处填补玻璃钢材料，见图 C-9，待固化后打磨修边即可。

图 C-6　簋（79）保护修复前

文物基本信息	
名　称	东汉青铜簋
年　代	东汉
收藏单位	开县文物管理所
等　级	
出土地点	红华村崖墓群
质　地	铜
文物病害图绘制基本信息	
单　位	重庆市文化遗产研究院
项目名称	重庆市开县文物管理所馆藏青铜文物保护修复
证书编号	可文设（甲）字
比例尺	▬ 1 cm
比　例	1 : 5
绘　图	黄丽文
审　核	杨小刚
项目负责	叶琳
图　别	文物病害图
图　名	东汉青铜簋（79）文物病害图
日　期	2013-5-4

残缺　表面硬结物　断裂

图 C-7　簋（79）病害图

图 C-8　泥塑内胎支撑，纸胶带做底

图 C-9　玻璃钢材料填补

（3）缓释封护：依照方案要求进行整体缓释、封护喷涂。

（4）做旧：对填补缺口处，采用矿物质颜料进行涂刷作色。

（5）完善修复档案：进行修复后拍照，见图 C-10，完善修复档案记录。

图 C-10　簋（79）保护修复后

C1.3　鎏

　　鎏（3685），通高 9.50 cm，最大直径 8.40 cm，修复前重 367 g，修复后重 374 g。单耳鎏，敛口束颈，口有唇缘，鼓腹圜底。有大量的瘤状物、锈包、有害锈，多处残缺，器身内外有大量的泥土附着物。底部锈包疑似铸造残留铜渣或使用中的残损补配。

　　依照行业标准及方案要求，拍照记录（图 C-11），完成对应病害图绘制（图 C-12），还采用视频显微镜对粉状锈蚀的瘤状物区域进行显微观察，见图 C-13，并通过采集锈蚀样品检测出确实有有害锈存在，主要进行表面洁除及有害锈去除等保护修复操作：

　　（1）洁除：使用手术刀片、酒精棉对表面土垢以及松散的锈蚀产物进行清理，对于不影响纹饰或整体美观的硬质的锈蚀物则不予清除。

　　（2）有害锈转化去除：用手术刀扣除有害锈锈斑内锈粉，见图 C-14，分别配置 1%～3% 梯级浓度的过氧化氢溶液，对锈坑进行点涂或糊敷转化。

　　（3）补配：对于缺失的刃口以及转化完的锈坑，采用玻璃钢材料进行填补，并打磨成型；

　　（4）缓释封护：依照方案要求进行整体缓释、封护喷涂。

　　（5）做旧：对填补缺口处，采用矿物质颜料进行涂刷作色。

　　（6）完善修复档案：进行修复后拍照，见图 C-15，完善修复档案记录。

图 C-11　鎏（3685）保护修复前

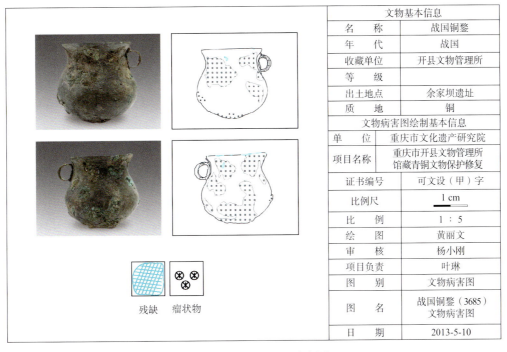

文物基本信息	
名　　称	战国铜鍪
年　　代	战国
收藏单位	开县文物管理所
等　　级	
出土地点	余家坝遗址
质　　地	铜
文物病害图绘制基本信息	
单　　位	重庆市文化遗产研究院
项目名称	重庆市开县文物管理所馆藏青铜文物保护修复
证书编号	可文设（甲）字
比例尺	1 cm
比　　例	1∶5
绘　　图	黄丽文
审　　核	杨小刚
项目负责	叶琳
图　　别	文物病害图
图　　名	战国铜鍪（3685）文物病害图
日　　期	2013-5-10

残缺　　瘤状物

图 C-12　鍪（3685）病害图

图 C-13　视频显微镜下的粉状锈蚀

图 C-14　手工剔除粉状锈蚀

图 C-15　鍪（3685）保护修复后

C1.4 釜

釜（453），口直径 31.90 cm，通高 25.80 cm，重 5150 g。侈口束颈，鼓腹圜底，双耳双铺首。有多处锈蚀，口沿、腹部、底部有多处变形。口沿、底部有部分缺失及孔洞，耳缺失一只。

依照行业标准及方案要求，拍照记录（图 C-16），完成对应病害图绘制（图 C-17），并通过采集锈蚀样品检测未有有害锈存在，故而主要进行表面洁除及修复操作：

图 C-16　釜（453）保护修复前

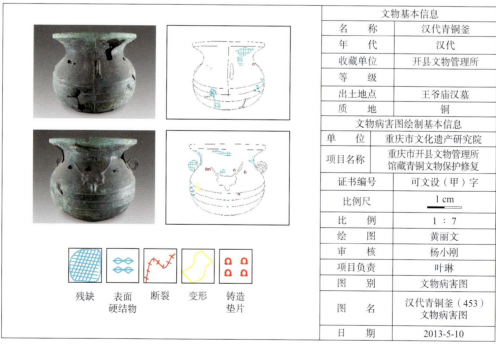

文物基本信息	
名　称	汉代青铜釜
年　代	汉代
收藏单位	开县文物管理所
等　级	
出土地点	王爷庙汉墓
质　地	铜
文物病害图绘制基本信息	
单　位	重庆市文化遗产研究院
项目名称	重庆市开县文物管理所馆藏青铜文物保护修复
证书编号	可文设（甲）字
比例尺	1 cm
比　例	1 : 7
绘　图	黄丽文
审　核	杨小刚
项目负责	叶琳
图　别	文物病害图
图　名	汉代青铜釜（453）文物病害图
日　期	2013-5-10

残缺　表面硬结物　断裂　变形　铸造垫片

图 C-17　釜（453）病害图

（1）洁除：使用手术刀片、酒精棉对表面土垢以及松散的锈蚀产物进行清理，对于不影响纹饰或整体美观的硬质的锈蚀物则不予清除。

（2）矫形：使用锤击敲打的方式，将垫在铁砧上的变形部位逐步矫正，见图 C-18，注意用力和角度。

（3）补配：依照弧线关系在空缺处填补玻璃钢材料，待固化后打磨修边即可。

（4）缓释封护：依照方案要求进行整体缓释、封护喷涂。

（5）做旧：对填补缺口处，采用矿物质颜料进行涂刷作色，如图 C-19 所示。

（6）完善修复档案：进行修复后拍照，见图 C-20，完善修复档案记录。

图 C-18　釜（453）机械矫形

图 C-19　釜（453）补配做旧

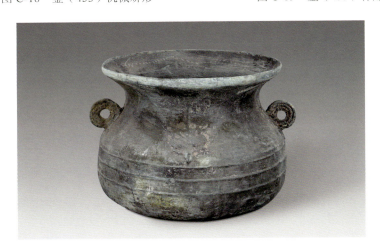

图 C-20　釜（453）保护修复后

C2　酒　器

　　该项目酒器 19 件，包括 1 件盉、4 件壶、1 件锺、5 件钫（包括钫（5782）在内）、1 件杯、7 件勺。其中，盉较为完整，仅需要进行表面洁除，无需大修。壶与锺相对厚重。壶（4002）大体完整，提梁壶（378）则主要是有五分之二横贯腹部的缺失，壶（34）壶身与圈足断做两截，壶（396）则是口颈与中腹部断作两截，下腹部缺损五分之二。锺（40）仅颈部与圈足有小块残缺。因钫质地薄脆，仅有钫（4188）大体完整，钫（184）足部缺损、钫（4018）口沿缺损，且腹部皆有明显缺裂、局部变形，钫（4563）自肩部断裂作两段，钫（5782）中腹部断作两截。杯（6374）仅口沿缺损。勺（1577）大体完整，勺（94、95）残缺柄及勺底，勺（1194）缺柄，勺（1367、4000）口沿有缺损，勺（4229）勺柄断开。

C2.1 壶

C2.1.1 壶（396）

壶（396），修复后尺寸为通高 30.20 cm，口径 12.80 cm，腹径 21.00 cm，圈足底径 16.80 cm，圈足高 5.80 cm，重 1700 g。盘口，圈足底，圈足有六个瓣，腹部有对称的铺首一对，腹部有几道凹旋纹。表面附着土锈，胎体薄脆。

依照行业标准及方案要求，但因器型不完全，则无法绘制对应病害图，仅作拍照记录，见图 C-21。而通过采集锈蚀样品检测未有有害锈存在，故而主要进行表面洁除及修复操作：

图 C-21　壶（396）保护修复前

（1）洁除：使用手术刀片、酒精棉对表面土垢以及松散的锈蚀产物进行清理，对于不影响纹饰或整体美观的硬质的锈蚀物则不予清除。

（2）补配：依照铜壶连接关系，以泥塑填补的方式在壶内部形成支撑，见图 C-22，依照弧线关系在空缺处填补玻璃钢材料，待固化后打磨修边即可，见图 C-23；并依照同类型器物规制，仿制衔环一对。

（3）缓释封护：依照方案要求进行整体缓释、封护喷涂。

（4）做旧：对填补缺口处，采用矿物质颜料进行涂刷作色。

图 C-22　泥塑支撑

图 C-23　玻璃钢补配、打磨

（5）完善修复档案：进行修复后拍照，见图 C-24，完善修复档案记录。

图 C-24　壶（396）保护修复后

C2.1.2　提梁壶（378）

提梁壶（378），盖口径 9.50 cm，壶口径 10.30 cm，底直径 13.20 cm，通高 27.60 cm。修复前重 1600 g，修复后重 1700 g。直口，圈足。盖弧顶，子母口。腹部饰几道凹弦纹，两侧有对称的铺首衔环，用链子和环与器盖相连。颈部和腹部有破损，盖破损；链子断裂、缺环，并变形。

依照行业标准及方案要求，拍照记录（图 C-25），完成对应病害图绘制（图 C-26），并通过采集

图 C-25　提梁壶（378）保护修复前

锈蚀样品检测未有有害锈存在，故而主要进行表面洁除及修复操作：

（1）洁除：使用手术刀片、酒精棉对表面土垢以及松散的锈蚀产物进行清理，对于不影响纹饰或整体美观的硬质的锈蚀物则不予清除。

（2）矫形：使用夹具撬搬、扭搬使用变形部位逐步矫正，见图C-27，注意用力和角度。

（3）补配、连接：以泥塑填补方式在洗内部形成支撑，依照弧线关系在空缺处填补玻璃钢材料，待固化后打磨修边即可，见图C-28；并打孔设锚，将提链于器盖连结为一体，见图C-29。

（4）缓释封护：依照方案要求进行整休缓释、封护喷涂。

（5）做旧：对填补缺口处，采用矿物质颜料进行涂刷作色。

（6）完善修复档案：进行修复后拍照，见图C-30，完善修复档案记录。

文物基本信息	
名　称	东汉铜提梁壶
年　代	汉代
收藏单位	开县文物管理所
等　级	
出土地点	双河村汉墓
质　地	铜
文物病害图绘制基本信息	
单　位	重庆市文化遗产研究院
项目名称	重庆市开县文物管理所馆藏青铜文物保护修复
证书编号	可文设（甲）字
比例尺	1 cm
比　例	1：4
绘　图	黄丽文
审　核	杨小刚
项目负责	叶琳
图　别	文物病害图
图　名	东汉铜提梁壶（378）文物病害图
日　期	2013-6-20

残缺　表面硬结物

断裂

图 C-26　提梁壶（378）病害图

图 C-27　提梁壶（378）矫形

图 C-28　提梁壶（378）补配

图 C-29　提梁壶（378）锚固连接

图 C-30　提梁壶（378）保护修复后

C2.2　钫

钫（4563），残高 25.00 cm，底径 14.50 cm×14.50 cm，重 2550 g，修复后通高 35.00 cm，重 2650 g。颈部、腹部、严重缺损。

依照行业标准及方案要求，拍照记录（图 C-31），完成对应病害图绘制（图 C-32），并通过采集锈蚀样品检测未有有害锈存在，故而主要进行表面洁除及修复操作：

（1）洁除：使用手术刀片、酒精棉对表面土垢以及松散的锈蚀产物进行清理，对于不影响纹饰或整体美观的硬质的锈蚀物则不予清除。

（2）补配：依照连接关系，见图 C-33，以泥塑填补的方式在钫内部形成支撑，见图 C-34，依照弧线关系在空缺处填补玻璃钢材料，待固化后打磨修边即可。

（3）缓释封护：依照方案要求进行整体缓释、封护喷涂。

（4）做旧：对填补缺口处，采用矿物质颜料进行涂刷作色。

（5）完善修复档案：进行修复后拍照，见图 C-35，完善修复档案记录。

图 C-31　钫（4563）保护修复前

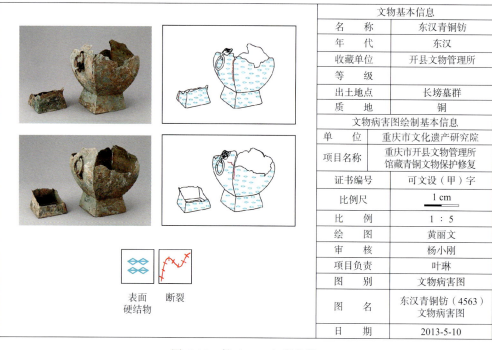

文物基本信息	
名　称	东汉青铜钫
年　代	东汉
收藏单位	开县文物管理所
等　级	
出土地点	长塝墓群
质　地	铜
文物病害图绘制基本信息	
单　位	重庆市文化遗产研究院
项目名称	重庆市开县文物管理所馆藏青铜文物保护修复
证书编号	可文设（甲）字
比例尺	1 cm
比　例	1：5
绘　图	黄丽文
审　核	杨小刚
项目负责	叶琳
图　别	文物病害图
图　名	东汉青铜钫（4563）文物病害图
日　期	2013-5-10

表面硬结物　断裂

图 C-32　钫（4563）病害图

图 C-33　钫（4563）的连接关系

图 C-34　钫（4563）的泥塑支撑

图 C-35　钫（4563）保护修复后

C3　乐　　器

　　该项目仅涉及乐器 1 件，即甬钟 1 件。甬钟（560），通长 48.00 cm，最宽 25.00 cm，重 2800 g。大型完整，但 A 面缺失三分之二，B 面缺失面积约有 6 cm²，钟体表面较多划痕，另有较多硬质锈斑。

　　依照行业标准及方案要求，拍照记录（图 C-36、图 C-37），完成对应病害图绘制（图 C-38），并通过采集锈蚀样品检测未有有害锈存在，故而主要进行表面洁除及修复操作：

图 C-36　修复前（A 面）　　　　　图 C-37　修复前（B 面）

文物基本信息	
名　　称	战国青铜甬钟
年　　代	战国
收藏单位	开县文物管理所
等　　级	
出土地点	温泉区白桥乡桂花村 2 组
质　　地	铜
文物病害图绘制基本信息	
单　　位	重庆市文化遗产研究院
项目名称	重庆市开县文物管理所馆藏青铜文物保护修复
证书编号	可文设（甲）字
比例尺	1 cm
比　　例	1：4
绘　　图	黄丽文
审　　核	杨小刚
项目负责	叶琳
图　　别	文物病害图
图　　名	战国青铜甬钟（560）文物病害图
日　　期	2013-5-7

残缺　表面硬结物

断裂

图 C-38　甬钟（560）病害图

（1）洁除：使用手术刀片、酒精棉对表面土垢以及松散的锈蚀产物进行清理，对于不影响纹饰或整体美观的硬质的锈蚀物则不予清除。

（2）翻模、补配：利用编钟的对称性，采用硅橡胶将 B 面的钲、鼓部分翻出模来，见图 C-39，再使用玻璃钢材料复制出来，并补配到缺失钲、鼓部分的 A 面上，见图 C-40，待固化后打磨修边即可。

（3）缓释封护：依照方案要求进行整体缓释、封护喷涂。

（4）做旧：对填补缺口处，采用矿物质颜料进行涂刷作色。

（5）完善修复档案：进行修复后拍照，见图 C-41、图 C-42，完善修复档案记录。

图 C-39　硅橡胶复制翻模

图 C-40　玻璃钢复制件补配

图 C-41　修复后（A 面）

图 C-42　修复后（B 面）

C4　兵　　器

该项目兵器共计 62 件，包括镞 13 件，钺 4 件，戈 8 件，剑 21 件，矛 16 件。无论如戈、矛等长格斗兵器，还是如剑、钺等短格斗兵器，表面锈蚀程度不一，但显露的纹饰仍很清晰。大多主体齐全，之多由于磨损和埋藏损伤在刃口、锋末位置上存在或多或少的缺失。其中，最为严重的莫过于在脊处明显断裂为两节的矛（1022），以及考古工地临时修复后脱胶断裂的戈（1108），检测发现，剑（3540）的锈蚀产物中含有氯离子，存在粉状锈的危害，应转化去除。在此我们选取选矛、戈、剑三种兵器各一件为代表，着重解说包含去除胶黏结物、有害锈转化等保护工作的文物保护修复操作。

C4.1　矛

矛（1022），通体长 20.00 cm，重 100 g。基本完整，距离锋末四分之一处开断，距离锋末二分之一处断裂，并残留 502 胶黏结的残留痕迹。骹部完整，耳钮一侧缺失，一侧则为锈蚀覆盖，与整体锈蚀连为一体。

依照行业标准及方案要求，拍照记录（图 C-43），完成对应病害图绘制（图 C-44），通过采集锈蚀样品检测，未发现有害锈存在，故而主要进行表面洁除及修复操作。

（1）洁除：使用手术刀片、酒精棉对矛身上土垢以及松散的锈蚀产物进行清理，对较为硬质的锈蚀物则采取微型手钻以低速频率进行表面削磨，并注重矛身结构的整体协调性。

（2）除胶：对于采用 502 胶临时固定的断裂碴口，因其碴口偏移，则采用手术刀对已经硬化的胶层进行剥离，连同附着锈蚀产物一并清除，并以无水乙醇清理碴口；对于已经断开的锋端，清理表面锈蚀产物后，也用无水乙醇清理碴口，以待下步。

（3）黏结：分别将断裂的锋和中脊依照碴口关系，标注连接标示；然后在矛脊内腔铺设玻璃纤维丝，并依照连接标示位置关系，以双组分胶粘剂黏

图 C-43　矛（1022）保护修复前

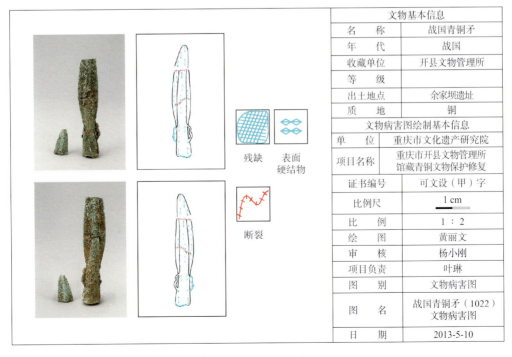

文物基本信息	
名　　称	战国青铜矛
年　　代	战国
收藏单位	开县文物管理所
等　　级	
出土地点	余家坝遗址
质　　地	铜
文物病害图绘制基本信息	
单　　位	重庆市文化遗产研究院
项目名称	重庆市开县文物管理所馆藏青铜文物保护修复
证书编号	可文设（甲）字
比例尺	1 cm
比　　例	1：2
绘　　图	黄丽文
审　　核	杨小刚
项目负责	叶琳
图　　别	文物病害图
图　　名	战国青铜矛（1022）文物病害图
日　　期	2013-5-10

残缺　表面硬结物

断裂

图 C-44　矛（1022）病害图

图 C-45　矛（1022）保护修复后

结固定，直至固化稳定为止。

（4）补配：由于铜矛耳钮一侧缺失、一侧锈透的缘故，再清理出较为完整的耳钮后，我们依照相应考古报告资料，采用玻璃钢材料仿制耳钮，在对应位置上黏结固定成型。

（5）缓释封护：依照方案要求进行整体缓释、封护喷涂。

（6）做旧：对黏结碴口、补配耳钮采用矿物质颜料进行涂刷作色。

（7）完善修复档案：进行修复后拍照，见图 C-45，完善修复档案记录。

C4.2　戈

戈（1108），通长 24.30 cm，最宽 14.10 cm，重 250 g。大型完整，中胡，直援，凸脊较平，锋部残，长方形内中部一圆穿，援及胡饰两面对称的浅浮雕纹饰，见图 C-46。通体包覆薄层绿色锈蚀产物，仅在长方形内部断开，其中敷胶连接已失去作用，见图 C-47，成为附着污染物。

为了避免锈蚀层下存在更深的断裂或临时加固的黏结操作，对戈（1108）我们还进行了 X 射线透射探伤检测，见图 C-48，发现除了断开之外，整体没有出现明显的断裂痕迹。一些孔洞则是沙眼等铸造缺陷遗迹或深度腐蚀的锈点，但并未贯穿器身，未造成结构性破坏。

依照行业标准及方案要求，拍照记录（图 C-49），完成对应病害图绘制（图 C-50），并通过采集

图 C-46　戈（1108）保护修复前

图 C-47　胶粘剂附着物

图 C-48　X 射线透视图

锈蚀样品检测未有有害锈存在，故而主要进行表面洁除及修复操作。

（1）洁除：使用手术刀片、酒精棉对戈身上土垢以及松散的锈蚀产物进行清理，对较为硬质的锈蚀物则采取微型手钻以低速频率进行表面削磨，并注重矛身结构的整体协调性。

（2）除胶：用手术刀对已经硬化的胶层进行剥离，并以无水乙醇清理碴口，以待下步。

（3）黏结：依照碴口关系将断裂部位标注连接标示，然后以双组分胶粘剂黏结固定，直至固化稳定为止。

（4）补配：由于断开碴口中间有小块缺失，黏结好碴口后，我们采用玻璃钢材料进行填补。

（5）缓释封护：依照方案要求进行整体缓释、封护喷涂。

（6）做旧：对黏结碴口、填补缺口处采用矿物质颜料进行涂刷作色。

（7）完善修复档案：进行修复后拍照，见图 C-50，完善修复档案记录。

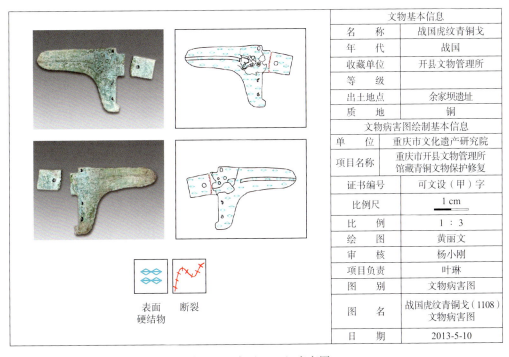

文物基本信息	
名　　称	战国虎纹青铜戈
年　　代	战国
收藏单位	开县文物管理所
等　　级	
出土地点	余家坝遗址
质　　地	铜
文物病害图绘制基本信息	
单　　位	重庆市文化遗产研究院
项目名称	重庆市开县文物管理所馆藏青铜文物保护修复
证书编号	可文设（甲）字
比例尺	1 cm
比　　例	1：3
绘　　图	黄丽文
审　　核	杨小刚
项目负责	叶琳
图　　别	文物病害图
图　　名	战国虎纹青铜戈（1108）文物病害图
日　　期	2013-5-10

表面硬结物　　断裂

图 C-49　戈（1108）病害图

图 C-50　戈（1108）保护修复后

C4.3 剑

剑（3540），通长 42.30 cm，格宽 4.80 cm，重 400 g。斜宽从狭前锷厚格式，腊长而两从保持平行，至锋处尖削，厚格倒凹字形，圆茎有两道箍。剑身大体完整，首部有残缺，刃部有少量的残缺，有少量的锈层，剑刃上也有明显的有害锈状锈斑存在。

依照行业标准及方案要求，拍照记录（图 C-51），完成对应病害图绘制（图 C-52），并通过采集锈蚀样品检测存在有害锈，故而主要进行表面洁除及修复操作。

图 C-51　剑（3540）保护修复前

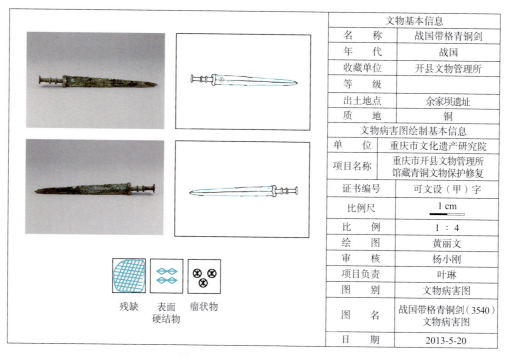

文物基本信息	
名　称	战国带格青铜剑
年　代	战国
收藏单位	开县文物管理所
等　级	
出土地点	余家坝遗址
质　地	铜
文物病害图绘制基本信息	
单　位	重庆市文化遗产研究院
项目名称	重庆市开县文物管理所馆藏青铜文物保护修复
证书编号	可文设（甲）字
比例尺	1 cm
比　例	1：4
绘　图	黄丽文
审　核	杨小刚
项目负责	叶琳
图　别	文物病害图
图　名	战国带格青铜剑（3540）文物病害图
日　期	2013-5-20

残缺　　表面硬结物　　瘤状物

图 C-52　剑（3540）病害图

（1）洁除：使用手术刀片、酒精棉对剑身上土垢以及松散的锈蚀产物进行清理，对于不影响纹饰或整体美观的硬质的锈蚀物则不予清除。

（2）有害锈转化去除：用手术刀扣除有害锈锈斑内锈粉，分别配置 1%～3% 梯级浓度的过氧化氢溶液，对锈坑进行点涂或糊敷转化。

（3）补配：对于缺失的刃口以及转化完的锈坑，采用玻璃钢材料进行填补，并打磨成型。

（4）缓释封护：依照方案要求进行整体缓释、封护喷涂。

（5）做旧：对填补缺口处，采用矿物质颜料进行涂刷作色。

（6）完善修复档案：进行修复后拍照，见图 C-53，完善修复档案记录。

图 C-53　剑（3540）保护修复后

C5　其 他 类 别

该项目共计 88 组 118 件，包括盘 10 件，洗 7 件，耳杯 27 件，瓶 1 组 10 件，镭斗 2 件，灯 3 件，削 11 件，案 1 件，带钩 1 件，镜 7 件，人物俑 2 件，泡钉 19 组 31 件，饰件 6 件。盘（83、88、89）大体完整，盘（82、85、86、87）皆为不同程度的口沿或底部的缺损，盘（84、90）缺损则超过了三分之一；洗大都器型完整，主要集中在底部、腹部存在大小不同的缺损，仅洗（2）口沿缺损五分之二，洗（394）口沿缺失六分之一、底部仅残留些许，洗（402）与洗（5583）则在口沿上有明显的断裂；耳杯（110、117、125、B99-B106）大体完整，耳杯（104-109、111-116、126、128-129）皆存在不同程度的口沿、腹部及底部的缺损，尤以耳杯（114）和（127）最为严重，缺损达到三分之一以上，包括杯耳的缺失；瓶为一组，器型完整，大都为土锈所覆盖；镭斗 2 件，镭斗（5）仅在底部、腹部存在几小块缺损，镭斗（134）则缺损口沿及腹部的三分之二以及底部的四分之一，边缘稍有变形；吊灯（23）吊杆断裂、支腿有缺，灯（50）斤腹部有缺损，灯（301）仅为口沿缺损；削（1240、1546、5270）大体完整，削（131、1669、4103、5410、5736）皆为刃口缺损，最为严重的也就是刃口、环首都缺损的削（1089、3967、5264）；案（33）仅为案面及边缘有缺损；带钩（6584）大体完整；镜（4412、4491、4900）大体完整，镜（37）的镜缘有缺，镜（667）修饰覆盖严重，镜（3853、4228）断为数节；人物俑（43）仅上身局部以及头饰有残缺，人物俑（98）则下半身残缺；饰件皆为鎏金器，大都为锈蚀覆盖，也有部分边缘残缺。

C5.1　洗

洗（4191），口径 23.20 cm，底径 14.20 cm，通高 11.00 cm，重 820 g。平折沿，平底，腹部饰几道凹弦纹，两侧有一对对称的铺首衔环。通体锈层覆盖，腹部和底部有破损，腹部破损面积较大，并变形。

依照行业标准及方案要求，拍照记录（图 C-54），完成对应病害图绘制（图 C-55），并通过采集锈蚀样品检测未有有害锈存在，故而主要进行表面洁除及修复操作：

（1）洁除：使用手术刀片、酒精棉对表面土垢以及松散的锈蚀产物进行清理，对于不影响纹饰或整体美观的硬质的锈蚀物则不予清除。

（2）矫形：使用锤击敲打的方式，将垫在铁砧上的变形部位逐步矫正，注意用力和角度。

（3）补配：以泥塑填补方式在洗内部形成支撑，依照弧线关系在空缺处填补玻璃钢材料，待固化后打磨修边即可。

（4）缓释封护：依照方案要求进行整体缓释、封护喷涂。

（5）做旧：对填补缺口处，采用矿物质颜料进行涂刷作色。

（6）完善修复档案：进行修复后拍照，见图 C-56，完善修复档案记录。

图 C-54　洗（4191）保护修复前

文物基本信息	
名　称	东汉青铜洗
年　代	东汉
收藏单位	开县文物管理所
等　级	
出土地点	平浪三组墓群
质　地	铜
文物病害图绘制基本信息	
单　位	重庆市文化遗产研究院
项目名称	重庆市开县文物管理所馆藏青铜文物保护修复
证书编号	可文设（甲）字
比例尺	▬ 1 cm
比　例	1：5
绘　图	黄丽文
审　核	杨小刚
项目负责	叶琳
图　别	文物病害图
图　名	东汉青铜洗（4191）文物病害图
日　期	2013-5-20

残缺　表面硬结物　片状剥离

图 C-55　洗（4191）病害图

图 C-56　洗（4191）保护修复后

C5.2　耳杯

耳杯（127），口沿通长 9.80 cm，口沿宽 7.50 cm，通高 2.30 cm，底长 5.40 cm，宽 2.70 cm，修复前重 47.64 g，修复后重 49.69 g。形制均为椭圆形，口缘两侧各有一个半圆形耳，盘口，小平底。口沿部位残损半，腹部、底部均有残缺，通体锈层。

依照行业标准及方案要求，拍照记录（图 C-57），完成对应病害图绘制（图 C-58），并通过采集锈蚀样品检测未有有害锈存在，故而主要进行表面洁除及修复操作：

图 C-57　耳杯（127）保护修复前

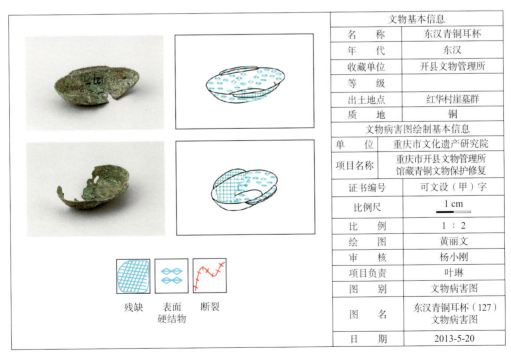

文物基本信息	
名　　称	东汉青铜耳杯
年　　代	东汉
收藏单位	开县文物管理所
等　　级	
出土地点	红华村崖墓群
质　　地	铜
文物病害图绘制基本信息	
单　　位	重庆市文化遗产研究院
项目名称	重庆市开县文物管理所馆藏青铜文物保护修复
证书编号	可文设（甲）字
比例尺	1 cm
比　　例	1∶2
绘　　图	黄丽文
审　　核	杨小刚
项目负责	叶琳
图　　别	文物病害图
图　　名	东汉青铜耳杯（127）文物病害图
日　　期	2013-5-20

残缺　表面硬结物　断裂

图 C-58　耳杯（127）病害图

（1）洁除：使用手术刀片、酒精棉对表面土垢以及松散的锈蚀产物进行清理，对于不影响纹饰或整体美观的硬质的锈蚀物则不予清除。

（2）补配：以泥塑填补的方式在倒扣耳杯内部形成支撑，依照对称关系在空缺处填补玻璃钢材料，待固化后打磨修边即可，如图 C-59 所示；对杯耳细节进行雕磨完善，如图 C-60 所示。

（3）缓释封护：依照方案要求进行整体缓释、封护喷涂。

（4）做旧：对填补缺口处，采用矿物质颜料进行涂刷作色。

（5）完善修复档案：进行修复后拍照，如图 C-61 所示，完善修复档案记录。

图 C-59　耳杯（127）补配打磨

图 C-60　耳杯（127）雕磨细节

图 C-61　耳杯（127）保护修复后

C5.3　镜

C5.3.1　镜（667）

镜（667），直径 23.80 cm，清理前重 1103 g，清理保护后 1000 g。大体完整，通体被硬结物覆盖。宽边沿，以圈纹样布局，从内向外分四个区；半球形钮、纹饰不清晰。为了准确了解锈蚀覆盖层下的信息，我们还进行了 X 射线透射探伤检测，见图 C-62，发现此镜应为一面"十二生肖八卦镜"：八卦、十二生肖、铭文。铭文内容为："水银呈阴精，白练得为镜，八卦寿象备，卫神永保命。"

依照行业标准及方案要求，拍照记录（图 C-62），完成对应病害图绘制（图 C-63），并通过采集锈蚀样品检测未有有害锈存在，故而对照 X 射线透射像进行表面洁除及修复操作，并对铭文拓片，见图 C-64：

（1）洁除：使用手术刀片、酒精棉对表面土垢以及松散的锈蚀产物进行清理，对较为硬质的锈蚀物则采取微型手钻以低速频率进行表面削磨，并随时对照 X 射线透射图像，注重矛身结构的整体协调性。

（2）黏结：对于 X 射线图像显露出的裂隙，在表面洁除后，采用双组分胶热熔滴注的方式灌入缝隙，未待彻底固化则用丙酮擦拭缝隙边缘出去溢出胶液即可。

（3）缓释封护：依照方案要求进行整体缓释、封护喷涂。

（4）做旧：对填补缺口处，采用矿物质颜料进行涂刷作色。

（5）完善修复档案：完成纹饰拓片（图 C-65），进行修复后拍照，如图 C-66 所示，完善修复档案记录。

图 C-62　镜（667）清理前

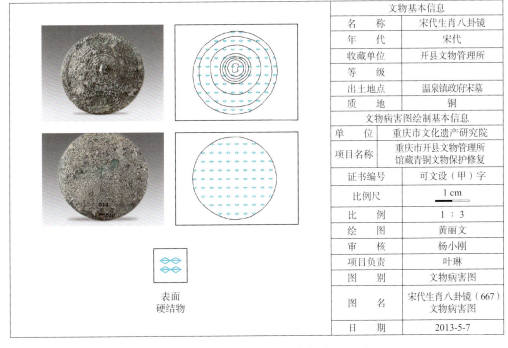

文物基本信息	
名　　称	宋代生肖八卦镜
年　　代	宋代
收藏单位	开县文物管理所
等　　级	
出土地点	温泉镇政府宋墓
质　　地	铜
文物病害图绘制基本信息	
单　　位	重庆市文化遗产研究院
项目名称	重庆市开县文物管理所馆藏青铜文物保护修复
证书编号	可文设（甲）字
比例尺	1 cm
比　　例	1：3
绘　　图	黄丽文
审　　核	杨小刚
项目负责	叶琳
图　　别	文物病害图
图　　名	宋代生肖八卦镜（667）文物病害图
日　　期	2013-5-7

表面
硬结物

图 C-63　镜（667）病害图

图 C-64　镜（667）X 射线透视图像

图 C-65　镜（667）纹饰拓片

图 C-66 镜（667）清理后

C5.3.2 镜（3853）

镜（3853），直径 9.10 cm，中 121 g。半球形钮，圆形框，框内有飞凤纹和四个乳钉，宽边缘。断裂为 4 块，有大量的残缺，覆有大量的硬结物。

依照行业标准及方案要求，拍照记录（图 C-67），完成对应病害图绘制（图 C-68），并通过采集锈蚀样品检测未有有害锈存在，故而主要进行表面洁除及修复操作：

（1）洁除：使用手术刀片、酒精棉对表面土垢以及松散的锈蚀产物进行清理，对较为硬质的锈蚀物则采取微型手钻以低速频率进行表面削磨，并注重矛身结构的整体协调性。

（2）黏结、填补：在表面洁除后，采用双组分胶热熔滴注的方式灌入缝隙，未待彻底固化则用丙酮擦拭缝隙边缘出去溢出胶液即可。

（3）补纹：在填补后干燥的胶面上，依照画面对应关系，雕磨出相应纹饰。

（4）缓释封护：依照方案要求进行整体缓释、封护喷涂。

（5）做旧：对填补缺口处，采用矿物质颜料进行涂刷作色。

（6）完善修复档案：进行修复后拍照，如图 C-69 所示，完善修复档案记录。

图 C-67 镜（3853）保护修复前

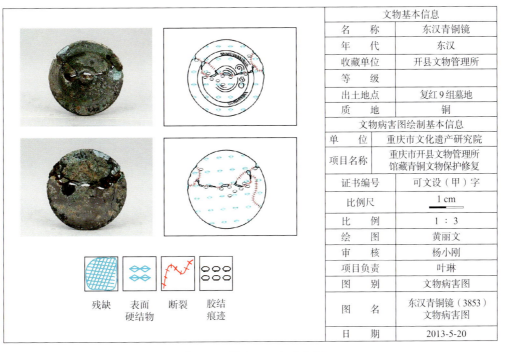

文物基本信息	
名　　称	东汉青铜镜
年　　代	东汉
收藏单位	开县文物管理所
等　　级	
出土地点	复红9组墓地
质　　地	铜
文物病害图绘制基本信息	
单　　位	重庆市文化遗产研究院
项目名称	重庆市开县文物管理所馆藏青铜文物保护修复
证书编号	可文设（甲）字
比例尺	——— 1 cm
比　　例	1∶3
绘　　图	黄丽文
审　　核	杨小刚
项目负责	叶琳
图　　别	文物病害图
图　　名	东汉青铜镜（3853）文物病害图
日　　期	2013-5-20

残缺　　表面　　断裂　　胶结
　　　硬结物　　　　　痕迹

图 C-68　镜（3853）病害图

图 C-69　镜（3853）保护修复后

C5.4　人物俑

人物俑（98），残长 32.00 cm，保护修复前重 120 g，修复后通长 45.00 cm，中 1550 g。眉目刻画清晰，右手下垂状，左臂胸前抬起，加紧身侧，左肩好似执有一长条盾牌。该铜俑严重残缺：腰以下全部缺失，俑右手臂缺失约有 8 cm²，通体表面较多泥、锈斑。

依照行业标准及方案要求，拍照记录（图 C-70），完成对应病害图绘制（图 C-71），并通过采集锈蚀样品检测未有有害锈存在，故而主要进行表面洁除及修复操作。其缺失部分依照同类型文物翻模配置。

图 C-70　人物俑（98）保护修复前

（1）洁除：使用手术刀片、酒精棉对表面土垢以及松散的锈蚀产物进行清理，对于不影响纹饰或整体美观的硬质的锈蚀物则不予清除。

（2）补配：依照 2005 年重庆市万州区糖坊墓群出土的相同造型铜俑（2005CWJM11:13）的结构样式，见图 C-72，采用硅橡胶翻模，玻璃钢材料复制（图 C-73），完成缺失部分的塑造，并与缺失部位连接对齐，待固化后打磨修边即可。

（3）缓释封护：依照方案要求进行整体缓释、封护喷涂。

（4）做旧：对填补缺口处，采用矿物质颜料进行涂刷作色。

（5）完善修复档案：进行修复后拍照，见图 C-74，完善修复档案记录。

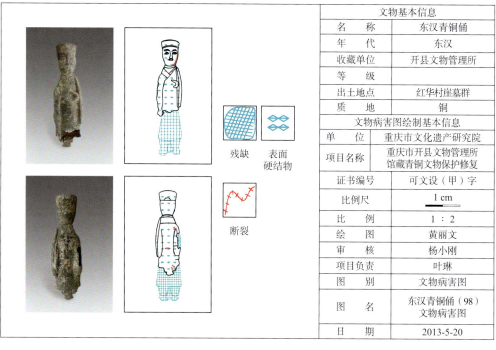

文物基本信息	
名　　称	东汉青铜俑
年　　代	东汉
收藏单位	开县文物管理所
等　　级	
出土地点	红华村崖墓群
质　　地	铜
文物病害图绘制基本信息	
单　　位	重庆市文化遗产研究院
项目名称	重庆市开县文物管理所馆藏青铜文物保护修复
证书编号	可文设（甲）字
比例尺	1 cm
比　　例	1：2
绘　　图	黄丽文
审　　核	杨小刚
项目负责	叶琳
图　　别	文物病害图
图　　名	东汉青铜俑（98）文物病害图
日　　期	2013-5-20

残缺　表面硬结物

断裂

图 C-71　人物俑（98）病害图

图 C-72　同类型参照

图 C-73　硅橡胶翻模复制

图 C-74　人物俑（98）保护修复后

C.5.5　鎏金泡钉

鎏金泡钉（61），直径 5.00 cm，重 19 g，修复后重 21 g。泡钉表面有鎏金层，泡钉内部有竖钉。泡钉边沿破损，泡钉表面有鎏金层但被锈层覆盖。

依照行业标准及方案要求，拍照记录（图 C-75），完成对应病害图绘制（图 C-76），并通过采集锈蚀样品检测未有有害锈存在，故而主要进行表面洁除及修复操作：

（1）洁除：使用手术刀片、酒精棉对表面土垢以及松散的锈蚀产物进行清理。

（2）黏结、补配：在表面洁除后，断裂部位采用 502 固定，依照对称关系在空缺处填补玻璃钢材料，见图 C-77，待固化后打磨修边即可。

（3）鎏金揭露：采取复合凝胶糊敷的方式对附着在鎏金层上较为坚硬的绿色锈蚀产物进行化学反应清除，如图 C-78 所示，将鎏金层完全揭露展示出来；复合凝胶除锈，详见第 5 章。

（4）缓释封护：依照方案要求进行整体缓释、封护喷涂。

（5）做旧：对填补缺口处，采用矿物质颜料进行涂刷作色。

（6）完善修复档案：进行修复后拍照，如图 C-79 所示，完善修复档案记录。

图 C-75　鎏金泡钉（61）保护修复前

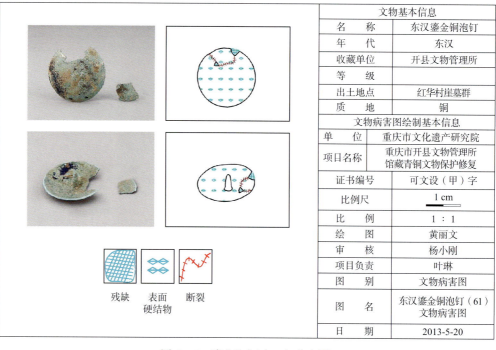

文物基本信息	
名　　称	东汉鎏金铜泡钉
年　　代	东汉
收藏单位	开县文物管理所
等　　级	
出土地点	红华村崖墓群
质　　地	铜
文物病害图绘制基本信息	
单　　位	重庆市文化遗产研究院
项目名称	重庆市开县文物管理所馆藏青铜文物保护修复
证书编号	可文设（甲）字
比例尺	1 cm
比　　例	1：1
绘　　图	黄丽文
审　　核	杨小刚
项目负责	叶琳
图　　别	文物病害图
图　　名	东汉鎏金铜泡钉（61）文物病害图
日　　期	2013-5-20

残缺　　表面硬结物　　断裂

图 C-76　鎏金泡钉（61）病害图

图 C-77　玻璃钢材料补配

图 C-78　复合凝胶糊敷软化

图 C-79　鎏金泡钉（61）保护修复后

附录 D 文物保护修复档案（选登）

D1 汉代青铜吊灯（23）

文物保护修复档案

项目名称 <u>重庆市开县文物管理所馆藏青铜文物保护修复</u>

文物编号 <u>23</u>

文物名称 <u>汉代青铜吊灯</u>

2013 年 4 月

文物保护修复基本信息表

文物原名称	汉代青铜吊灯		
建议名称			
文物来源	2004 年渠口镇长塝墓地发掘出土		
收藏单位	开州博物馆		
文物级别	三级		
文物出土编号		文物馆藏编号	23
文物材质	铜	文物时代	汉
项目名称	重庆市开县文物管理所馆藏青铜文物保护修复		
项目设计单位	重庆市文化遗产研究院		
项目实施单位	重庆市文化遗产研究院		
提取日期	2013-4-16	提取经办人	孙少伟、黄悦
返还日期	2013-5-10	返还经办人	孙少伟、黄悦
文物基本信息	平底，三足，三圆柱，柱上一人俑，俑上有一吊钩		
备　　注			

文物保存现状调查表

尺　寸	通高：45.3 cm	重　量	400 g

文物保护修复前 图片资料			

文物病害图

文物基本信息	
名　称	汉代青铜吊灯
年　代	汉代
收藏单位	开县文物管理所
等　级	
出土地点	渠口镇长塝墓地
质　地	铜
文物病害图绘制基本信息	
单　位	重庆市文化遗产研究院
项目名称	重庆市开县文物管理所 馆藏青铜文物保护修复
证书编号	可文设（甲）字
比例尺	1 cm
比　例	1：4
绘　图	黄丽文
审　核	杨小刚
项目负责	叶琳
图　别	文物病害图
图　名	汉代青铜吊灯（23） 文物病害图
日　期	2013-6-11

残缺　　表面　　断裂
硬结物

病害状况描述	圆柱断裂变形，缺一足，顶上盘缺损，面积较大
文物保存环境	保护修复前，保藏在临时库房中，库房内无恒温、恒湿设备
原保护修复情况	未曾修复

文物保护修复记录表

保护修复材料	材料：环氧树脂（E-44、型号6101）和聚酰胺树脂。比例1：1。滑石粉、硅橡胶、各种矿物颜料、虫胶漆、各种型号砂纸	
保护修复 工艺、步骤	1. 对文物进行拍照，留取原始资料，并建立档案 2. 记录文物基本信息、绘制病害图：有断裂，支腿缺失，覆有大量硬结锈以及灰尘 3. 清除表面板结层钙质盐、绿锈：用蒸馏水清洗大部分钙质盐，然后用手术刀洁牙打磨机缓慢剔除顽固的硬结锈蚀及钙质盐 4. 清洗：将洁除完毕的器物用蒸馏水清洗干净，并置于40℃烘箱内约1h烘干 5. 整形、补配：对断裂部分进行植筋拉固，并以环氧树脂填补槽口；用硅橡胶翻制缺失支腿，浇灌聚酰胺树脂，复制成型。待树脂完全固化，打磨掉多余的树脂后，以环氧树脂黏结固定 6. 清洗：将洁除完毕的器物用蒸馏水清洗干净，并置于40℃烘箱内约1h烘干 7. 缓蚀封护：前后多次喷涂3%BTA乙醇溶液和1.5% Paraloid B 72醋酸乙酯溶液，至通体均匀湿润后晾置干燥 8. 着色：用虫胶乙醇溶液添加矿物色颜料对黏结补配部分着色，至整体颜色统一协调	
工作照片资料		
保护修复后尺寸	通高：45.3 cm	保护修复后重量 400 g

续表

保护修复后 图片资料					
完成日期	2013-5-8		操作人员		孙少伟
项目负责人	杨小刚	技术指导	王海阔	资料审核	黄悦
保存建议	环境温度应控制为 20℃左右，日波动范围应小于 5℃。环境相对湿度应控制在 45% 以下，日波动范围应小于 5%。防震、防压存放				

D2 东汉青铜提梁壶（378）

文物保护修复档案

项目名称 <u>重庆市开县文物管理所馆藏青铜文物保护修复</u>

文物编号 <u>378</u>

文物名称 <u>东汉青铜提梁壶</u>

2013 年 3 月

文物保护修复基本信息表

文物原名称	东汉铜提梁壶		
建议名称	东汉青铜提梁壶		
文物来源	2005 年度渠口镇长塝发掘出土		
收藏单位	开州博物馆		
文物级别			
文物出土编号		文物馆藏编号	378
文物材质	铜	文物时代	东汉
方案名称	重庆市开县文物管理所馆藏青铜文物保护修复		
方案设计单位	重庆市文化遗产研究院		
方案实施单位	重庆市文化遗产研究院		
提取日期	2013-2-5	提取经办人	孙少伟、黄悦
返还日期	2013-3-27	返还经办人	孙少伟、黄悦
文物基本信息	直口，圈足。盖弧顶，子母口。腹部饰几道凹弦纹，两侧有对称的铺首衔环，用链子和环与器盖相连		
备　注			

文物保存现状调查表

尺　寸	盖口径：9.5 cm。壶口径：10.3 cm。底：13.2 cm。通高：27.6 cm	重　量	1600 g

文物保护修复前图片资料			

文物病害图			

文物基本信息

名　称	东汉青铜提梁壶
年　代	汉代
收藏单位	开县文物管理所
等　级	
出土地点	双河村汉墓
质　地	铜

文物病害图绘制基本信息

单　位	重庆市文化遗产研究院
项目名称	重庆市开县文物管理所馆藏青铜文物保护修复
证书编号	可文设（甲）字
比例尺	1 cm
比　例	1：4
绘　图	黄丽文
审　核	杨小刚
项目负责	叶琳
图　别	文物病害图
图　名	东汉青铜提梁壶（378）文物病害图
日　期	2013-6-20

病害状况描述	颈部和腹部有破损，盖破损；链子断裂，缺环，并变形。通体锈层
文物保存环境	保护修复前，保藏在临时库房中，库房内无恒温、恒湿设备
原保护修复情况	未曾修复

文物保护修复记录表

保护修复材料	材料：环氧树脂（E-44、型号 6101）和聚酰胺树脂、比例 1∶1。滑石粉、各种矿物颜料、虫胶漆、各种型号砂纸		
保护修复 工艺、步骤	1. 对文物进行拍照，留取原始资料，并建立档案 2. 清除表面板结层钙质盐、绿锈：用蒸馏水清洗大部分钙质盐，然后用手术刀洁牙打磨机缓慢剔除顽固的硬结锈蚀及钙质盐 3. 清洗：将洁除完毕的器物用蒸馏水清洗干净，并置于 40℃烘箱内约 1 h 烘干 4. 塑形、补配（树脂补配、打磨雕琢成型）：对变形的部位进行矫形。再将残缺断裂的部分用胶泥整塑成型，并用树脂（环氧树脂和聚酰胺树脂按照 1∶1 的比例进行调和，然后加入同等量的滑石粉填料，在调配当中可以加入适量的矿物色）加入玻璃纤维布进行玻璃钢填补。待树脂完全固化，打磨掉多余的树脂。打孔设锚，将提链与器盖连接为一体 5. 清洗：将补配完毕的器物用蒸馏水清洗干净，并置于 40℃烘箱内约 1 h 烘干 6. 缓蚀封护：前后多次喷涂 3%BTA 乙醇溶液和 1.5% Paraloid B 72 醋酸乙酯溶液，至通体均匀湿润后晾置干燥 7. 着色：用虫胶乙醇溶液添加矿物色颜料对补配部分着色，至整体颜色统一协调		
工作照片资料			
保护修复后尺寸	盖口径：9.5 cm。壶口径：10.3 cm。底：13.2 cm。通高：27.6 cm	保护修复后重量	1700 g

续表

保护修复后 图片资料	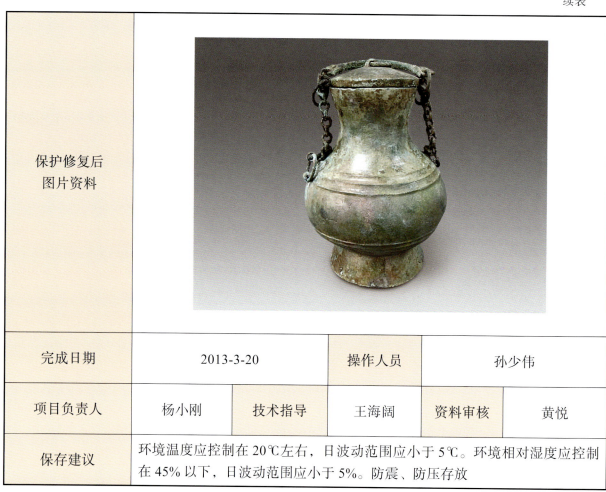				
完成日期	2013-3-20		操作人员	孙少伟	
项目负责人	杨小刚	技术指导	王海阔	资料审核	黄悦
保存建议	环境温度应控制在 20℃左右，日波动范围应小于 5℃。环境相对湿度应控制在 45% 以下，日波动范围应小于 5%。防震、防压存放				

D3 东汉铜壶（396）

文物保护修复档案

项目名称 重庆市开县文物管理所馆藏青铜文物保护修复

文物编号 _____396_____

文物名称 _____东汉铜壶_____

2013 年 4 月

文物保护修复基本信息表

文物原名称	东汉铜壶		
建议名称			
文物来源	2004 年复洪九组墓群发掘出土		
收藏单位	开州博物馆		
文物级别			
文物出土编号		文物馆藏编号	396
文物材质	青铜	文物时代	东汉
方案名称	重庆市开县文物管理所馆藏青铜文物保护修复		
方案设计单位	重庆市文化遗产研究院		
方案实施单位	重庆市文化遗产研究院		
提取日期	2013-2-18	提取经办人	黄悦、吕国琼
返还日期	2013-4-17	返还经办人	黄悦、吕国琼
文物基本信息	盘口，圈足底，圈足有六个瓣。腹部有对称的铺首。腹部有几道凹旋纹		
备　　注			

文物保存现状调查表

尺　寸	无法测量	重　量	1300 g
文物保护修复前 图片资料			
文物病害图	破碎不成形，未有成图		
病害状况描述	口沿部位残损，腹部坍塌变形。通体锈层		
文物保存环境	保护修复前，保藏在临时文物库房中，库房内无恒温、恒湿设备		
原保护修复情况	未曾修复		

文物保护修复记录表

保护修复材料	材料：环氧树脂（E-44、型号 6101）和聚酰胺树脂、比例 1：1。滑石粉、各种矿物颜料、胶片漆、各种型号砂纸
保护修复 工艺、步骤	1. 对文物进行拍照，留取原始资料，并建立档案 2. 清除表面板结层钙质盐、绿锈：用蒸馏水清洗大部分钙质盐，然后用手术刀洁牙打磨机缓慢剔除顽固的硬结锈蚀及钙质盐 3. 清洗：将洁除完毕的器物用蒸馏水清洗干净，并置于 40℃烘箱内约 1 h 烘干 4. 塑形、补配（树脂补配、打磨雕琢成型）：对变形的部位进行矫形。再将残缺断裂的部分用胶泥整塑成型，并用树脂（环氧树脂和聚酰胺树脂按照 1：1 的比例进行调和，然后加入同等量的滑石粉填料，在调配当中可以加入适量的矿物色）加入玻璃纤维布黏结填补。待树脂完全固化打磨掉多余的树脂 5. 清洗：将补配完毕的器物用蒸馏水清洗干净，并置于 40℃烘箱内约 1 h 烘干 6. 缓蚀封护：前后多次喷涂 3%BTA 乙醇溶液和 1.5% Paraloid B 72 醋酸乙酯溶液，至通体均匀湿润后晾置干燥 7. 着色：用虫胶乙醇溶液添加矿物色颜料对补配部分着色，至整体颜色统一协调
工作照片资料	

续表

保护修复后尺寸	通高：30.2 cm。口径：12.8 cm。腹径：21 cm（底径：16.8 cm。圈足高：5.8 cm）		保护修复后重量	1700 g
保护修复后图片资料				
完成日期	2013-4-16		操作人员	吕国琼
项目负责人	杨小刚	技术指导	王海阔	资料审核　黄悦
保存建议	环境温度应控制在 20℃左右，日波动范围应小于 5℃。环境相对湿度应控制在 45% 以下，日波动范围应小于 5%。防震、防压存放			

D4　战国青铜甬钟（560）

文物保护修复档案

项目名称　**重庆市开县文物管理所馆藏青铜文物保护修复**

文物编号　　　　　560

文物名称　　　　战国青铜甬钟

2013 年 4 月

文物保护修复基本信息表

文物原名称	战国青铜编钟		
建议名称	战国青铜甬钟		
文物来源	2005 年度渠口镇长塝墓群发掘出土		
收藏单位	开州博物馆		
文物级别			
文物出土编号		文物馆藏编号	560
文物材质	铜	文物时代	战国
方案名称	重庆市开县文物管理所馆藏青铜文物保护修复		
方案设计单位	重庆市文化遗产研究院		
方案实施单位	重庆市文化遗产研究院		
提取日期	2012 年 12 月	提取经办人	黄悦、林必诚
返还日期	2013 年 2 月	返还经办人	黄悦、林必诚
文物基本信息	该器物严重残缺：一面缺失三分二，另一面缺失面积约有 6 cm², 钟体表面较多划痕，另有较多锈斑		
备　　注			

文物保存现状调查表

尺　　寸	宽 25 cm，长 48 cm		重　　量	2800 g
文物保护修复前图片资料				

文物病害图	残缺　表面硬结物　断裂		文物基本信息	
		名　　称	战国青铜甬钟	
		年　　代	战国	
		收藏单位	开县文物管理所	
		等　　级		
		出土地点	温泉区白桥乡桂花村2组	
		质　　地	铜	
		文物病害图绘制基本信息		
		单　　位	重庆市文化遗产研究院	
		项目名称	重庆市开县文物管理所馆藏青铜文物保护修复	
		证书编号	可文设（甲）字	
		比例尺	1 cm	
		比　　例	1∶4	
		绘　　图	黄丽文	
		审　　核	杨小刚	
		项目负责	叶琳	
		图　　别	文物病害图	
		图　　名	战国青铜甬钟（560）文物病害图	
		日　　期	2013-5-7	

病害状况描述	甬钟一面钲、鼓缺失
文物保存环境	保护修复前，保藏在临时文物库房中，库房内无恒温、恒湿设备
原保护修复情况	未曾修复

文物保护修复记录表

保护修复材料	材料：环氧树脂（E-44、型号 6101）和聚酰胺树脂、比例 1∶1。滑石粉、各种矿物颜料、胶片漆、各种型号砂纸		
保护修复 工艺、步骤	1. 对文物进行拍照，留取原始资料，并建立档案 2. 清除表面板结层钙质盐、绿锈：用蒸馏水清洗大部分钙质盐，然后用手术刀洁牙打磨机缓慢剔除顽固的硬结锈蚀及钙质盐 3. 清洗：将洁除完毕的器物用蒸馏水清洗干净，并置于 40℃烘箱内约 1 h 烘干 4. 翻模补配（树脂补配、打磨雕琢成型）：硅橡胶翻制对称磨具，铺设玻璃纤维布，涂刷聚酰胺树脂（环氧树脂和聚酰胺树脂按照 1∶1 的比例进行调和，然后加入同等量的滑石粉填料，在调配当中可以加入适量的矿物色），复制玻璃钢钟面，待树脂完全固化打磨掉多余的树脂，并用环氧树脂黏结成型 5. 清洗：将补配完毕的器物用蒸馏水清洗干净，并置于 40℃烘箱内约 1 h 烘干 6. 缓蚀封护：前后多次喷涂 3%BTA 乙醇溶液和 1.5% Paraloid B 72 醋酸乙酯溶液，至通体均匀湿润后晾置干燥 7. 着色：用虫胶乙醇溶液添加矿物色颜料对补配部分着色，至整体颜色统一协调		
工作照片资料			
保护修复后尺寸	长 48 cm，宽 25 cm	保护修复后重量	3400 g

续表

保护修复后 图片资料					
完成日期	2013 年 2 月		操作人员	林必诚	
项目负责人	杨小刚	技术指导	王海阔	资料审核	黄悦
保存建议	环境温度应控制在 20℃左右，日波动范围应小于 5℃。环境相对湿度应控制在 45% 以下，日波动范围应小于 5%。防震、防压存放				

D5　宋代生肖八卦青铜镜（667）

文物保护修复档案

项目名称　重庆市开县文物管理所馆藏青铜文物保护修复

文物编号　　　　　　667

文物名称　　　宋代生肖八卦青铜镜

2013 年 6 月

文物保护修复基本信息表

文物原名称	宋代生肖八卦镜
建议名称	宋代生肖八卦青铜镜
文物来源	2004 年度渠口镇长塝墓群发掘出土
收藏单位	开州博物馆
文物级别	三级

文物考古编号		文物馆藏编号	667
文物材质	青铜	文物时代	宋代

方案名称	重庆市开县文物管理所馆藏青铜文物保护修复
方案设计单位	重庆市文化遗产研究院
方案实施单位	重庆市文化遗产研究院

提取日期	2013-5-8	提取经办人	黄悦、谢应印
返还日期	2013-6-18	返还经办人	黄悦、谢应印

文物基本信息	十二生肖八卦镜，宽边沿。以圈纹样布局，从内向外分四个区。半球形钮、八卦、十二生肖、铭文。铭文内容为："水银呈阴精，白练得为镜，八卦寿象备，卫神永保命"
备　　注	

文物保存现状调查表

尺　寸	直径 23.8 cm	重　量	1103 g

文物保护修复前 图片资料	

文物病害图	

文物基本信息

名　称	宋代生肖八卦青铜镜
年　代	宋代
收藏单位	开县文物管理所
等　级	
出土地点	温泉镇政府宋墓
质　地	铜

文物病害图绘制基本信息

单　位	重庆市文化遗产研究院
项目名称	重庆市开县文物管理所 馆藏青铜文物保护修复
证书编号	可文设（甲）字
比例尺	1 cm
比　例	1∶3
绘　图	黄丽文
审　核	杨小刚
项目负责	叶琳
图　别	文物病害图
图　名	宋代生肖八卦青铜镜(667) 文物病害图
日　期	2013-5-7

表面
硬结物

病害状况描述	通体被硬结物覆盖
文物保存环境	保护修复前，保藏在临时文物库房中，库房内无恒温、恒湿设备
原保护修复情况	未曾修复

文物保护修复记录表

修复用材料	材料：蒸馏水、小锤、凿子、手术刀、打磨机、锉刀、酒精、Paraloid B 72、超声波清洗机等
文物保护修复工艺、步骤	1. 对文物进行拍照，留取原始资料，并建立档案 2. 清除表面板结层钙质盐、绿锈：用蒸馏水清洗大部分钙质盐，然后对照 X 射线透射图像用手术刀洁牙打磨机缓慢剔除顽固的硬结锈蚀及钙质盐 3. 清洗：将洁除完毕的器物用蒸馏水清洗干净，并置于 40℃烘箱内约 1 h 烘干 4. 黏结：对于 X 射线图像显露出的裂隙，在表面洁除后，采用双组分胶热熔滴注的方式灌入缝隙，未待彻底固化则用丙酮擦拭缝隙边缘出去溢出胶液 5. 清洗：将洁除完毕的器物用蒸馏水清洗干净，并置于 40℃烘箱内约 1 h 烘干 6. 缓蚀封护：前后多次喷涂 3%BTA 乙醇溶液和 1.5% Paraloid B 72 醋酸乙酯溶液，至通体均匀湿润后晾置干燥 7. 着色：用虫胶乙醇溶液添加矿物色颜料对补配部分着色，至整体颜色统一协调
工作照	
保护修复后尺寸	直径 28.3 cm

		保护修复后重量	1000 g

续表

保护修复后图片资料	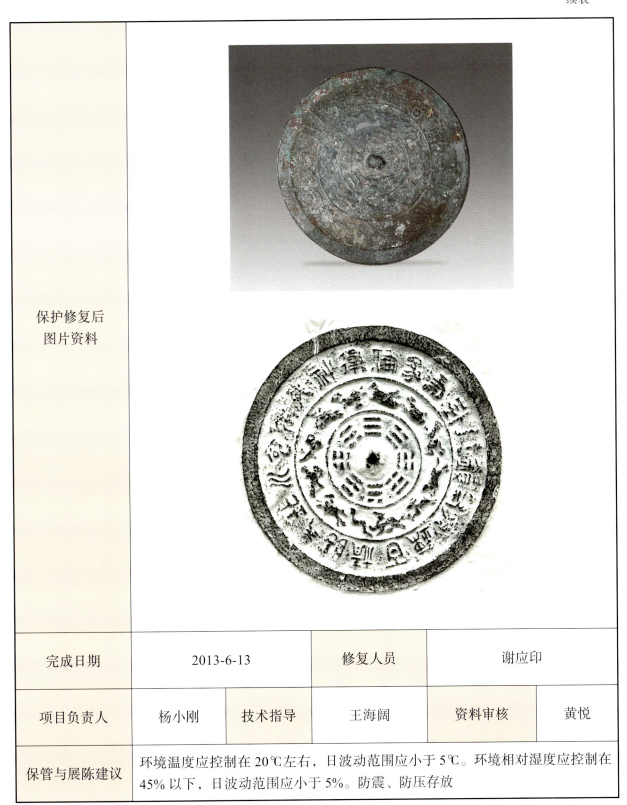			
完成日期	2013-6-13	修复人员	谢应印	
项目负责人	杨小刚	技术指导　王海阔	资料审核	黄悦
保管与展陈建议	环境温度应控制在 20℃左右，日波动范围应小于 5℃。环境相对湿度应控制在 45% 以下，日波动范围应小于 5%。防震、防压存放			

附录E 开县馆藏青铜器金相检测结果[*]

E1 鍪（4101）

　　金相显微照片显示样品为铸造组织形态，（α+δ）共析体呈岛屿状分布。背散射电子像及微区分析显示：样品α固溶体树枝晶偏析明显，（α+δ）共析体细密连成网。1区（Area-1）为α相，元素含量为21.93%C、1.6%O、8.07%Sn、64.86%Cu、3.54%Pb；2区（Area-2）为（α+δ）相，元素含量为28.35%C、2.61%O、8.49%Sn、58.54%Cu和2.00%Pb（图E-1）。

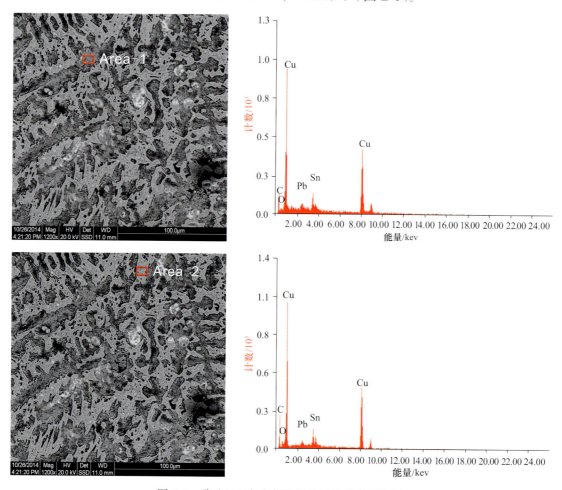

图 E-1　鍪（4101）金相组织及区域元素能谱图

---

* 区域元素能谱图坐标轴刻度值均由仪器检测设定。

E2 鉴（5473）

金相显微照片显示样品为铸造组织形态，金相组织存在丰富的枝晶，残余（α+δ）共析体呈岛屿状分布。背散射电子像及微区分析显示：样品 α 固溶体树枝晶偏析明显，（α+δ）共析体细密。1 区为 α 相，元素含量为 2.19%C、22.12%O、23.53%Sn、49.99%Cu、3.54%Pb；2 区为（α+δ）相，元素含量为 5.75%O、34.79%Sn 和 59.46%Cu（图 E-2）。

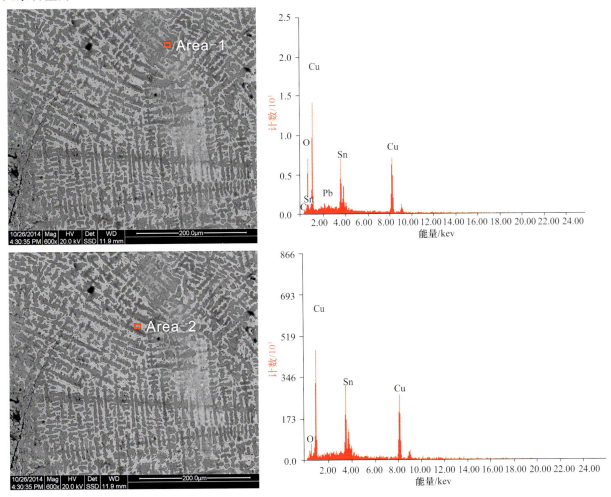

图 E-2 鉴（5473）金相组织及区域元素能谱图

E3 鉴（4014）

金相显微照片显示样品为铸造组织形态，α 固溶体偏析明显，残余（α+δ）共析体呈岛屿状分布，分布有较多大的铅颗粒。样品整体元素组成为 3.18%C、0.57%O、15.69%Sn、61.76%Cu、16.82%Pb、0.63% Al、1.16%Si。背散射电子像及微区分析显示：样品 α 固溶体树枝晶偏析明显；2 区为 Pb 颗粒，元素含量为 3.83%C、1.88%O、94.29%Pb；3 区为 α 相，元素含量为 1.04%C、0.35%O、19.24%Sn、73.68%Cu、5.68%Pb；4 区为（α+δ）相，元素含量为 1.59%C、0.56%O、11.37%Sn、86.48%Cu，见图 E-3。

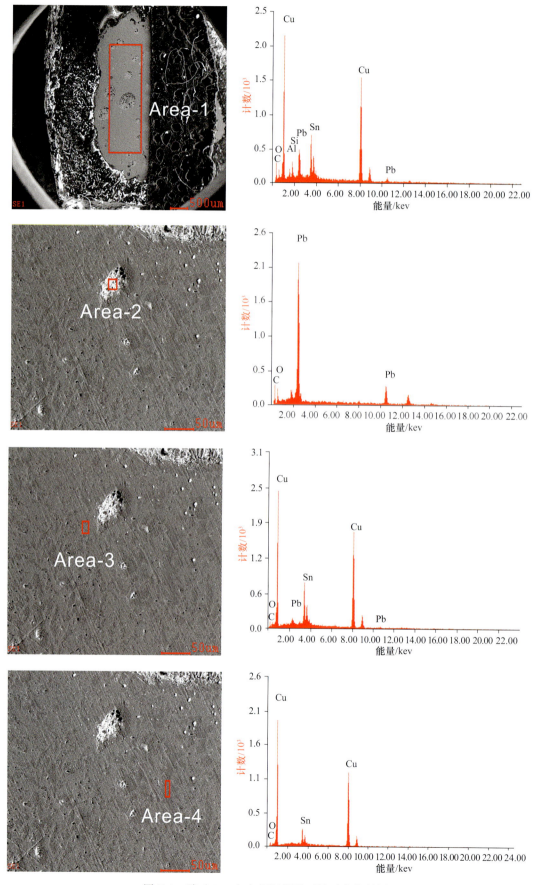

图 E-3　鍪（4014）金相组织及区域元素能谱图

E4　鉴（5448）

金相显微照片显示样品为铸造组织形态，α 固溶体偏析明显，（α＋δ）共析体呈岛屿状分布。样品整体元素组成为 1.54%C、0.73%O、15.02%Sn、78%Cu、4.71%Pb。背散射电子像及微区分析显示样品腐蚀严重，残余 α 固溶体树枝晶偏析明显，（α＋δ）共析体细密连成网。2 区为 α 相，含量为 2.07%C、4.91%O、43.57%Sn、21.26%Cu、24.88%Pb、1.36% Si、1.95%P；3 区为（α＋δ）相，元素含量为 0.75%C、0.98%O、33.42%Sn、58.65%Cu、5.74%Pb、0.19% Si、0.27%P，见图 E-4。

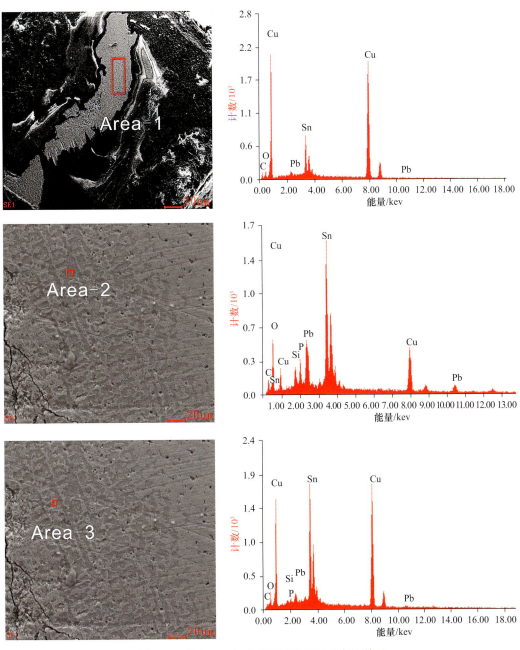

图 E-4　鉴（5448）金相组织及区域元素能谱图

E5　鍪（5379）

金相显微照片显示样品为铸造组织形态，α 固溶体偏析明显，（α+δ）共析体呈树枝状分布。样品整体元素组成为 1.47%C、4.92%O、0.77%Si、0.9%P、42.56%Sn、43.7%Cu、5.68%Pb。背散射电子像及微区分析显示：样品 α 固溶体树枝晶偏析明显，（α+δ）共析体细密连成网；2 区为（α+δ）相，元素含量为 0.89%C、1.6%O、0.29%Si、0.24%P、34.29%Sn、61.74%Cu、0.95%Pb；3 区为 α 相，元素含量为 0.82%C、7.92%O、1.39%Si、1.76%P、53.82%Sn、26.67%Cu、7.26%Pb、0.37%Fe，见图 E-5。

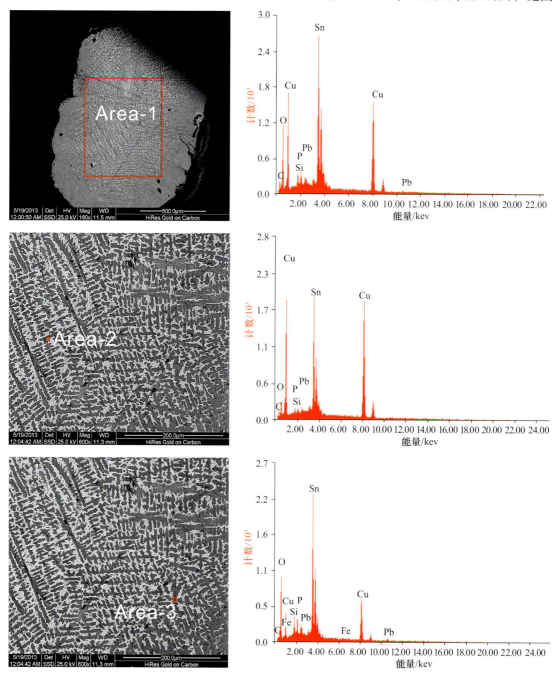

图 E-5　鍪（5379）金相组织及区域元素能谱图

E6　鋻（3622）

　　金相显微照片显示样品为铸造组织形态，α 固溶体偏析明显，（α+δ）共析体呈岛屿状分布。样品整体元素组成为 1.52%C、0.44%O、8.64%Sn、74.77%Cu、14.62%Pb。背散射电子像及微区分析显示：样品 α 固溶体树枝晶偏析明显；2 区为 Pb 颗粒，元素含量为 1.51%C、1.02%O、1.22%Sn、4.43%Cu、91.07%Pb、0.75% Al；3 区 为 α 相，元 素 含 量 为 1.36%C、4.44%Sn、94.2%Cu；4 区为（α+δ）相，元素含量为 15.4%Sn、82.82%Cu、1.78%Pb，见图 E-6。

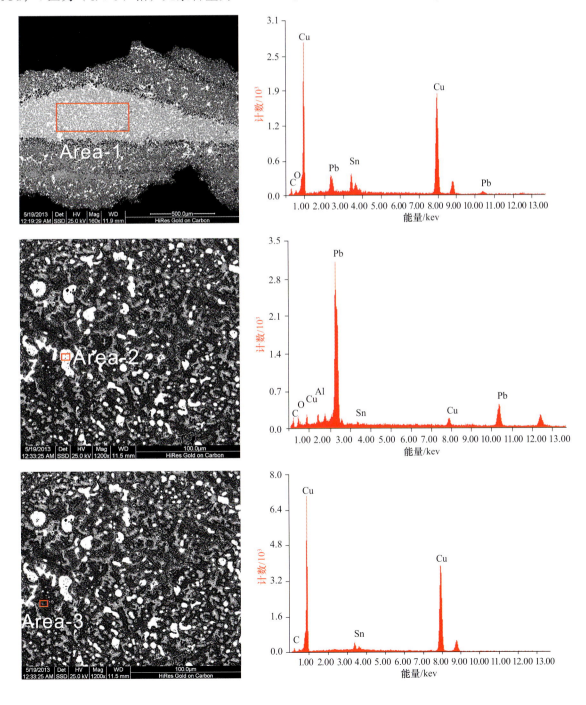

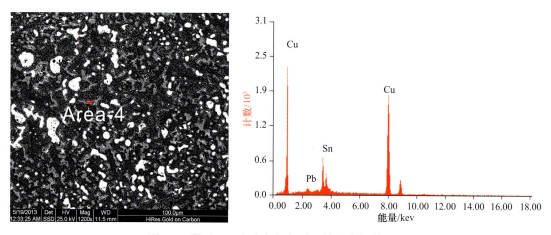

图 E-6　鍪（3622）金相组织及区域元素能谱图

E7　鍪（1584）

　　金相显微照片显示样品为铸造组织形态，α 固溶体偏析明显，（α＋δ）共析体呈树枝状分布。样品平均元素组成为 3.73%C、0.57%O、13%Sn、72.64%Cu、9.72%Pb、0.35% Al。背散射电子像及微区分析显示：样品 α 固溶体树枝晶偏析明显；2 区为 Pb 颗粒，元素含量为 2.31%C、0.65%O、3.35%Cu、93.69%Pb；3 区为 α 相，元素含量为 4.32%C、0.24%O、9.24%Sn、86.19%Cu；4 区为（α＋δ）相，元素含量为 0.99%C、0.44%O、23.08%Sn、69.57%Cu、5.60%Pb、0.32% Al，见图 E-7。

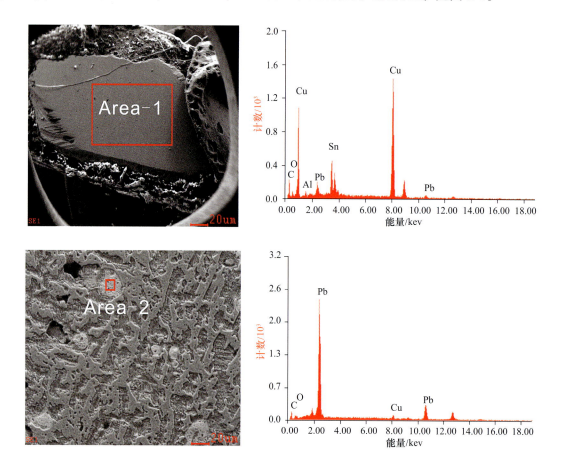

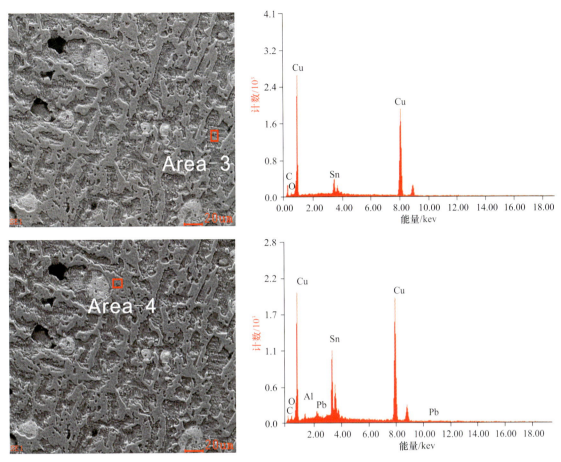

图 E -7　鍪（1584）金相组织及区域元素能谱图

E8　耳杯（108）

　　金相显微照片显示样品为铸造组织形态，腐蚀状态比较严重，α 固溶体偏析明显，残余（α+δ）共析体呈树枝状分布。背散射电子像及微区分析显示：样品 α 固溶体树枝晶偏析明显；1 区元素含量为 56.34%C、3.90%O、34.54%Cu、5.21%Sn；2 区为（α+δ）相，元素含量为 40.74%C、10.71%O、22.74%Sn、20.29%Cu、5.52%Pb，见图 E-8。

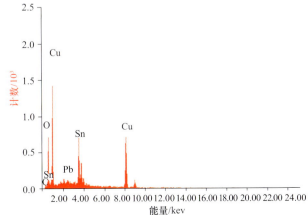

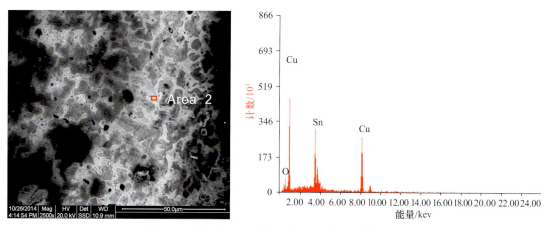

图 E-8　耳杯（108）金相组织及区域元素能谱图

E9　釜（453）

金相显微照片显示样品为铸造组织形态，腐蚀状态比较严重，α 固溶体偏析明显，残余（α+δ）共析体呈树枝状分布。背散射电子像及微区分析显示：1 区为样品 α 固溶体，元素含量为 17.42%C、1.79%Pb、73.82%Cu、6.98%Sn；2 区 为（α+δ）相，元素含量为 8.62%C、5.24%Pb、25.3%Sn、60.83%Cu；3 区为样品局部夹杂颗粒腐蚀相，元素含量为 38.41%C、14.93%Pb、9.75%Sn、34.10%Cu、0.44%Fe，0.24%Al，2.12%Si，见图 E-9。

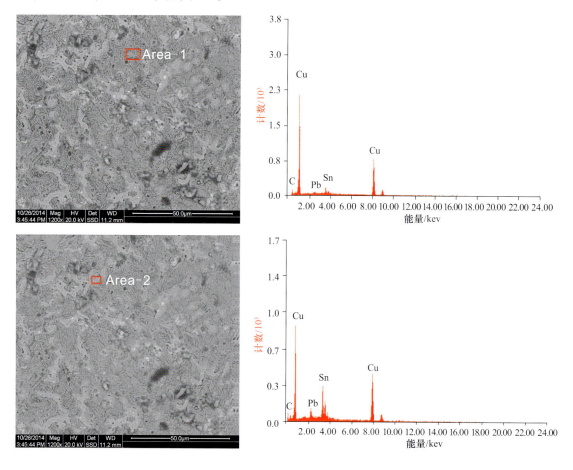

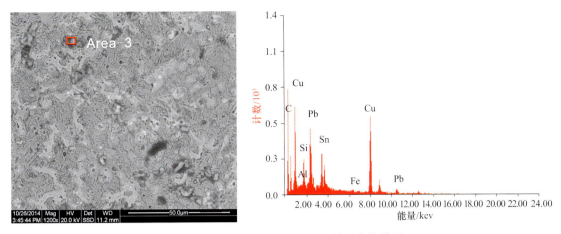

图 E-9　釜（453）金相组织及区域元素能谱图

E10　釜（26）

　　金相显微照片显示样品金相组织腐蚀严重，残余 α 固溶体和（α＋δ）共析体。背散射电子像及微区分析显示：1 区为样品残余 α 固溶体，元素含量为 9.84%C、1.56%O、82.52%Cu、6.07%Sn；2 区为残余（α＋δ）相，元素含量为 13.51%Sn、86.49%Cu，见图 E-10。

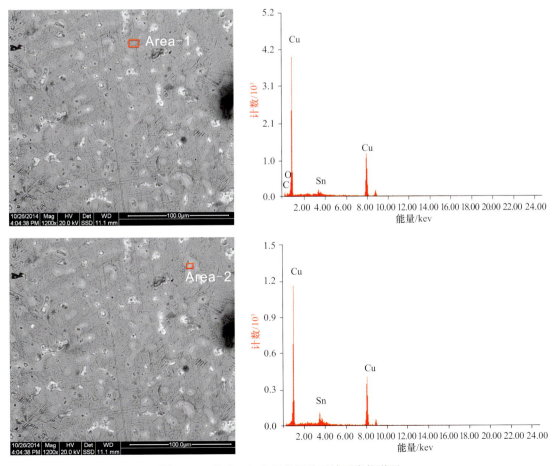

图 E-10　釜（26）金相组织及区域元素能谱图

E11　钟（560）

　　金相显微照片显示样品腐蚀严重，金相组织显示出等轴晶形态特征，表明器物经过了热处理。样品平均元素组成为3.05%C、0.94%O、3.54%Sn、80.64%Cu、10.13%Pb、0.41%Al、1.29%Cl。背散射电子像及微区分析显示：2区为α相，元素含量为1.24%C、0.39%O、3.7%Sn、94.68%Cu；3区为（α+δ）相，元素含量为4.5%C、1.74%O、6.25%Sn、75.96%Cu、10.43%Pb、0.13%Mg、0.75%Al、0.24%Si；4区为Pb颗粒，元素含量为1.9%C、2.18%O、1.19%Sn、5.4%Cu、84.72%Pb、1.18%Al、3.44%As，见图E-11。

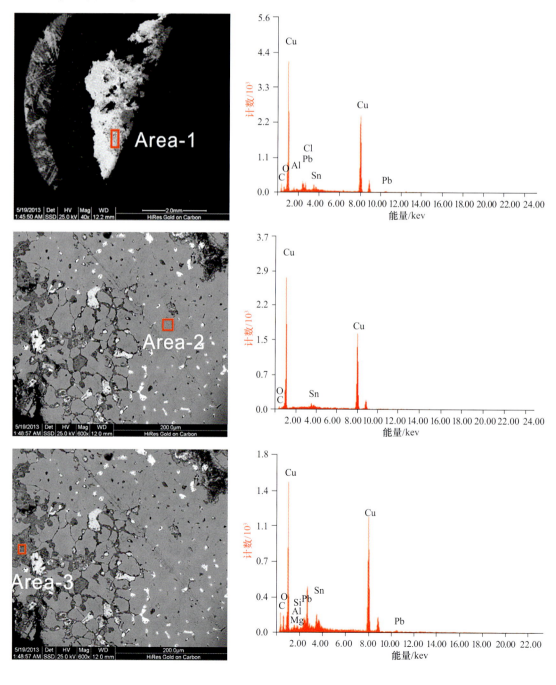

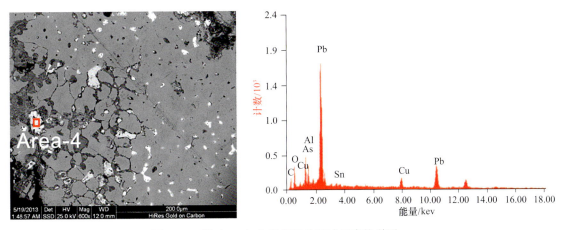

图 E-11　钟（560）金相组织及区域元素能谱图

E12　盘（82）

　　金相显微照片显示样品腐蚀严重。样品整体元素组成为 2.19%C、0.72%O、73.35%Cu、9.45%Sn、14.03%Pb、0.26%Al。背散射电子像及微区分析显示：样品 α 固溶体树枝晶偏析明显；2 区为（α+δ）相，元素含量为 71.37%Cu、21.2%Sn、7.43%Pb；3 区为 Pb 颗粒，元素含量为 3.21%C、1.74%O、7.64%Cu、86.29%Pb、1.12%Al；4 区为 α 相，元素含量为 0.51%O、91.86%Cu、6.09%Sn、1.59%Pb，见图 E-12。

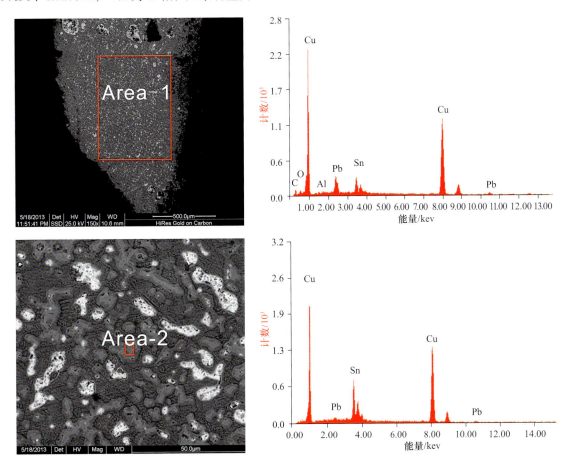

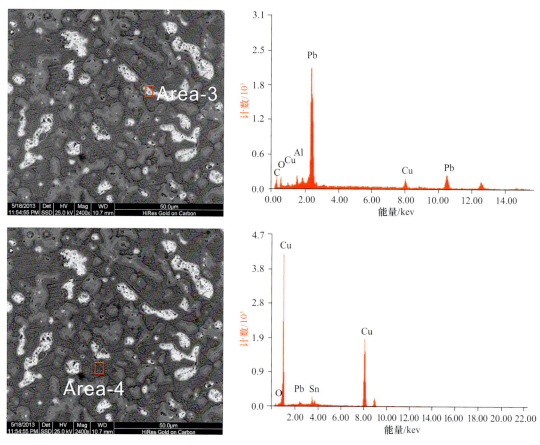

图 E-12　盘（82）金相组织及区域元素能谱图

附录 F 开县馆藏青铜器保护修复前后对照图录

铜鍪（1087）保护修复前

铜鍪（1087）保护修复后

铜鍪（1131）保护修复前

铜鍪（1131）保护修复后

铜鍪（1143）保护修复前

铜鍪（1143）保护修复后

铜鍪（1222）保护修复前

铜鍪（1222）保护修复后

铜鍪（1361）保护修复前

铜鍪（1361）保护修复后

铜鍪（1395）保护修复前

铜鍪（1395）保护修复后

铜鍪（1465）保护修复前

铜鍪（1465）保护修复后

铜鍪（1479）保护修复前

铜鍪（1479）保护修复后

铜鍪（1509）保护修复前

铜鍪（1509）保护修复后

铜鍪（1525）保护修复前

铜鍪（1525）保护修复后

铜鍪（1569）保护修复前

铜鍪（1569）保护修复后

铜鍪（1584）保护修复前

铜鍪（1584）保护修复后

铜鍪（3596）保护修复前

铜鍪（3596）保护修复后

铜鍪（3622）保护修复前

铜鍪（3622）保护修复后

铜鍪（3627）保护修复前

铜鍪（3627）保护修复后

铜錾（3657）保护修复前

铜錾（3657）保护修复后

铜錾（3670）保护修复前

铜錾（3670）保护修复后

铜錾（3685）保护修复前

铜錾（3685）保护修复后

铜錾（3759）保护修复前

铜錾（3759）保护修复后

铜鍪（3764）保护修复前

铜鍪（3764）保护修复后

铜鍪（3769）保护修复前

铜鍪（3769）保护修复后

铜鍪（3934）保护修复前

铜鍪（3934）保护修复后

铜鍪（3957）保护修复前

铜鍪（3957）保护修复后

铜鍪（3989）保护修复前

铜鍪（3989）保护修复后

铜鍪（4001）保护修复前

铜鍪（4001）保护修复后

铜鍪（4014）保护修复前

铜鍪（4014）保护修复后

铜鍪（4101）保护修复前

铜鍪（4101）保护修复后

铜鍪（5268）保护修复前

铜鍪（5268）保护修复后

铜鍪（5286）保护修复前

铜鍪（5286）保护修复后

铜鍪（5300）保护修复前

铜鍪（5300）保护修复后

铜鍪（5311）保护修复前

铜鍪（5311）保护修复后

铜鍪（5354）保护修复前

铜鍪（5354）保护修复后

铜鍪（5364）保护修复前

铜鍪（5364）保护修复后

铜鍪（5370）保护修复前

铜鍪（5370）保护修复后

铜鍪（5379）保护修复前

铜鍪（5379）保护修复后

铜鍪（5384）保护修复前

铜鍪（5384）保护修复后

铜鍪（5405）保护修复前

铜鍪（5405）保护修复后

铜鍪（5448）保护修复前

铜鍪（5448）保护修复后

铜鍪（5473）保护修复前

铜鍪（5473）保护修复后

铜鍪（5484）保护修复前

铜鍪（5484）保护修复后

铜鍪（5749）保护修复前

铜鍪（5749）保护修复后

铜鍪（5765）保护修复前

铜鍪（5765）保护修复后

铜案（33）保护修复前

铜案（33）保护修复后

铜灯（23）保护修复前　　　　　　　　　　铜灯（23）保护修复后

铜灯（50）保护修复前　　　　　　　　　　铜灯（50）保护修复后

铜灯（301）保护修复前　　　　　　　　　　铜灯（301）保护修复后

铜鼎（623）保护修复前

铜鼎（623）保护修复后

铜鼎（4017）保护修复前

铜鼎（4017）保护修复后

铜镳斗（5）保护修复前

铜镳斗（5）保护修复后

铜镳斗（134）保护修复前

铜镳斗（134）保护修复后

铜耳杯（104）保护修复前

铜耳杯（104）保护修复后

铜耳杯（105）保护修复前

铜耳杯（105）保护修复后

铜耳杯（106）保护修复前

铜耳杯（106）保护修复后

铜耳杯（107）保护修复前

铜耳杯（107）保护修复后

铜耳杯（108）保护修复前

铜耳杯（108）保护修复后

铜耳杯（109）保护修复前

铜耳杯（109）保护修复后

铜耳杯（110）保护修复前

铜耳杯（110）保护修复后

铜耳杯（111）保护修复前

铜耳杯（111）保护修复后

铜耳杯（112）保护修复前

铜耳杯（112）保护修复后

铜耳杯（113）保护修复前

铜耳杯（113）保护修复后

铜耳杯（114）保护修复前

铜耳杯（114）保护修复后

铜耳杯（115）保护修复前

铜耳杯（115）保护修复后

铜耳杯（116）保护修复前

铜耳杯（116）保护修复后

铜耳杯（117）保护修复前

铜耳杯（117）保护修复后

铜耳杯（125）保护修复前

铜耳杯（125）保护修复后

铜耳杯（126）保护修复前

铜耳杯（126）保护修复后

铜耳杯（127）保护修复前

铜耳杯（127）保护修复后

铜耳杯（128）保护修复前

铜耳杯（128）保护修复后

铜耳杯（129）保护修复前

铜耳杯（129）保护修复后

铜耳杯（B99）保护修复前

铜耳杯（B99）保护修复后

铜耳杯（B100）保护修复前

铜耳杯（B100）保护修复后

铜耳杯（B101）保护修复前

铜耳杯（B101）保护修复后

铜耳杯（B102）保护修复前

铜耳杯（B102）保护修复后

铜耳杯（B103）保护修复前

铜耳杯（B103）保护修复后

铜耳杯（B104）保护修复前

铜耳杯（B104）保护修复后

铜耳杯（B105）保护修复前

铜耳杯（B105）保护修复后

铜耳杯（B106）保护修复前

铜耳杯（B106）保护修复后

铜钫（184）保护修复前

铜钫（184）保护修复后

铜钫（4018）保护修复前

铜钫（4018）保护修复后

铜钫（4188）保护修复前

铜钫（4188）保护修复后

铜钫（4563）保护修复前

铜钫（4563）保护修复后

铜釜（26）保护修复前

铜釜（26）保护修复后

铜釜（38）保护修复前

铜釜（38）保护修复后

铜釜（137）保护修复前

铜釜（137）保护修复后

铜釜（138）保护修复前

铜釜（138）保护修复后

铜釜（139）保护修复前

铜釜（139）保护修复后

铜釜（185）保护修复前

铜釜（185）保护修复后

铜釜（186）保护修复前

铜釜（186）保护修复后

铜釜（379）保护修复前

铜釜（379）保护修复后

铜釜（400）保护修复前

铜釜（400）保护修复后

铜釜（453）保护修复前

铜釜（453）保护修复后

铜釜（454）保护修复前

铜釜（454）保护修复后

铜釜（575）保护修复前

铜釜（575）保护修复后

铜釜（580）保护修复前

铜釜（580）保护修复后

铜釜（608）保护修复前

铜釜（608）保护修复后

铜釜（3883）保护修复前

铜釜（3883）保护修复后

铜釜（4180）保护修复前

铜釜（4180）保护修复后

铜戈（1108）保护修复前

铜戈（1108）保护修复后

铜戈（1138）保护修复前

铜戈（1138）保护修复后

铜戈（1186）保护修复前

铜戈（1186）保护修复后

铜戈（1243）保护修复前

铜戈（1243）保护修复后

铜戈（1274）保护修复前

铜戈（1274）保护修复后

铜戈（1296）保护修复前

铜戈（1296）保护修复后

铜戈（1540）保护修复前

铜戈（1540）保护修复后

铜戈（4059）保护修复前

铜戈（4059）保护修复后

铜簋（78）保护修复前

铜簋（78）保护修复后

铜簋（79）保护修复前

铜簋（79）保护修复后

铜壶（34）保护修复前

铜壶（34）保护修复后

铜锺（40）保护修复前

铜锺（40）保护修复后

铜提梁壶（378）保护修复前

铜提梁壶（378）保护修复后

铜壶（396）保护修复前

铜壶（396）保护修复后

铜壶（4002）保护修复前

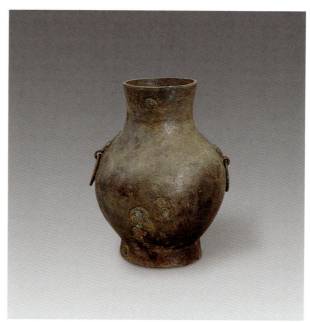

铜壶（4002）保护修复后

铜钫（5782）保护修复前

铜钫（5782）保护修复后

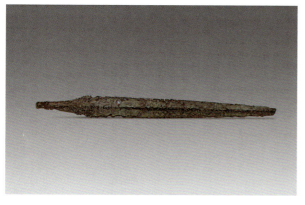

铜剑（1）保护修复前

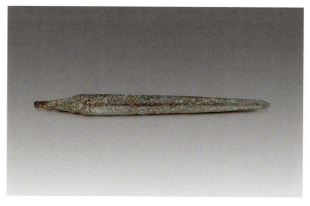

铜剑（1）保护修复后

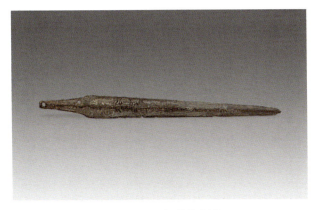

铜剑（226）保护修复前

铜剑（226）保护修复后

铜剑（573）保护修复前

铜剑（573）保护修复后

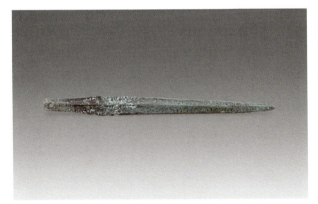

铜剑（625）保护修复前

铜剑（625）保护修复后

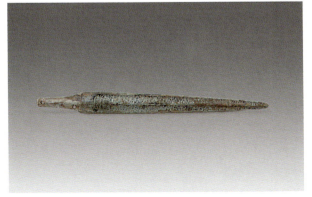

铜剑（1083）保护修复前

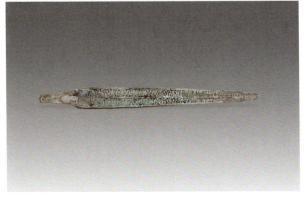

铜剑（1083）保护修复后

铜剑（1161）保护修复前

铜剑（1161）保护修复后

铜剑（1166）保护修复前

铜剑（1166）保护修复后

铜剑（1201）保护修复前

铜剑（1201）保护修复后

铜剑（1251）保护修复前

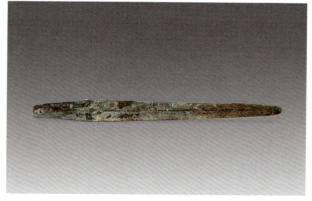

铜剑（1251）保护修复后

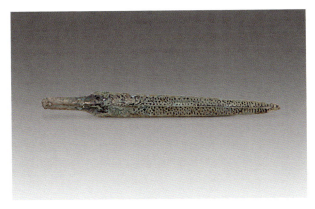

铜剑（1380）保护修复前

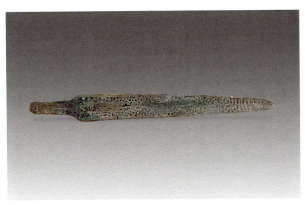

铜剑（1380）保护修复后

铜剑（1514）保护修复前

铜剑（1514）保护修复后

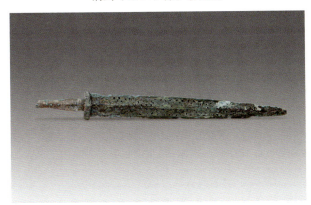

铜剑（3490）保护修复前

铜剑（3490）保护修复后

铜剑（3540）保护修复前

铜剑（3540）保护修复后

铜剑（3618）保护修复前   铜剑（3618）保护修复后

铜剑（3666）保护修复前   铜剑（3666）保护修复后

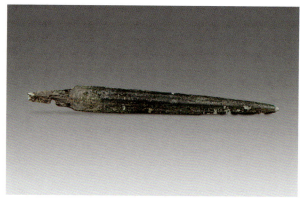

铜剑（4102）保护修复前   铜剑（4102）保护修复后

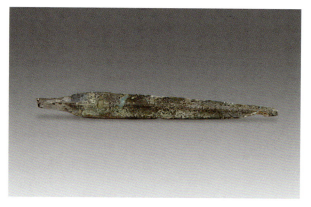

铜剑（5265）保护修复前   铜剑（5265）保护修复后

铜剑（5375）保护修复前

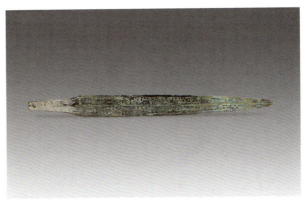

铜剑（5375）保护修复后

铜剑（5469）保护修复前

铜剑（5469）保护修复后

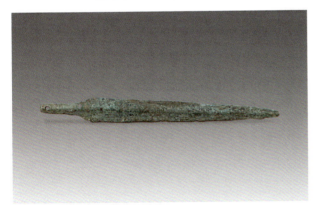

铜剑（5476）保护修复前

铜剑（5476）保护修复后

铜剑（5724）保护修复前

铜剑（5724）保护修复后

铜青羊镜（37）保护修复前　　　　　　　　铜青羊镜（37）保护修复后

铜八卦镜（667）保护修复前　　　　　　　　铜八卦镜（667）保护修复后

铜镜（3853）保护修复前　　　　　　　　　铜镜（3853）保护修复后

铜镜（4228）保护修复前　　　　　　　　　铜镜（4228）保护修复后

铜镜（4412）保护修复前

铜镜（4412）保护修复后

铜镜（4491）保护修复前

铜镜（4491）保护修复后

铜镜（4900）保护修复前

铜镜（4900）保护修复后

铜矛（227）保护修复前

铜矛（227）保护修复后

铜矛（546）保护修复前

铜矛（546）保护修复后

铜矛（1022）保护修复前

铜矛（1022）保护修复后

铜矛（1244）保护修复前

铜矛（1244）保护修复后

铜矛（1379）保护修复前

铜矛（1379）保护修复后

铜矛（1519）保护修复前

铜矛（1519）保护修复后

铜矛（3610）保护修复前

铜矛（3610）保护修复后

铜矛（3717）保护修复前

铜矛（3717）保护修复后

铜矛（3774）保护修复前

铜矛（3774）保护修复后

铜矛（3941）保护修复前

铜矛（3941）保护修复后

铜矛（3952）保护修复前

铜矛（3952）保护修复后

铜矛（5395）保护修复前

铜矛（5395）保护修复后

铜矛（5407）保护修复前

铜矛（5407）保护修复后

铜矛（5437）保护修复前　　　　　　　铜矛（5437）保护修复后

铜矛（5468）保护修复前　　　　　　　铜矛（5468）保护修复后

铜矛（5718）保护修复前　　　　　　　铜矛（5718）保护修复后

铜盘（82）保护修复前

铜盘（82）保护修复后

铜盘（83）保护修复前

铜盘（83）保护修复后

铜盘（84）保护修复前

铜盘（84）保护修复后

铜盘（86）保护修复前

铜盘（86）保护修复后

铜盘（88）保护修复前

铜盘（88）保护修复后

铜盘（89）保护修复前

铜盘（89）保护修复后

铜盘（90）保护修复前

铜盘（90）保护修复后

铜盘（91）保护修复前

铜盘（91）保护修复后

铜盘（92）保护修复前

铜盘（92）保护修复后

铜盘（93）保护修复前

铜盘（93）保护修复后

鎏金铜泡钉（55）保护修复前

鎏金铜泡钉（55）保护修复后

鎏金铜泡钉（58）保护修复前

鎏金铜泡钉（58）保护修复后

鎏金铜泡钉（59）保护修复前

鎏金铜泡钉（59）保护修复后

鎏金铜泡钉（60）保护修复前

鎏金铜泡钉（60）保护修复后

鎏金铜泡钉（61）保护修复前

鎏金铜泡钉（61）保护修复后

铜泡钉（63）保护修复前

铜泡钉（63）保护修复后

铜泡钉（76）保护修复前

铜泡钉（76）保护修复后

鎏金铜泡钉（391）保护修复前

鎏金铜泡钉（391）保护修复后

鎏金铜泡钉（393）保护修复前

鎏金铜泡钉（393）保护修复后

铜泡钉（466）保护修复前

铜泡钉（466）保护修复后

鎏金铜泡钉（472）保护修复前

鎏金铜泡钉（472）保护修复后

鎏金铜泡钉（477）保护修复前

鎏金铜泡钉（477）保护修复后

鎏金铜泡钉（3896）保护修复前

鎏金铜泡钉（3896）保护修复后

鎏金铜泡钉（3897）保护修复前

鎏金铜泡钉（3897）保护修复后

鎏金铜泡钉（3901）保护修复前

鎏金铜泡钉（3901）保护修复后

鎏金铜泡钉（3903）保护修复前

鎏金铜泡钉（3903）保护修复后

鎏金铜泡钉（4545）保护修复前

鎏金铜泡钉（4545）保护修复后

铜盆（4179）保护修复前

铜盆（4179）保护修复后

铜盆（5491）保护修复前

铜盆（5491）保护修复后

铜勺（94）保护修复前

铜勺（94）保护修复后

铜勺（95）保护修复前

铜勺（95）保护修复后

铜勺（1194）保护修复前

铜勺（1194）保护修复后

铜勺（1367）保护修复前

铜勺（1367）保护修复后

铜勺（1527）保护修复前

铜勺（1527）保护修复后

铜勺（4000）保护修复前

铜勺（4000）保护修复后

铜勺（4229）保护修复前

铜勺（4229）保护修复后

鎏金铜饰（302）保护修复前

鎏金铜饰（302）保护修复后

鎏金铜饰（304）保护修复前

鎏金铜饰（304）保护修复后

鎏金铜饰（455）保护修复前

鎏金铜饰（455）保护修复后

鎏金铜饰（456）保护修复前

鎏金铜饰（456）保护修复后

鎏金铜饰（457）保护修复前

鎏金铜饰（457）保护修复后

鎏金铜饰（5100）保护修复前

鎏金铜饰（5100）保护修复后

铜釜（39）保护修复前

铜釜（39）保护修复后

铜洗（2）保护修复前

铜洗（2）保护修复后

铜洗（394）保护修复前

铜洗（394）保护修复后

铜洗（401）保护修复前

铜洗（401）保护修复后

铜洗（402）保护修复前

铜洗（402）保护修复后

铜洗（3854）保护修复前

铜洗（3854）保护修复后

铜洗（4191）保护修复前

铜洗（4191）保护修复后

铜洗（5583）保护修复前

铜洗（5583）保护修复后

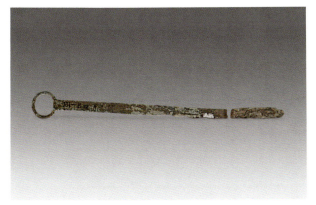

铜削（131）保护修复前

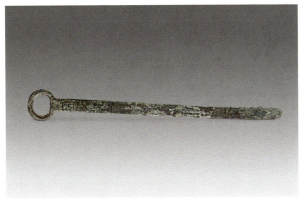

铜削（131）保护修复后

铜削（1089）保护修复前

铜削（1089）保护修复后

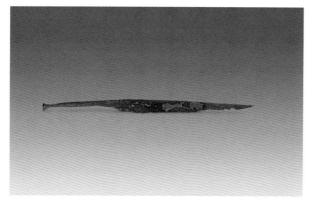

铜削（1240）保护修复前

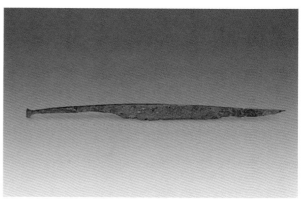

铜削（1240）保护修复后

铜削（1546）保护修复前

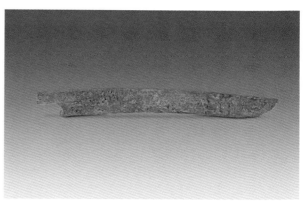

铜削（1546）保护修复后

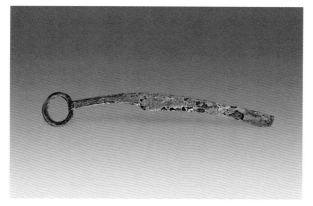

铜削（1669）保护修复前

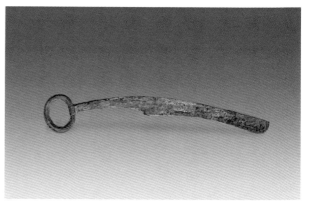

铜削（1669）保护修复后

铜削（3967）保护修复前

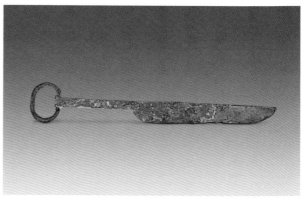

铜削（3967）保护修复后

铜削（4103）保护修复前

铜削（4103）保护修复后

铜削（5264）保护修复前

铜削（5264）保护修复后

铜削（5270）保护修复前

铜削（5270）保护修复后

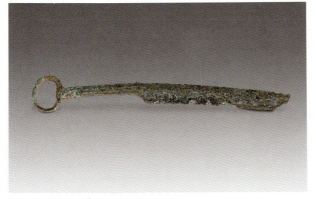

铜削（5410）保护修复前

铜削（5410）保护修复后

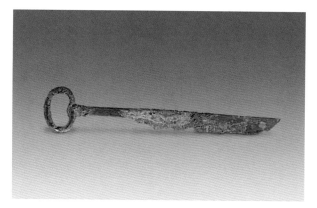

铜削（5736）保护修复前

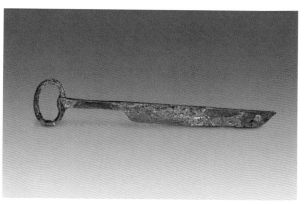

铜削（5736）保护修复后

铜俑（43）保护修复前

铜俑（43）保护修复后

铜俑（98）保护修复前

铜俑（98）保护修复后

铜钺（631）保护修复前　　　　　　　　　　铜钺（631）保护修复后

铜钺（1034）保护修复前　　　　　　　　　铜钺（1034）保护修复后

铜钺（1105）保护修复前　　　　　　　　　铜钺（1105）保护修复后

铜钺（1072）保护修复前　　　　　　　　　铜钺（1072）保护修复后

铜钺（1142）保护修复前

铜钺（1142）保护修复后

铜钺（1558）保护修复前

铜钺（1558）保护修复后

铜钺（4061）保护修复前

铜钺（4061）保护修复后

铜钺（5397）保护修复前

铜钺（5397）保护修复后

铜钺（5445）保护修复前

铜钺（5445）保护修复后

铜钺（5463）保护修复前

铜钺（5463）保护修复后

铜钺（1308）保护修复前

铜钺（1308）保护修复后

铜钺（1169）保护修复前

铜钺（1169）保护修复后

铜钺（1541）保护修复前　　　　　　　　　铜钺（1541）保护修复后

铜钺（3669）保护修复前　　　　　　　　　铜钺（3669）保护修复后

铜钺（3997）保护修复前　　　　　　　　　铜钺（3997）保护修复后

铜钺（5310）保护修复前　　　　　　　　　铜钺（5310）保护修复后

铜钺（5385）保护修复前

铜钺（5385）保护修复后

铜匕（102）保护修复前

铜匕（102）保护修复后

铜盉（183）保护修复前

铜盉（183）保护修复后

铜甬钟（560）保护修复前

铜甬钟（560）保护修复后

铜杯（6374）保护修复前

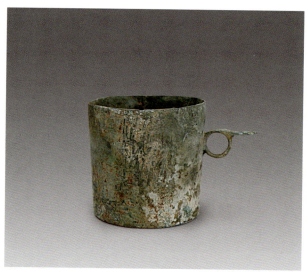

铜杯（6374）保护修复后

铜带钩（6584）保护修复前

铜带钩（6584）保护修复后

铜瓶（670）保护修复前

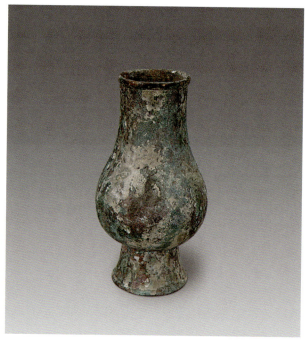

铜瓶（670）保护修复后

铜瓶（671）保护修复前

铜瓶（671）保护修复后

铜瓶（672）保护修复前

铜瓶（672）保护修复后

铜瓶（673）保护修复前

铜瓶（673）保护修复后

铜瓶（674）保护修复前

铜瓶（674）保护修复后

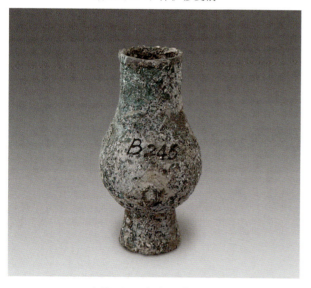

铜瓶（675）保护修复前

铜瓶（675）保护修复后

铜瓶（676）保护修复前

铜瓶（676）保护修复后

铜瓶（677）保护修复前

铜瓶（677）保护修复后

铜瓶（678）保护修复前

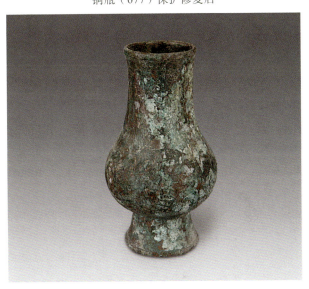

铜瓶（678）保护修复后

铜瓶（679）保护修复前

铜瓶（679）保护修复后

后　记

　　开县是重庆三峡库区重要的文物大县，文物资源丰富。为做好开县文物保护修复工作，借开州博物馆筹建之机，开县文物管理所与重庆市文化遗产研究院就开县馆藏文物保护修复进行多次沟通。2012 年 8 月双方签订项目协议，确定了文物保护与科研并重的工作目标。通过近 1 年的保护修复、资料整理、分析研究等工作，项目组顺利完成保护修复任务，科研工作取得重要收获，项目验收获得了评审专家的一致认可。

　　《重庆市开县馆藏青铜文物保护与研究》是一项集体成果，为了更好地全景展现开县馆藏青铜文物保护修复的过程、相关研究以及从业人员的风采，编写大纲三易其稿，最终由重庆市文化遗产研究院学术委员会审批通过。主编邹后曦、王永威负责本书的组织、体例与审定工作。初稿由杨小刚、叶琳、王永威负责编写。其中，第 1 章由叶琳、王永威执笔，第 2 章由叶琳执笔，第 3 章由杨小刚执笔，第 4、5 章由杨小刚、叶琳执笔。方刚、林必忠、李大地、刘继东等对初稿提出了宝贵的修改意见。王永威、黄悦、王海阔、顾来沅、董小陈、陈刚参与项目背景资料收集、保护修复档案整理、文物摄影、技术指导等工作。

　　项目实施过程中，重庆市文化遗产研究院与陕西师范大学材料科学与工程学院合作，开展了样品分析检测、金相研究、锈蚀产物及其病害机理研究、青铜表面清洗等工作，陕西师范大学金普军先生精心组织，严谨、高效、高质量地完成了相关分析检测与实验工作，在此表示感谢。

　　项目实施与本书编辑过程中，有幸得到中国文化遗产保护领域著名专家周宝中先生的悉心指导。周先生亲自为本书作序，使本书大为增色。在序中，周先生对重庆市文化遗产研究院文物保护工作高度评价，并提出建设性意见，对我们今后开展工作有极大的启发。在此，我们深表感谢。

　　科学出版社文物考古分社的领导与编辑为本书的出版付出了辛勤劳动，特此感谢。

　　限于学识和水平，本书存在疏漏和不足，敬请批评、指正。